中國學術思想
研究輯刊

二八編
林慶彰 主編

第 7 冊

唐代音樂賦之思想研究（上）

曾愛玲 著

花木蘭文化事業有限公司

國家圖書館出版品預行編目資料

唐代音樂賦之思想研究（上）／曾愛玲 著 — 初版 — 新北市：
花木蘭文化事業有限公司，2018〔民 107〕
目 2+168 面；19×26 公分
（中國學術思想研究輯刊 二八編；第 7 冊）
ISBN 978-986-485-477-6（精裝）
1. 賦 2. 文學評論 3. 唐代
030.8   107011420

中國學術思想研究輯刊
二八編　第七冊　　　　　　　ISBN：978-986-485-477-6

唐代音樂賦之思想研究（上）

作　　　者　曾愛玲
主　　　編　林慶彰
總 編 輯　杜潔祥
副總編輯　楊嘉樂
編　　　輯　許郁翎、王 筑　美術編輯　陳逸婷
出　　　版　花木蘭文化事業有限公司
發 行 人　高小娟
聯絡地址　235 新北市中和區中安街七二號十三樓
　　　　　　電話：02-2923-1455／傳真：02-2923-1452
網　　　址　http://www.huamulan.tw 信箱 hml810518@gmail.com
印　　　刷　普羅文化出版廣告事業
封面設計　劉開工作室
初　　　版　2018 年 9 月
全書字數　274470 字
定　　　價　二八編 12 冊（精裝）新台幣 22,000 元　　　版權所有·請勿翻印

唐代音樂賦之思想研究（上）

曾愛玲 著

作者簡介

曾愛玲，台中師範學院音樂組畢業，主修鋼琴，副修聲樂。後師承王秀甄老師習箏數十年，參與多場古箏音樂演奏。曾任國小音樂教師，指導兒童合唱、設計音樂科教材教案，於 2004 年獲頒台中市特殊優良教師。因指導學生參加國語文演說及朗讀等競賽，感受到中國文學之美，跨足語文領域。2005 年畢業於新竹教育大學語文教育研究所碩士班，2013 年取得逢甲大學中文系博士學位。近年來醉心習書，弄墨以弘書道。現任逢甲大學通識教育中心兼任助理教授。研究專長爲唐賦、音樂與文學、語文科教材教法等領域。

提　要

　　音樂是聲音的藝術，文學是語言的藝術，在本質、內容和形式上獨具特色，各有不同表達形式。音樂與文學除了情感以外，思想內涵是共同具有的內在元素。文學家以文字爲媒介，將抽象音樂藝術之概念與義理，賦予邏輯與合理性的敘述，產生和諧之共鳴與對話。

　　本書透過全面檢索《全唐賦》之資料，篩選符合本文所界定之音樂賦。分析唐代文人在賦體文學表現中，對於音樂文化的思考邏輯，並試圖釐清在特定歷史因素、政策制訂過程及執行中，呈現何種鋪寫模式，展現何種思想架構與期待。研究發現，唐代音樂賦追求文字、內容、結構之美，普遍的引用音樂類的故實、成辭，並以音響感知、音樂義理爲創作手法。在音樂鑑賞方面，不以音樂「符號」來申論，而是以字面上的音樂「語言」作爲支持，較無音樂專業術語陳述，而以文學形式爲前提表現音樂的審美理想。

　　本書以「賦」爲文學領域的研究文體，以「音樂」作爲藝術領域討論的對象與主題，對音樂與文學的和諧性及其對音樂環境、文學思考所展現的融合互補、影響與效應，從思想的角度作出結論。

目次

第一章　緒　論

　　賦體文學發展到唐代，作品數量極多，據《全唐賦》的統計，共計一千七百一十四篇，眾體賅備。〔註1〕但是明代李夢陽言「唐無賦」〔註2〕，清代的王芑孫則云「詩莫盛於唐，賦亦莫盛於唐」〔註3〕，唐賦必定具有某種特殊性，方成爲後人矚目及爭議的焦點。《全唐賦》在各類主題之中，「音樂」類占一百三十篇，作品數量不容小覷。本論文擬就唐代音樂賦作品進行剖析，深入探討賦作中反映之思想意涵。本章以「研究動機」、「文獻回顧」、「研究範圍」、「研究方法」四節，陳述研究者以《全唐賦》爲研究文本，以「音樂類」作爲研究主題之相關訊息。

第一節　研究動機

　　唐代是中國文化史上光輝燦爛的時期，不論是政治、經濟、社會、文化等方面，都有重大的發展。文學更是多元，詩歌、散文、傳奇、小說，華彩博富，光耀古今。唐賦亦不遑多讓，不但體制粲然大備，足以承先啓後，作品量更遠超過前代。雖因背景及針對性，李夢陽在〈潛虬山人記〉中言「唐無賦」，清人程廷祚在〈騷賦論〉嘆「唐以後無賦，其所謂賦者，

〔註1〕見《全唐賦》編校記。簡宗梧、李時銘：《全唐賦》，（臺北：里仁書局，2011年），頁14。
〔註2〕〔明〕李夢陽：《空同集》，（臺北：商務印書館《四庫全書珍本》，1978年），卷48，頁12。
〔註3〕〔清〕王芑孫：《讀賦卮言》，《賦話六種》本，（香港：三聯書店，1974年），頁5。

非賦也」〔註4〕。但馬積高認爲「唐賦不僅數量之多超過前此任何一代,即就思想性和藝術性來說,也超過前此任何一代。」〔註5〕從唐賦資料整理中發現,唐代賦作數量高達一千七百篇之多,一直是文人之士努力經營的工作。且題材豐富、風格多變、思想雅正,展現多樣風貌。與先唐賦比較,有其不同之特色及價值,是值得關注及研究的文體。

《全唐賦》是逢甲大學爲注重人文提升、追求教學卓越,於整體發展計畫中呈現的一項學術成果。由簡宗梧及李時銘兩位教授主編,從事《全唐賦》輯校的主要人力資源來自逢甲大學中國文學系的研究團隊。《全唐賦》作爲斷代分體文學總集,主要的任務在於材料的提供。對研究者而言,作品集中,異文並陳,取材容易。

音樂在中國是傳統的藝術之一,蕭統《文選》〔註6〕賦類中始設「音樂」,將某種樂器或音樂形式作爲題材的賦稱爲音樂賦。《文選》輯錄王褒的〈洞簫賦〉、馬融的〈長笛賦〉、嵇康的〈琴賦〉、潘岳的〈笙賦〉、成公綏的〈嘯賦〉及傅毅的〈舞賦〉,共計六篇。編著於宋太宗太平興國年間的《文苑英華》〔註7〕賦類中設有專門的「樂」類,收錄從南朝梁至唐的樂舞賦共九十五篇。其中,唐樂賦計九十三篇。清代陳元龍《歷代賦彙》〔註8〕收錄明代以前的賦作,其中正集輯錄音樂賦一百六十一篇,外集收錄六篇,附逸句五篇,其中屬於漢魏六朝時期的樂賦有三十篇,唐代正集收一百零六篇,附逸句一篇。〔註9〕以數量而言,唐代以音樂爲主題的賦作不容小覷。

「音樂賦」作爲一個聯合名詞最早出現於宋代史繩祖的《學齋佔畢・唐遺文》,其中提到《文苑英華》收入的唐代遺文時云:「唐人花木音樂賦各有十餘卷」〔註10〕。而類書和詩文總集例如《文選》、《藝文類聚》、《歷代賦彙》、《賦海補遺》等,在賦的門類下均列有音樂一門,其下包括聲樂、器樂、舞

〔註4〕〔清〕程廷祚:《青溪集》,(臺北:大西洋出版《金陵叢書》本,1970年),頁9295。

〔註5〕馬積高:《賦史》,(上海:上海古籍出版社,1987年),頁252。

〔註6〕〔梁〕蕭統著,〔唐〕李善注:《文選》,(臺北:臺灣商務印書館《萬有文庫薈要》本,1965年)。

〔註7〕〔宋〕李昉等編纂:《文苑英華》,(臺北:新文豐出版社影印明隆慶本,1979年)。

〔註8〕〔清〕陳元龍:《歷代賦彙》,(北京:北京圖書館出版社,1999年)。

〔註9〕谷倹〈角賦〉收入《歷代賦彙・附逸句》音樂類,《全唐賦》未收。

〔註10〕〔宋〕史繩祖:《學齋佔畢》,(北京:中華書局,1985年),卷2,頁12。

蹈以及樂曲等，〔註11〕因此，本文沿用古代文集中「音樂賦」一名，作為對此類賦作品的稱謂。

藝術的建構，常是美學與哲學相互激盪。音樂不完全是技術性、建構華麗，或是商業取向的。音樂是感性的，能表達出快樂，美麗與哀愁。是知性的，能分析出節奏、旋律、和聲、音色等要素。是隨性發揮的藝術，從呢喃的歌聲、原始雙掌的拍擊，甚至是口哨或雨滴聲，都是音樂。具有傳染力，能唯美漫妙散發出人類感官意識與淺在意識。音樂家處理抽象的聲音及流動的旋律，用心於音與時間的交互關係，著重音樂情感表達的張力。而「音樂」隨時代文化思潮的改變，顯現出各種不同的風貌。

唐代是我國音樂發展的高峰期，音樂生活普及，出現大量的音樂演奏者、演唱家、作曲家等，音樂活動十分活躍。但音樂理論方面的研究卻不及表演藝術來得蓬勃，較具體之音樂思想評論並不多見。事實上，唐代豐富、多樣且包容的音樂體系中，應該有更多的思考方向。音樂思想的轉變、音樂機構的設立以及文人曉音愛樂之修為，在不同程度上，促進吟詠音樂的作品發展。

音樂與文學的研究，是跨領域的學門。音樂是聲音的、時間的表演藝術，用音響表現情感效果。文學家以文字為媒介，將抽象音樂藝術之概念與義理，賦予邏輯與合理性的敘述，創作靈感往往來自於對於文化動向的敏感度，產生和諧之共鳴與對話。美學家斟酌以文字為媒介的概念，琢磨字裡行間的義理，使闡述具有邏輯與合理性。

馬積高認為唐賦不僅「數量之多」，且「思想性」和「藝術性」也超過任何一代。除唐詩、唐文之外，從唐賦中亦可以找到文人音樂思想的線索。以文字書寫的音樂思想論述有時會脫離音樂本質，這種現象反映在唐賦中，其書寫的方向與現實的音樂生活可能相互呼應，或者，也可能彼此脫離。本文希望透過唐代以音樂為主題的賦作，對音樂題材提出具體分析，從不同的視角，探討唐代音樂發展在文學中表現的情形，考察唐代音樂賦的文化意蘊。嘗試就賦文本與唐代文獻繫聯，綜合探索唐人音樂思想和美學觀點，在既有之研究成果與基礎上，釐清唐代音樂賦之本質、內涵，進而呈現唐代音樂思想的發展，探究其思想特徵，達成以宏觀角度研究唐代音樂之風貌，並以此

〔註11〕黃韻如：〈漢魏六朝音樂賦研究〉，（桃園：中央大學碩士論文，2011 年），頁14。

論述作為後續研究依據，希望有助於對整體唐賦、唐代文化歷史、社會風俗與音樂史研究的深化。

第二節　文獻回顧

　　古籍中對於音樂賦的評述，零星散見於祝堯《古賦辨體》〔註12〕、李調元《賦話》〔註13〕、浦銑《歷代賦話》及《復小齋賦話》〔註14〕、王芑孫《讀賦巵言》等著作，所占的篇幅很少。民國以後，若從文學與音樂的角度觀之，研究「賦」與音樂的專著，如余江《漢唐藝術賦研究》〔註15〕一書，按照樂舞賦、書畫賦、雜技賦編排。其中一部分專論漢代至唐音樂賦發展的大致情形。文中論及音樂賦的濫觴與成型、音樂賦作分析、音樂賦的外擴與內收。並收集整理漢唐樂舞賦，對漢至唐代音樂賦之研究頗具有學術參考價值。

　　其他如侯立兵《漢魏六朝賦多維研究》〔註16〕討論漢魏六朝藝術賦，並以樂舞賦與書法賦為考察重點。許結《賦體文學的文化闡釋》〔註17〕中，由「俳優說」討論藝術賦的起源與衍化。雖不是以「賦」及「音樂」為論述主題，但有專章討論到漢魏六朝樂舞賦，可作為音樂賦相關論點的參考，惜兩本專書皆無討論唐代音樂賦相關議題。

　　以下所列是民國以來，以「樂賦」為研究主題之期刊及論文，整理音樂賦目前研究的成果。

壹、唐代音樂賦研究

　　海峽兩岸對唐代音樂賦的研究，在量的方面很少，質的方面也缺乏相互參考砥礪的材料。

〔註12〕　〔元〕祝堯：《古賦辨體》，（臺北：臺灣商務印書館《四庫全書珍本》，1976年）。

〔註13〕　〔清〕李調元：《賦話》，（臺北：藝文印書館《百部叢書集成》影印《函海》本）。

〔註14〕　〔清〕浦銑：《歷代賦話校證：附復小齋賦話》，（上海：上海古籍出版社，2007年）。

〔註15〕　余江：《漢唐藝術賦研究》，（北京：學苑出版社，2005年）。

〔註16〕　侯立兵：《漢魏六朝賦多維研究》，（北京：人民出版社，2007年）。

〔註17〕　許結：《賦體文學的文化闡釋》，（北京：中華書局，2005年）。

一、學位論文

目前僅有廣西師範大學袁虹於 2008 年提出之碩士論文〈唐代音樂賦研究〉〔註 18〕，對唐代音樂賦按其內容分為樂器賦、樂曲賦、歌賦、樂論賦、樂事賦、舞蹈賦六類。在盛唐時注重與君王宴飲相結合，中唐時百花齊放，晚唐時抒情色彩開始加重。歸納出唐代音樂賦數量眾多、種類多樣、宮廷化傾向、注重理的闡釋等幾個特點。論述「以和為美」及「雅正之音」兩個方面音樂美學思想。

二、期刊論文

論及唐代音樂賦的期刊論文也不多，僅有五篇。

苟廷一〈唐狀元張曙與巴中南龕山麓〈擊甌樓賦並序〉〉〔註 19〕，簡述唐賦家張曙創作〈擊甌樓賦〉之動機及美學觀點。

袁家浚〈兩篇不應被冷落的音樂短賦〉〔註 20〕，提出唐代呂溫所寫〈樂出虛賦〉和〈樂理心賦〉兩篇音樂賦在音和心、音和象這兩個問題的見解，認為這兩篇唐賦作品在中國音樂史上應占有地位，不該被冷落。

薛冬艷〈虛空之辨，兼及呂溫〈樂出虛賦〉虛空觀的探討〉〔註 21〕，從文字方面考證，認為「虛」字的美學表達在先秦老莊思想中已確立，而「空」字的美學表達則在漢魏之際才逐漸形成。呂溫〈樂出虛賦〉中的「虛」字代表音樂產生的狀態，是上升到哲學高度、具備審美特徵的象徵意義。出現的「空」字僅表達了本義，沒有涉及該字的美學特徵，從整體上反映出傾向於道家的音樂美學思想歸屬。

袁虹〈論唐代音樂賦的尚理傾向〉〔註 22〕與曹明綱〈論唐宋賦的尚理傾向〉〔註 23〕看法相似，提出音樂賦發展到唐代，在樂教思想、文道說、重功

〔註 18〕　袁虹：〈唐代音樂賦研究〉，廣西師範大學碩士論文，2008 年。

〔註 19〕　苟廷一：〈唐狀元張曙與巴中南龕山麓〈擊甌樓賦並序〉〉，《四川文物》，第 3 期（1998 年），頁 34～36。

〔註 20〕　袁家浚：〈兩篇不應被冷落的音樂短賦〉，《貴州大學學報》，第 4 期（2000 年），頁 6～8。

〔註 21〕　薛冬艷：〈虛空之辨，兼及呂溫〈樂出虛賦〉虛空觀的探討〉，《交響——西安音樂學報》，第 24 卷，第 3 期（2005 年），頁 88～91。

〔註 22〕　袁虹：〈論唐代音樂賦的尚理傾向〉，《河池學院學報》，第 30 卷，第 3 期（2010 年），頁 30～34。

〔註 23〕　曹明綱：〈論唐宋賦的尚理傾向〉，《學術研究》，第 3 期（1990 年），頁 85～88。

利文學觀及文學自身發展規律等多重因素的影響下，注重理的闡釋，呈現出較為明顯的尚理傾向。具體表現在賦作內容多述說君臣之道、處世之道或生活中的其他哲理；在對音樂的描寫上多以抽象之語敘述；在創作程式上也體現出由尚情轉向尚理的趨勢等三個方面。是繼體物、抒情傳統後新的發展趨勢，為唐宋賦的說理傾向提出合理而正面之評價。

由上述研究成果可以看出，唐代音樂賦在文學上有一定的地位，然而前人對其研究卻非常少，迄今為止，未見較大範圍的專書或研究著作，僅有一篇學位論文及零星的單篇研究論文發表。比起賦體文學其他主題的研究，數量上顯然是較少的。由於可參考之唐代音樂賦文獻數量不多，雖然整體時代文化意涵與趨勢不同，但仍凸顯先唐音樂賦相關研究的參考價值。

貳、先唐音樂賦研究

相較於唐代音樂賦的研究成果，論及漢魏至六朝「音樂賦」之作，約有十一篇學位論文，期刊部分則較多。

一、學位論文

鄭州大學 2007 年王士松碩士論文〈漢賦中的音樂世界〉，以龔克昌等《全漢賦評注》和費振剛等輯校的《全漢賦》為依據，對漢賦中音樂元素的歷史、形制、描寫程式等進行系統地輯佚、考辨和論證，發掘漢音樂賦對古楚南音的傳承，對禮樂制度的印證，及大漢氣象的影響等文化內涵。價值在於對漢賦的史料考證，可作為研究的參考。

臺灣師大 2003 年戴伊澄碩士論文〈文選音樂類篇研究〉，分析《文選》六篇音樂類賦的創作動機、主題思想、結構佈局、遣詞造句、節奏韻律、寫作手法，以及音樂思想內涵。總結六篇賦作的文學成就，但未能整合音樂賦時代特色。

北京師範大學 2004 年董蕊碩士論文〈魏晉音樂賦初探〉及西北師範大學 2004 年史國良的碩士論文〈兩晉音樂賦研究〉，討論魏晉時期，以音樂為吟詠物件的音樂賦。就音樂賦的源頭、兩晉音樂賦興盛的原因、音樂賦中音樂的教化功能、審美取向和表現、音樂賦的文學特色以及音樂賦的影響等幾方面來探討。

2005 年南京師範大學孫鵬、2006 年暨南大學宋豪飛、2011 年中央大學黃韻如等三位，分別以同題〈漢魏六朝音樂賦研究〉為碩士論文。孫鵬的研究

是針對漢魏六朝音樂賦的定義和分類，以題材研究為主，將音樂賦分為歌賦、樂器賦、舞蹈賦和其他類特殊題材的音樂賦，同時對漢魏六朝音樂賦的藝術特點，從其創作模式、鋪陳、特徵歸納，但未深入論述。宋豪飛的研究是搜集、整理漢魏六朝音樂賦的作品，從寫作程式對文本作分析和解構。概括音樂賦的政治功利作用，指出音樂賦創作主旨與儒家樂教思想內在的密切聯繫。較偏漢代音樂賦意涵，無法涵蓋魏晉賦創作的精神。黃韻如的研究是透過文獻分析，從樂舞文化發展、音樂賦文學成就、音樂賦思想內涵三面向探討。總結音樂賦創作藝術與內在思想，發展演變過程。資料整理詳盡，但對「音樂賦」文本的研究略顯簡化。

武漢音樂學院 2007 年劉貝妮碩士論文〈〈笙賦〉的音樂學研究〉，著眼於單種樂器賦作深入探討。以六篇〈笙賦〉為研究物件，以考古發掘出土的實物為佐，立足於音樂學的研究層面。以文學的方式描述「笙」這種樂器，從笙的取材、製作、物理發音形態、外形及審美價值取向等相關內容解析，繼而探討其中笙簧、相關器樂曲和其音樂文化屬性等問題，對笙的研究深入，從而闡明〈笙賦〉的音樂歷史價值。

臺灣師大 2004 年楊佩螢碩士論文〈從六朝樂賦再探文學抒情傳統〉，以音樂論述切入文學抒情傳統之研究。藉由西方音樂理論之運用，提出音樂抒情向度展現於「思維方式」之「感通理論」，以及「表現對象」之「情感樣貌」中。其價值在於藉由六朝樂賦之研究，與當代抒情論述進行呼應、補充、詮釋與印證。

成功大學 2008 年何美諭博士論文〈魏晉樂論與樂賦音樂審美研究〉，以魏晉樂論與樂賦作為研討對象，而以音樂審美為探討目標。以比較的方式，企圖證明魏晉的音樂審美，並非如前人的研究成果，只呈現一種境界型態的表現，而是藉由樂賦材料的援引，尋找出境界型態之外的音樂鑑賞。以比較的論述方式，有助於概念的澄清，在各自表述的情況下，呈現出魏晉音樂審美的時代性。

成功大學 2009 年黃潔莉博士論文〈魏晉樂律、樂理、樂境抉微〉。雖不以音樂賦為題，但討論魏晉玄學有無、本末、體用之思維方式，探索魏晉時期之音樂風貌，由形而上的音樂本源貫穿到現象界的音樂表現，逐一論述樂律、樂論及樂賦，探討魏晉樂賦中，涉及樂器結構、音色、音樂風格及曲目等部分，可做為音樂賦論文中，專業樂學知識的補充。

　　彰化師範大學 2012 年林恬慧博士論文〈先唐樂器賦研究〉，從音樂審美、文學創作、歸納比較三個角度論述，討論出生理與情緒反應、賦予性格、聯想與想像、客觀鑑賞等四種音樂審美類型，尚悲、尚和、尚清、尚德、尚自然五種音樂審美傾向。以賦「鋪陳」的文體特色，表現出音樂詮釋的內容與風格不同於音樂詩，歸納出賦擅長「體物」、詩擅長「抒情」，各展現出不同特色的結論。對於音樂客觀鑑賞包括音響形式、演奏流程、樂理曲目、演奏技法等，提出音樂專業論述，為其論文之特點。

二、期刊論文

　　期刊部分相較於先唐音樂賦的學位論文數量算是略多的，大致可分為四類：

（一）文化考察方面

　　劉元亮的〈漢樂器賦顯示的漢代器樂文化〉〔註24〕，透過分析《全漢賦》中以樂器命名的樂器賦，包括樂器材料的選用和製作要求，反映儒家的人才思想；演奏樂器時兼備和諧調和的審美觀，源自於儒家的大一統和禮治的政治思想；樂器的功用則代表儒家的禮樂制度和詩教，探討儒家思想對漢代樂器賦的影響。

　　羅佳湘的〈漢賦中的琴瑟〉〔註25〕，論述漢代知識分子在政治一統下懷才不遇的處境，琴音是文人寂寞的內心投射，故琴開始產生悲音，成為士不遇的代言。

　　侯立兵〈漢魏六朝音樂賦的文化考察〉〔註26〕，論述漢魏六朝音樂賦的留存概況及音樂賦分類，且以共時性、歷時性的視角看音樂賦的文化內涵。並建議如音樂賦與儒釋道思想的融合，音樂賦與外來文化等，都是未來可深入研究的課題。

　　成慧慧〈漢魏六朝樂舞賦的文化闡釋〉〔註27〕，概略分類漢魏六朝音樂賦，簡述音樂賦闡釋樂舞文化觀從教化道德美至娛樂藝術美的軌跡。

〔註24〕劉元亮：〈漢樂器賦顯示的漢代器樂文化〉，《中國文化研究》，第 5 期（1994年），頁 72～75。
〔註25〕羅家湘：〈漢賦中的琴瑟〉，《古代文學研究》，第 4 期（2007 年），頁 9～11。
〔註26〕侯立兵：〈漢魏六朝音樂賦的文化考察〉，《零陵學院學報》，第 25 卷，第 4 期（2004 年），頁 1～4。
〔註27〕成慧慧：〈漢魏六朝樂舞賦的文化闡釋〉，《藝術百家》，第 2 期（2006 年），頁 114～118。

王曉衛的〈魏晉的樂賦及當時的看重清音之風〉〔註28〕，由作品分析論述魏晉樂賦表現看重清音的風氣，音以「和」為重，具有飛揚飄逸的性格、空靈閒雅的意趣的特徵，文中也提出清音與濁音、文氣清濁之說，清音與濁音關係相因相濟，才能顯出清音的美好。

（二）審美思想方面

郭慧娟〈漢魏晉樂賦中音樂審美思想分析〉〔註29〕，論述漢魏晉樂賦中描寫聲樂的藝術手法，探討文人藉由樂聲的敘述表達個人獨特的音樂觀，呈現出漢魏晉三代文人對音樂不同感受及音樂審美思想，歸納漢魏晉樂賦之音樂審美思想的發展脈絡，逐漸從教化的附從地位，逐漸轉變成個人情志抒發的管道，使音樂功能更加擴大，音樂也漸獲得獨立的生命。

張巍〈漢魏六朝音樂賦中的審美思想〉〔註30〕，主要敘說樂器賦以悲為美、感時用情、器法天地、樂以通神四方面的美學思想。

萬志全的〈漢魏六朝琴賦的音樂美學思想〉〔註31〕，從材料選用與製作的梧桐天性美、演奏過程的瀟灑風度美、賞析過程的漸入佳境美、藝術效果的怡心養性美、藝術感染力的眾物樂其美五部分探析琴賦音樂之美學思想風貌。

史國良的〈兩晉音樂賦審美取向與表現簡析〉〔註32〕，簡述音樂賦透過文字，巧妙借用形象化的場景描寫，敘述音樂賦中渲染悲哀的內容，構築抽象的音樂帶給人無限想像空間，表現出獨特的尚悲、審美取向以及相關樂教功能。另一篇〈論兩晉音樂賦的「樂教」思想〉〔註33〕，認為多數音樂賦在音樂道德教化與審美趣味並沒有明顯脫離傳統的樂教思想，音樂的社會功能

〔註28〕王曉衛：〈魏晉的樂賦及當時的看重清音之風〉，《貴州大學學報》，第 21 卷，第 6 期（2003 年），頁 85～96。

〔註29〕郭慧娟：〈漢魏晉樂賦中音樂審美思想分析〉，《東吳中文學報》，第 12 期（2006 年），頁 42～43。

〔註30〕張巍：〈漢魏六朝音樂賦中的審美思想〉，《船山學刊》，第 64 期（2007 年），頁 82～85。

〔註31〕萬志全：〈漢魏六朝琴賦的音樂美學思想〉，《山東師範大學學報》，第 226 期（2009 年），頁 63～66。

〔註32〕史國良：〈兩晉音樂賦審美取向與表現簡析〉，《甘肅高師學報》，第 14 卷，第 4 期（2009 年），頁 1～3。

〔註33〕史國良：〈論兩晉音樂賦的「樂教」思想〉，《青海師範大學學報》，第 34 卷，第 2 期（2012 年），頁 96～98。

仍表現儒家的傳統。

　　劉志偉〈《文選》音樂賦創作程式與美學意蘊發微〉〔註34〕，分別簡述及分析《文選》六篇音樂賦內容大意及美學概念。認為以演奏樂器為主的固定書寫模式，限制了音樂賦的發展，音樂賦體現作家對音樂認識與獨特個性，作家若本身是音樂家，更能在創作中表現音樂素養。

（三）論述單篇音樂賦作品

　　廖志超〈絃外之音──嵇康〈琴賦〉析論〉〔註35〕，以〈琴賦〉為對象，探討嵇康的音樂思想及彈琴詠詩的形象。認為嵇康對傳統以悲為美及對當時禮樂淪為政治工具憂心，亦感受到嵇康之高傲與落寞，對知音與理想世界的追尋，寄心於音樂養生的願望。

　　劉偉生〈嵇康〈琴賦序〉的理論內涵與價值〉〔註36〕，從對以往音樂題材作品「悲哀」風格的概括，導養神氣、宣和情志的功能觀，麗藻與情理兼善的主張三方面論述。

　　李丹博〈以「和」為美──評嵇康〈琴賦〉的美學思想〉〔註37〕，作者論述以「和」為美是嵇康〈琴賦〉美學思想的核心，文中對美的要求貫穿音樂創作的整體過程，嵇康試圖表現清遠、沖和、恬靜、脫俗的音樂意境。李丹博另一篇〈附聲測貌、泠然可觀──論王褒〈洞簫賦〉的藝術成就〉〔註38〕，討論〈洞簫賦〉帶有濃厚的儒家色彩。內容描述重視樂器器材的選擇、製造及演奏的技巧，達到傳神與傳情的效果，及以悲為美的美學追求。

　　余江〈〈七發〉──音樂賦的濫觴〉〔註39〕，說明枚乘的音樂觀，包括功利的音樂社會觀、尚悲的音樂審美觀，以及極至的藝術美學追求。提出枚乘

〔註34〕劉志偉：〈《文選》音樂賦創作程式與美學意蘊發微〉，《西北師大學報》，第33卷，第5期（1996年），頁21～25。

〔註35〕廖志超：〈絃外之音──嵇康〈琴賦〉析論〉，《文與哲》，第8期（2006年），頁81。

〔註36〕劉偉生：〈嵇康〈琴賦〉的理論內涵與價值〉，《船山學刊》，第70期（2008年），頁87～89。

〔註37〕李丹博：〈以「和」為美──評嵇康琴賦的美學思想〉，《文史哲》，第275期（2003年），頁140～143。

〔註38〕李丹博：〈附聲測貌、泠然可觀──論王褒〈洞簫賦〉的藝術成就〉，《山西師大學報》，第30卷，第2期（2003年），頁34～39。

〔註39〕余江：〈〈七發〉──音樂賦的濫觴〉，《青海社會科學》，第4期（2001年），頁71～75。

〈七發〉的「首發」描寫音樂的內容與文字，奠定音樂賦創作程式的基礎，成爲後世音樂賦創作的範例。另一篇〈妙音極樂、自然至和——成公綏〈嘯賦〉論〉〔註40〕，認爲此賦是成公綏對嘯之頌美，更是作者道家思想、中和爲美音樂觀具體反映。〈自然至響千秋絕調——嵇康〈琴賦〉論〉〔註41〕，認爲〈琴賦〉是嵇康集思想家、文學家、音樂家於一身而創作出的佳篇，其「變漢體之舊」，脫出了前人同類賦之窠臼。

彭岩〈成公綏〈嘯賦〉的音樂美學思想初探〉〔註42〕，作者從自然、高雅、中和三面向論述成公綏音樂美學觀，以音樂的自然溝通天、地、人，能以音樂的中和，排解內心對社會的失望憤慨，展現魏晉名士的藝術品味，及對和諧社會的追求嚮往。

楊允〈〈長笛賦〉藝術特色探索〉〔註43〕，說明笛竹的藝術潛質及其形成，包括因竹之天資以制笛、紛葩爛漫的音樂世界、獨具特色的藝術旨趣及成因等，論述馬融〈長笛賦〉從藝術創作動機、獨具匠心的藝術描寫與曲終意不盡的旨趣。

許志剛、楊允〈〈洞簫賦〉與〈長笛賦〉文藝思想研究〉〔註44〕，針對兩篇作品，描繪製作樂器的竹之藝術潛質，展現演奏者的藝術修養，表現出不同的審美取向。

夏春〈淺析傅毅〈舞賦〉〉〔註45〕，分析傅毅〈舞賦〉的行文段落、結構內容，尤其是舞蹈表演場面與氣氛渲染。

謝曉濱、姚品文、陳洁〈以〈箏賦〉看漢魏六朝的箏樂文化〉〔註46〕，作者從文獻記載看箏樂文化地位的歷史變遷、漢魏六朝箏器的精良與神怪化、漢

〔註40〕　余江：〈妙音極樂、自然之和——成公綏〈嘯賦〉論〉，《湖南科技大學學報》，第8期（2005年），頁106～109。

〔註41〕　余江：〈自然至響千秋絕調——嵇康〈琴賦〉論〉，《暨南大學學報》，第16卷，第6期（2005年），頁33～36。

〔註42〕　彭岩：〈成公綏〈嘯賦〉的音樂美學思想初探〉，《湖南科技學院學報》，第28卷，第11期（2007年），頁79～82。

〔註43〕　楊允：〈〈長笛賦〉藝術特色探索〉，《渤海大學學報》，第2期（2009年），頁73～77。

〔註44〕　許志剛、楊允〈〈洞簫賦〉與〈長笛賦〉文藝思想研究〉，《文學評論》，第2期（2010年），頁119～122。

〔註45〕　夏春：〈淺析傅毅〈舞賦〉〉，《中國古代文學研究》，（2007年），頁18。

〔註46〕　謝曉濱、姚品文、陳洁：〈以〈箏賦〉看漢魏六朝的箏樂文化〉，《江西社會科學》，（2009年），頁239～243。

魏六朝箏樂藝術的成熟與高雅化三方面，領會箏樂樂音鏗鏘的藝術美。

（四）綜合論述

于浴賢〈六朝樂舞賦評述〉〔註47〕，以音樂賦作為描述六朝音樂發展及美學的材料。論述六朝時期樂舞發展概況。認為善音樂是士大夫文化素養之一，而六朝音樂舞蹈藝術的蓬勃發展，來自上層統治對各民族樂舞藝術的喜愛，樂舞也反映了六朝時期社會文化生活特色。並以王褒〈洞簫賦〉、江淹〈橫吹賦〉、張載〈鞞舞賦〉、蕭綱〈舞賦〉為例，說明六朝樂舞的發展脈絡及音樂思想的轉變過程。

邸宏香〈略論《文選》中的漢代音樂賦〉〔註48〕，論及漢代「罷黜百家、獨尊儒術」的政治方針影響漢及之後歷代的文學創作。其音樂賦蘊含歷代先賢優秀的思想品質和道德情感，可以教化民眾，促進身心和諧。

陳功文〈論漢晉音樂賦對楚辭的繼承及演變〉〔註49〕，認為音樂賦是繼承楚辭而來的。但由於受文壇重視華美辭藻、重視詩歌等文風的影響，在繼承楚辭的基礎上發生了部分衍變。陳功文另一篇〈論漢晉音樂賦序的價值〉〔註50〕，說明漢晉音樂賦已經出現內容短小、形式不一的賦序，功能為介紹音樂賦的寫作動機、考證樂器、定位音樂賦音樂審美傾向以及輯佚失傳之音樂賦篇章等方面。其〈論漢晉音樂賦的藝術特色〉〔註51〕，概述漢、晉音樂賦鋪敘、體物寫志、虛構誇張的特色。結構上追求「繁類以成豔」，並運用鋪陳、比喻、排比、誇飾、用典等多種藝術手法表現音樂之美，使音樂賦成了賦體文學的主要分支之一。〈論漢晉音樂賦的社會功用〉〔註52〕在描寫漢晉音樂、舞蹈等內容的同時，也擔負著政治教化與娛樂兩大社會功用。到了六朝，音樂賦的娛樂功用漸漸取代了政教功用。

〔註47〕于浴賢：〈六朝樂舞賦評述〉，《漳洲師範學院學報》第 36 期（2000 年），頁 50～56。

〔註48〕邸宏香：〈略論《文選》中的漢代音樂賦〉，《長春師範學院學報》，第 3 卷，第 6 期（2011 年），頁 61～63。

〔註49〕陳功文：〈論漢晉音樂賦對楚辭的繼承及演變〉，《許昌學院學報》，第 30 卷，第 4 期（2011 年），頁 49～52。

〔註50〕陳功文：〈論漢晉音樂賦序的價值〉，《江蘇廣播電視大學學報》，第 24 卷（2012 年），頁 58～62。

〔註51〕陳功文：〈論漢晉音樂賦的藝術特色〉，《鎮江高專學報》，第 25 卷，第 1 期（2012 年），頁 8～11。

〔註52〕陳功文：〈論漢晉音樂賦的社會功用〉，《許昌學院學報》，第 29 卷，第 3 期（2012 年），頁 54～56。

　　孫鵬〈漢魏六朝音樂賦整理研究史述略〉〔註53〕，整理了漢魏至明清研究音樂賦的角度及方法。將漢魏六朝音樂賦研究分爲四個時期，文中涉及到漢魏六朝音樂賦的題材、體制特徵、藝術手法等各方面，體現了漢魏六朝人的美學追求。作者另一篇〈漢魏六朝音樂賦命名、分類及範疇研究〉〔註54〕，則定義音樂賦的範圍並加以分類。

　　王士松〈兩漢音樂賦研究綜述〉〔註55〕，整理前人對漢音樂賦的研究，廣泛討論音樂賦題材、藝術手法及思想的評述。

　　劉琦《文選》音樂六賦三題〉〔註56〕，從詩、樂、舞三位一體的前提下，體認《文選》音樂賦對儒家思想觀念的繼承、突破，及對自然的崇尚與追求。綜合論述漢魏晉名士與人生、社會、藝術與自然有著密不可分的關連，其追求眞、善、美的和諧統一。

　　章雯〈論《文選》音樂賦〉〔註57〕，說明賦作表現音樂時，隱含賦家儒、道兼有之音樂思想，不論音樂與文學，都具人性自覺的藝術追求及人性解放的傾向，體現出魏晉時期士人思想藝術。

　　韓暉《文選》音樂賦類名與蕭統音樂觀探析〉〔註58〕，解釋蕭統的音樂觀受《禮記》和《周禮》的影響，重視音樂教化功能，注意音樂娛樂養志作用，對音樂賦的分類採廣義的理解。

　　由上述研究可看出，關於先唐音樂賦的研究，以「音樂美學」較受到關注，尤其是魏晉時期的探討，不論學位論文或單篇期刊皆有相關論述。但多爲幾篇賦作歸結，而非全盤觀察，較不易呈現其全貌。音樂美學主要討論對音樂的審美意識，僅爲思想的一部分，尚有許多研究空間。

〔註53〕　孫鵬：〈漢魏六朝音樂賦整理研究史述略〉，《菏澤師範專科學校學報》，第26卷，第3期（2004年），頁47～50。

〔註54〕　孫鵬：〈漢魏六朝音樂賦命名、分類及範疇研究〉，《商丘師範學院學報》，第24卷，第2期（2008年），頁121～123。

〔註55〕　王士松：〈兩漢音樂賦研究綜述〉，《安陽師範學院學報》，第1期（2007年），頁85～88。

〔註56〕　劉琦：〈《文選》音樂六賦三題〉，《長春師院學報》，第4期（1995年），頁33～37。

〔註57〕　章雯：〈論《文選》音樂賦〉，《唐山師範學院學報》，第27卷，第6期（2005年），頁11～13。

〔註58〕　韓暉：〈《文選》音樂賦類名與蕭統音樂觀探析〉，《廣西師範大學學報》，第42卷，第3期（2006年），頁72～76。

對於賦作的「音樂史料」整理，主要在「漢賦」史料，還原音樂賦歷史樣貌，也提供日後研究基礎。漢之後的音樂賦，除林恬慧〈先唐樂器賦研究〉部分結合音樂學理論外，尚未見到結合考古學或文獻學等相關研究。

關於先唐音樂賦的整體研究，已受到數篇論文關注，且各有偏重。如創作模式、修辭技巧等探討、內容與形式特徵分析、歸納尚悲及尚自然的審美觀，或是討論教化及娛樂的音樂功能，皆是以文學詮釋音樂。

音樂是聲音的藝術，文學是語言的藝術，在本質、內容和形式上獨具特色，各有不同表達形式。音樂與文學除了情感以外，思想內涵是共同具有的內在元素。本論文的研究主要奠基於前人的研究基礎上，以「唐代音樂賦」為研究範圍，旨在分析唐代文人在賦體文學表現中，對於音樂文化的思考邏輯，呈現賦作「音樂思想」的共同性及特殊性。

第三節　研究範圍

本論文定名為〈唐代音樂賦之思想研究〉，研究時代以唐代為主，文本為賦，取材以音樂為主題之命名，研究焦點在於唐代音樂賦中呈現的思想內涵。界定如下：

壹、研究文本

本論文研究的文本以逢甲大學唐代研究中心與中國人民大學共同編校，里仁書局出版之《全唐賦》為唐賦取材之文本。《全唐賦》收入唐五代賦作，一如《全漢賦》，除了收入以賦命題的篇章外，也收入用韻而未以賦為名的賦體雜文。其中，還包括唐人楚騷體的篇章。全篇以《全唐文》為底本，並參考吉林文史出版周紹良主編之《全唐文新編》及中華書局陳尚君《全唐文補編》。作者或作品時代有異說者，除非有明確的排除證據，原則上都收入。署名、篇名或有疑誤者，參察《文苑英華》、《歷代賦彙》、《古今圖書集成》加以考訂。〔註59〕其收錄完整唐賦共一千七百一十四篇。

貳、音樂賦之定義

音樂賦，指時人觀念中與「樂」有關的賦作。中國古代舞樂同源，音樂

〔註59〕參閱《全唐賦》編校說明。

與舞蹈合稱樂舞，密不可分。古代類書及詩文總集，如《文選》、《藝文類聚》、《歷代賦彙》、《賦海補遺》等，均列有音樂一門，其範圍解釋為傳統的樂、舞、歌三位一體廣義的音樂。因此「音樂」概念包括聲樂、器樂、舞蹈、樂曲、音樂理論、音樂欣賞、音樂家、音樂活動等等與音樂有關的藝術。涵蓋以上藝術成分的賦體文學，定義為「音樂賦」。

參、音樂賦之判別

唐代音樂賦之判別，大抵依據內容實寫音樂，且賦題以音樂為名者。作品係以樂器、樂曲、唱奏、樂律、樂部、音樂教育、音樂欣賞、音樂形象、音樂典故為題材，均是音樂賦界定範疇中的對象。

本論文以「命題」作為音樂賦主要判別標準，所涵蓋如下：

一、以樂器為主題

以樂器為題，包括其形制、材質、特色之賦，例如薛收、虞世南同題〈琵琶賦〉、李百藥〈笙賦〉、張仲素〈玉磬賦〉、鄭希稷〈壎賦〉、闕名〈笛賦〉、〈箜篌賦〉〔註60〕、〈洞簫賦〉等。所賦與梁代蕭統《文選》所錄六篇音樂賦中王褒賦洞簫、馬融賦長笛、嵇康賦琴、潘岳賦笙類似，各自所賦皆為一種樂器，判別為音樂賦。

如班肅〈笙磬同音賦〉、謝觀〈琴瑟合奏賦〉等，所賦為兩種樂器；或如梁洽〈笛聲似龍吟賦〉、〈吹竹學鳳鳴賦〉、仲子陵〈五色琴絃賦〉、范傳正、夏方慶同題之作〈風過簫賦〉〔註61〕等以樂器故實為賦題，判別為音樂賦。

闕名作〈制鐘無聲賦〉，《文苑英華》、《歷代賦彙》收入「器用」類，觀其內容談及音樂調音問題，屬音樂類。闕名作〈刻桐為魚扣石鼓賦〉〔註62〕，《文苑英華》收入「工藝」類。其典出《晉書・張華列傳》，因張華識物，而有靈響，〔註63〕屬音樂類。

〔註60〕 〈笛賦〉及〈箜篌賦〉作者《全唐賦》為闕名，《全唐文》原入鄭希稷，《文苑英華》未著作者，文淵閣本作「失名」，《賦彙》、《集成》作「闕名」。

〔註61〕 〈風過簫賦〉於《文苑英華》、《歷代賦彙》歸為「天象」類，因其內容主要談「簫」，故本文收入音樂賦。

〔註62〕 〈刻桐為魚扣石鼓賦〉作者《全唐賦》為闕名，《全唐文》原入李程，《文苑英華》未著作者，《賦彙》、《集成》作「闕名」。

〔註63〕 《晉書・張華列傳》：「吳郡臨平岸崩，出一石鼓，槌之無聲。帝以問華，華曰：『可取蜀中桐材，刻為魚形，扣之則鳴矣。』於是如其言，果聲聞數里。」〔唐〕房玄齡：《晉書》，（臺北：藝文印書館影印武英殿本），卷36，頁515。

　　樂器兼具實用與音樂之功能，在遠古即有例可循。〔註64〕而在唐代部分鐘、磬、鼓、角等樂器，於作品中所反映的實際情況，往往是實用功能凌駕音樂功能。〔註65〕其中，謝良輔〈洪鐘賦〉、喬潭〈霜鐘賦〉、鄭錫〈長樂鐘賦〉、李子卿〈夜聞山寺鐘賦〉、李程〈鼓鐘於宮賦〉、翟楚賢〈觀鑄鐘賦〉、王履貞〈六街鼓賦〉、柳宗元〈記里鼓賦〉、白居易〈敢諫鼓賦〉、王起〈諫鼓賦〉等賦篇，於《文苑英華》、《歷代賦彙》收入樂類，屬音樂賦範疇。喬潭〈霜鐘賦〉、鄭錫〈長樂鐘賦〉、王履貞〈六街鼓賦〉、柳宗元〈記里鼓賦〉、白居易〈敢諫鼓賦〉、王起〈諫鼓賦〉於《淵鑑類函》亦收入「樂」類。然就其內容而言，王履貞〈六街鼓賦〉、柳宗元〈記里鼓賦〉、白居易〈敢諫鼓賦〉、王起〈諫鼓賦〉等四篇，雖以「鼓」命名，內容主要書寫以鼓爲規諫，不作樂器使用，故不宜屬音樂類。

二、描寫歌唱藝術

　　〈嘯賦〉在《文選》和《歷代賦彙》收在音樂類下，在《藝文類聚》中則被列爲人部。成公綏所賦之「嘯」依靠口腔發聲，由於中國傳統有「絲不如竹，竹不如肉」的音樂觀念，所以「嘯」一般也被視爲一種特殊的樂器。現代「聲樂」視爲音樂範疇，所以不論賦「嘯」或賦「歌」，凡描寫歌唱藝術，包括唱奏技藝、唱奏情態、藝術表現之賦，均爲音樂賦。本文延用相似的概念，例如閻伯璵〈歌賦〉並序，鮑防〈歌響遏行雲賦〉，元稹、李紳、劉隲同題〈善歌如貫珠賦〉，徐寅〈朱虛侯唱田歌賦〉及〈歌賦〉，何蠲〈漁父歌滄浪賦〉等唐代賦「歌」的作品，均歸入爲音樂賦。王棨〈秋夜七里灘聞漁歌賦〉於《歷代賦彙》收入行旅類，觀其內容描述聞歌聲而有感，亦屬音樂類。

　　潘炎〈童謠賦〉創作動機爲一首歌曰「羊頭山坐朝堂」的民間童謠，主要內容爲敘述唐室果然在羊頭山興建唐宮。《文苑英華》收入「符瑞」類，《歷代賦彙》歸爲「禎祥」類。《毛傳》解釋《詩經・園有桃》中「心之憂

〔註64〕例如：舞陽賈湖骨笛「兼具禮器與樂器的雙重功能」、禹州閻砦石磬「由實用的生產工具而演化成爲樂器」、河姆渡骨哨「呈現出原始樂器所特有的、功利實用價值與審美價值兼具的文化雙重價值」。修海林、王子初：《樂器》，（臺北：貓頭鷹出版社，2003 年），頁 28、30、35。

〔註65〕李時銘先生認爲，以鐘爲例，除了樂鐘與音樂有關以外，朝鐘、梵鐘、道鐘與報時之鐘，皆已作爲他用。李時銘：〈論梵鐘的起源與唐詩梵鐘的佛教義蘊〉，《詩歌與音樂論稿》，（臺北：里仁書局，2004 年），頁 123～130。

矣，我歌且謠」時說「曲合樂曰歌，徒歌曰謠」〔註66〕。概括而言，所謂「童謠」，指傳唱於兒童之口，沒有樂器伴奏的徒歌。因此，「童謠」可判定為音樂類。

三、描寫樂曲

描寫樂曲，包括其淵源、流變、結構、特點之賦，例如：裴度〈簫韶九成賦〉〔註67〕、李觀及裴度、陸復禮同題之作〈鈞天樂賦〉〔註68〕、李程〈大和樂賦〉〔註69〕、邵軫〈雲韶樂賦〉、陳庶〈聞韶賦〉等作品，判別為音樂賦。

四、描寫樂舞

中國古代舞蹈和音樂一體，歷代文人在關注音樂時，常會提及舞蹈的內容，而在描寫舞蹈時，亦不能忽略音樂，賦家也不例外。因此，無論是選集如《文選》，還是總集如《文苑英華》、《歷代賦彙》，或是類書如《藝文類聚》、《初學記》〔註70〕等等，在分類賦時，將描寫舞蹈的作品自然地歸於「樂類」。

本文延用相似的概念，凡描寫舞蹈藝術，包括樂舞技藝、表演情態、藝術表現之賦，均為音樂賦。例如平冽〈舞賦〉，白行簡、錢眾仲、張存則同題作品〈舞中成八卦賦〉，張復元、李絳同題之作〈太清宮觀紫極舞賦〉〔註71〕，沈亞之〈柘枝舞賦〉，盧肇〈湖南觀雙柘枝舞賦〉，沈朗、陳嘏、闕名同題之作〈霓裳羽衣曲賦〉，闕名〈開元字舞賦〉等唐代賦「舞」的作品，判別為音樂賦。此外，以技藝表演的舞蹈，例如喬潭〈裴將軍劍舞賦〉、錢起〈千秋節勤政樓下觀舞馬賦〉、闕名〈舞馬賦〉等，〔註72〕或是以舞蹈典故為題例如闕

〔註66〕　《毛詩正義》，（阮元刻《十三經注疏》本，臺北：藝文印書館），卷5-3，頁6。

〔註67〕　〈簫韶九成賦〉，《全唐賦》作者為「裴度」，《文苑英華》作者「失名」，《古今圖書集成》作「闕名」。

〔註68〕　陸復禮〈鈞天樂賦〉，《文苑英華》作者「失名」，傅校舊鈔本作「陸復禮」。《賦彙》作者闕名。

〔註69〕　〈大和樂賦〉，《全唐賦》、傅校舊鈔本《文苑英華》作者為「李程」，《文苑英華》、《歷代賦彙》、《古今圖書集成·樂律典》作闕名，《古今圖書集成·經籍典》作者為「元稹」。

〔註70〕　〔唐〕徐堅等撰：《初學記》，（臺北：臺灣商務印書館《景印文淵閣四庫全書》本據國立故宮博物院藏本影印，1983年）。

〔註71〕　張復元、李絳同題之作〈太清宮觀紫極舞賦〉，《文苑英華》收入「道釋」類。

〔註72〕　喬潭〈裴將軍劍舞賦〉，《文苑英華》收入「雜技」類，《歷代賦彙》收入「武

名〈兩階舞干羽賦〉、闕名〈國子舞賦〉、闕名〈鸜鵒舞賦〉等，均判別爲音樂賦。

五、描寫觀樂、聞樂

當作者透過視覺、聽覺聆賞或接觸音樂、舞蹈、樂器等等而產生譬如歡喜、讚嘆、感動之情緒，即作者抒發聆聽音樂感受、觀賞樂舞之賦。例如謝偓〈觀舞賦〉、鄭錫〈正月一日含元殿觀百獸率舞賦〉〔註73〕描寫觀看舞蹈；謝偓〈聽歌賦〉、楊師道〈聽歌管賦〉、李程〈太常釋奠觀古樂賦〉、李子卿〈夜聞山寺鐘賦〉，描寫聆賞樂聲；達奚珣〈太常觀樂器賦〉、敬括〈觀樂器賦〉、呂指南〈太常觀樂器賦〉、翟楚賢〈觀鑄鐘賦〉，描寫參賞樂器，均判別爲音樂賦。

六、描寫音樂理論

以音樂藝術角度，探討音樂理論，或藉音樂表述儒、道思想。例如張階、高郢同名作品〈無聲樂賦〉，歐陽詹〈律和聲賦〉，獨孤申叔〈樂理心賦〉及〈審樂知政賦〉，呂溫〈樂理心賦〉及〈樂出虛賦〉，楊發〈大音希聲賦〉〔註74〕等，判別爲音樂賦。

七、描寫音樂傳說故實

音樂賦題中，援用典故之例，書寫史事、傳說，或明言其人，或明引其事。運用與音樂相關之故實、意象、神話傳說之典故，描述音樂之感染力或凸顯唱奏者之技巧。例如張隨〈無絃琴賦〉、王太貞〈鍾期聽琴賦〉、高郢〈吳公子聽樂賦〉及闕名〈吳公子聽樂觀風賦〉、薛勝〈孔子彈文王操賦〉〔註75〕及王起〈宣尼宅聞金石絲竹之聲賦〉、呂溫〈齊人歸女樂賦〉、王起〈鄒子吹律賦〉、吳冕〈昭文不鼓琴賦〉、蔣防〈舜琴歌南風賦〉及楊迺〈舜歌南風賦〉、陸瓌〈垓下楚歌賦〉〔註76〕、吳融〈戴逵破琴賦〉及黃滔〈戴安道碎琴

「功」類。錢起〈千秋節勤政樓下觀舞馬賦〉，《文苑英華》收入「雜技」類，《歷代賦彙》收入「典禮」類，《淵鑑類函》收入「舞」類。闕名〈舞馬賦〉，《文苑英華》及《歷代賦彙》收入「鳥獸」類。

〔註73〕鄭錫〈正月一日含元殿觀百獸率舞賦〉，《文苑英華》收入「鳥獸」類，《歷代賦彙》收入「典禮」類。

〔註74〕楊發〈大音希聲賦〉，《文苑英華》收入「人事」類。

〔註75〕本文以《全唐賦》爲本，作者爲「薛勝」，《文苑英華》、《歷代賦彙》、《古今圖書集成》作「薛勝之」。

〔註76〕楊迺〈舜歌南風賦〉，《文苑英華》收入「帝德」類，《歷代賦彙》收入「治道」

賦〉、〈漢宮人誦洞簫賦賦〉等，均判別爲音樂賦。

八、描寫樂律

以樂調、律呂爲描述內容，例如裴度〈律中黃鐘賦〉、李程〈鼓鐘於宮賦〉、王起〈律呂相生賦〉、王棨〈黃鐘宮爲律本賦〉、闕名〈黃鐘管賦〉〔註77〕、〈律呂相召賦〉〔註78〕等；或以典故敘述「應律」之作，如張友正〈律移寒谷賦〉、王起〈鄒子吹律賦〉、闕名〈葭灰應律賦〉〔註79〕等，《歷代賦彙》收爲「歲時」類，《文苑英華》除李程〈鼓鐘於宮賦〉收入「樂」類，其餘均收入「天象」類。觀其內容爲討論樂律問題，均判別爲音樂賦。

九、描寫樂種、樂部或樂制

提及唐代樂部或音樂機構作爲主題之賦，例如：達奚珣、呂指南同題之作〈太常觀樂器賦〉、李程〈太常釋奠觀古樂賦〉、周存〈太常新復樂懸冬至日薦之圓丘賦〉等敘述了太常寺的音樂活動；李德裕〈鼓吹賦〉〔註80〕以鼓吹樂爲賦，劉公興〈太常觀四夷樂賦〉以四夷樂爲賦，均判別爲音樂賦。

綜上所言，唐代「音樂賦」係指唐代以賦體爲描寫形式、以音樂爲書寫命題之作品，其範圍包括描寫樂器、樂曲、唱奏者、音樂形象、聞樂之感、音樂典故、樂律、樂制、音樂類型等。凡是非以音樂爲創作主旨，偶於賦中涉及音樂詞語者，皆不宜列屬「音樂賦」，亦非本論文研究之範疇。就《全唐賦》所收統計，符合上述定義者，共計一百三十篇，詳如附錄。

肆、「思想」研究範疇

音樂理論與「思想」命題之所以能連結，就在於當音樂是以一種文化或

　　類。陸璪〈垓下楚歌賦〉，《文苑英華》收入「軍旅」類，《歷代賦彙》收入「武功」類。均因所賦之內容對音樂有較多的描寫，本文收入音樂賦中。

〔註77〕　〈黃鐘管賦〉作者，《全唐賦》爲「闕名」，《全唐文》原入「張友正」，《文苑英華》未著作者，《歷代賦彙》、《古今圖書集成》作「唐·闕名」。

〔註78〕　〈律呂相召賦〉作者，《全唐賦》爲「闕名」，《全唐文》原入「王起」，《文苑英華》未著作者，《歷代賦彙》作「闕名」。

〔註79〕　〈葭灰應律賦〉作者，《全唐賦》爲「闕名」，《全唐文》原入「王起」，《文苑英華》未著作者，《歷代賦彙》作「闕名」。

〔註80〕　李德裕〈鼓吹賦〉，《文苑英華》、《歷代賦彙》、《淵鑑類函》未收入。《歷代賦彙》之音樂賦中收入晉代陸機的〈鼓吹賦〉，徐堅《初學記》中，晉陸機的〈鼓吹賦〉被收在鼓之下，而在《藝文類聚》中則被收入儀飾部之鼓吹類下。

是人文活動來進行研究時，將其中的認知點聚焦在思維的分析上，包括哲學思維與美感經驗等。因此，音樂思想定義著人類的生活與思維，透過時間的藝術、聲音的藝術，形成一種文化或是文明，並將其作為認知或思考的課題，所呈現的「主體性」的思維活動。但思想是抽象的，與人的情緒經驗和文化相關，需要經驗的積累。音樂思想不是用音樂的音響或符號表達，而是以語言或文字來描寫。所以，音樂中的思想並不全是音樂，包括哲學、文學、美學、政教思想和藝術見解等等均是。

本文針對「音樂賦」的文本，探究其「思想」內容，具體包含樂教思想、道教思想、儒教思想及美學思想，並分章討論之。

第四節　研究方法

本論文之研究方法，兼顧文學與音樂理論，揉合傳統文獻之剔抉與文本之解讀，以審慎探索其內涵。並從中國賦學與音樂學的角度，對唐代音樂賦進行系統、綜合之考察。法則如下：

壹、接受美學理論

接受美學是西方當代的一種新興研究方法論，其核心理論是將文學作品看作是為讀者閱讀而創作的。作品的社會意義及美學價值，只有在閱讀過程中才可以表現出來。因此，接受美學以讀者定位研究，關心的問題是文本與讀者的相互作用，對特定文本實際閱讀的經驗值，為其理論的依據與基礎。〔註81〕

唐賦的創作，尤其是為了科舉考試的作品或習作，創作動機多為滿足閱讀者文學作品的欣賞趨向。包括文學作品怎麼詮釋？讀者與本文，讀者與作者，作者與自己作品之間的複雜關係為何？作品的精華與意義不僅是文本，而是在文本結構與讀者心理的交流過程。

貳、歷史研究法

歷史研究的意義在以批判探究的精神，有系統地蒐集與過去發生事件有

〔註81〕董之林譯、Robert C.Olub 原著：《接受美學理論》，（板橋：駱駝出版社，1994年），頁 144～157、163。

關的資料，以考驗事件的因果、**趨勢**或影響，俾提出描述與解釋，進而有助於解釋現況及預測未來。〔註82〕分析事物的因果關係需要「經驗」，借助時代的記載，研究社會進化的現象，探求既存的歷史事實的意義及其聯繫性，而作綜合的敘述。〔註83〕

歷史研究的重心在找出研究問題於整個歷史脈絡中的時代意義及歷史價值，強調掌握史料的重要，從不同資料的比較，重建歷史的真理。〔註84〕故而當研究者獲得與研究問題相關的資料，仔細評鑑其價值，經過考證的過程後，透過分析、解釋而形成結論。〔註85〕

本論文多方參考唐代史料、詩論、文集等提及音樂理論、故實之線索，以與唐代音樂賦所反映之音樂情況與唐代音樂歷史現況作一比對，深入探討此一主題。

參、文獻分析法

研究歷史的文獻繁浩，可透過科學清理、批評方法，使之井然有序，燦然可信，而其中最富關鍵性的方法便是分析法，因為要將分散各地的史料歸納一起而賦予意義，要經過一番分析。各種文獻的比較，其異同正誤，也靠分析來判定。〔註86〕

採取文獻分析法分析資料時，必須先檢閱文獻，不論是第一手或是次級資料，均應確定其可靠性和可信度。不同的文獻，對於研究會有不同的助益或侷限。當符合研究主旨與可供解答的文獻蒐集、檢證完畢後，接下來便是分析工作。文獻資料分析法的應用具有幾項特點，包括：其研究的事件與使用的資料是過去的紀錄與遺跡、是間接而非直接的觀察、分析的結果可用以解釋現況、預測未來等。〔註87〕

文本分析是文獻分析法的一門，針對一種社會製成品，作解析和意義詮釋的研究取向。文本分析時不僅注重語文層面的意義研究或單獨只分析文本結構，相關的社會政治因素加入分析，才能對社會文本有更適切且深入的了

〔註82〕 王文科、王智弘：《教育研究法》，（臺北：五南圖書出版公司，2009年），頁185。
〔註83〕 呂思勉：《歷史研究方法》，（臺北：五南圖書出版公司，2002年），頁3～5。
〔註84〕 杜維運：《史學方法論》，（臺北：三民書局，1999年），頁85、103。
〔註85〕 王文科、王智弘：《教育研究法》，頁191～192。
〔註86〕 杜維運：《史學方法論》，頁86、129。
〔註87〕 葉至誠：《社會科學概論》，（臺北：揚智出版社，2000年），頁102。

解，因爲文本也是置身於一整個社會政治關係的領域中。〔註88〕

本論文以唐代音樂賦作爲研究文本，擴展至非語文層面的意涵研究，例如針對該文本爲何被創作出來以及其所出現的時空背景作意義的詮釋解析，增加研究的廣度和深度。如實檢視歷史紀錄、描述文獻內容，於闡釋過程中，與唐代文獻史料相互參照印證，並客觀地分析、評鑑這些資料以便理解、重建過去社會現象的現況，期能從中發掘前人略而未提或言之不明的議題，並獲致結論。

肆、歸納演繹法

文本分析後的資訊，必須經過解構與詮釋，才能真正幫助研究者了解其中資訊。〔註89〕歸納演繹法屬於理則學的領域。歸納法是採用「由部分累積到整全」的研究途徑，而演繹法則是「由已知部分透過邏輯推知未知部分」的研究途徑。其兩者進一步討論如下：

一、歸納法

歸納法是一種科學方法，從觀察個別的事實到得一致的理論。〔註90〕以具體的觀察爲基礎，從證據或資料出發，透過特定的觀察，發展成爲一般性通則的過程，用以檢證假設是否與觀察相符，並解釋所觀察事項與結果的關係。

二、演繹法

演繹法使用的是一個推論的過程，把普遍的法則運用到特定的事例上。或說先根據一個道理，再舉例說明，也就是由理論到事實的研究方法。〔註91〕

歸納法和演繹法是建立形式邏輯基礎上的兩種類型，實務運用於科學思維活動認知過程中，兩者相輔相成。本論文藉由觀察文本，解構文本，由單篇唐代音樂賦作，以歸納法找尋出其間相似的通則，發展出唐代音樂賦書寫的程式。並以演繹法從整體賦學文化及音樂文化普遍的法則，勘閱音樂賦書

〔註88〕游美惠：〈內容分析、文本分析與論述分析在社會研究的運〉，《調查研究》，第 8 期（2000 年），頁 32～33。

〔註89〕唐維敏譯、Jensen & Jankowski 原著：《大眾傳播研究方法》，（臺北：五南圖書出版公司，1996 年），頁 189。

〔註90〕杜維運：《史學方法論》，頁 67。

〔註91〕杜維運：《史學方法論》，頁 67。

寫某種特色是否符合某種規則而作出判斷，為「唐代音樂賦」中思想的「趨向」提出「描述」，運用觀點，賦予音樂賦意義的工作。〔註92〕

如前所述，本研究透過全面檢索《全唐賦》之資料，篩選符合本論文界說之音樂賦，從樂器、樂曲、樂舞名稱、宮廷音樂、雅正之音、外族音樂、音樂情境、音樂典故、樂律、樂部、音樂機構等，探究其音樂思想。旨在分析唐代文人於賦體文學表現中，對於音樂文化的思考邏輯、價值與目的在時代的過程中是否有所轉變。並試圖釐清政策制訂過程以及執行成果，與賦體文學彼此間的互動。進一步思考文化政策在音樂活動中，本質與意義上是否有轉化與可能性。因此，本研究首先進行相關文獻或政策之檢閱，同時輔以歷史結構分析的方式，探討唐代音樂賦在特定歷史架構和政府政策的形塑下，呈現何種鋪寫的模式，展現何種思想架構，並藉此了解音樂賦在唐代政治與社會妥協後的共同想像與期待。

本論文希望藉由上述各項方法之研究，能夠彰顯唐代音樂賦於中國文學發展史上的獨特地位，使其文學思想價值具體實在。

〔註92〕 龔鵬程：〈試論文學史之研究〉，《文學散步》，（臺北：漢光文化事業公司，1988年），頁 246。

第二章　唐代音樂賦發展之環境

　　樂舞因著人類文明發展而產生，從舉大木的「勞動號子」〔註1〕、先民「三人操牛尾，投足以歌八闋」〔註2〕，到周公制禮作樂，樂舞產生娛樂和教化的雙重功能。兩漢時期，樂舞提供貴族階級宴遊的需要，又有潤色鴻業、點綴政治昇平的功能，得到在上位者的喜愛，樂舞風氣極盛。

　　賦體文學從漢代，經由魏晉，不斷發展與演變。賦文體如鋪陳、體物等特徵，使賦對於生活的反映更加廣泛與深入。六朝時期，政局動盪，朝代更迭，戰亂間接造成魏晉以來不同民族音樂文化融合的機會。帝王及貴族階層醉心於歌舞饗宴的聲色追求，使得樂舞享有足夠之發展空間。當賦體趨向成熟興盛時，音樂文化亦獲得高度發展，正是「音樂賦」產生的適當時機。因此，先唐產生許多優秀的音樂賦作品，這「音樂」與「賦」結合的成果，對唐代音樂賦的發展是否帶來影響？而唐代音樂及賦文學發展的情形與特徵，對音樂賦的呈現帶來何種契機？展現何種不同於前代的書寫特色？本章從唐代宮廷音樂及文學的發展現況、前代音樂賦的影響及科舉考賦產生的效應等面向，探討唐代音樂賦所以能高度發展的背景與條件。

〔註1〕　《呂氏春秋·審應覽》：「今舉大木者，前呼輿謣，後亦應之。」呂不韋：《呂氏春秋》，（臺北：藝文印書館《百部叢書集成》影印《經訓堂叢書》本），卷18，頁12。參閱陳奇猷：《呂氏春秋新校釋》，（上海：上海古籍出版社，2002年）。又《淮南子·道應》：「今夫舉大木者，前呼『邪許』，後亦應之，此舉重勸力之歌也。」〔漢〕劉安：《淮南子》，（上海商務印書館《四部叢刊》縮印影鈔北宋本，1975年），卷12，頁82。人們在勞動的過程，例如搬運或是狩獵，都會從口裡發出各種高低長短不同的呼聲，一唱一和，同動作的節奏配合以減輕疲勞。

〔註2〕　呂不韋：《呂氏春秋》，卷5，頁8。

第一節　宮廷音樂及文學的高度發展

　　唐代音樂賦所涉及的題材廣泛，從中不難發現其主題較偏向宮廷音樂。宮廷音樂若從時間上劃分，有前代遺音與當代新樂。唐人一般稱前代音樂爲「清樂」，新樂則按地域區分，有「四夷樂」及「胡樂」。若按音樂功能區分，則有祭祀的「雅樂」、宴饗的「燕樂」、進獻俘虜的「凱樂」及與雅樂相對，包括梨園與教坊用於自娛自樂表演的「俗樂」。〔註3〕這些樂種概念與範圍，相互間存在重疊、滲透與融合的現象。宮廷高度的音樂水準對當時音樂文學風氣之促進貢獻很大，而性質偏向宮廷文化的賦學與音樂相互作用下，造就了唐代音樂賦的繁盛。

壹、帝王的提倡

　　唐代宮廷音樂與賦文學的高度發展，君王的提倡是重要因素之一。初唐時太宗、盛唐時玄宗及唐後期的德宗、憲宗、文宗爲代表的唐代帝王，個人在音樂方面具有才能及興趣，又愛好文學，文采豐富，同時鼓勵朝臣吟詩作賦。朝廷機構包括太常寺整理雅樂樂章集成活動，或是國家推行的音樂政策與政治活動，在在使宮廷音樂活潑及繁盛，質性偏重於宮廷文學的音樂賦於是益加發展。從唐音樂賦概略統計來看，以德宗時三十五篇爲最多，次爲玄宗時二十篇，代宗時十四篇，憲宗時十一篇，文宗時七篇，太宗時五篇，昭宗時六篇，懿宗時二篇，高祖、武宗、穆宗及僖宗時各一篇，反映賦體文學與當朝的音樂風氣相互作用的結果。詳如表2-1-1。

一、唐太宗時期

　　太宗（627年～649年在位）思想開明，政策開放。在位時政治、經濟、軍事發展穩固。文學上而言，追求詞藻之六朝餘風仍影響唐初詩作的風格，反而是唐賦呈現文學「經邦緯俗」的社會功用及「潤色鴻業」的氣魄。太宗是唐代君王中喜好辭賦的代表人物之一，君臣間常以賦唱和，〈小山賦〉、〈小池賦〉等便是此類作品。〔註4〕天下初定，太宗作賦反思歷史，支持創作的多樣性。自己作賦，並鼓勵朝臣和作，如太宗妃徐惠有〈奉和御製小山賦〉、太

〔註3〕　柏紅秀：《唐代宮廷音樂文藝研究》，（南京：南京大學出版社，2010年），頁88。

〔註4〕　《全唐賦》收錄太宗賦作五篇：〈小山賦〉、〈小池賦〉、〈感舊賦〉、〈臨層臺賦〉、〈威鳳賦〉。簡宗梧、李時銘：《全唐賦》，卷1，頁5～13。

宗子李惲有〈五色卿雲賦〉、太宗臣許敬宗有〈小池賦應詔〉等〔註5〕，上行則下效，辭賦風盛可見一斑，對賦體文學有推動的作用。

政策開明影響初唐到盛唐國家於文藝方面的發展。《貞觀政要・禮樂》中記載太宗重視音樂，認為「禮樂之作，是聖人緣物設教以為撙節」，而非治政善惡之由，他對御史大夫杜淹說：

> 夫音聲豈能感人，歡者聞之則悅，哀者聽之則悲。悲悅在於人心，非由樂也。將亡之政，其人心苦；然苦心相感，故聞而則悲耳，何樂聲哀怨能使悅者悲乎？今〈玉樹〉、〈伴侶〉之曲，其聲具存，朕能為公奏之，知公必不悲耳。〔註6〕

太宗在政治上開創歷史著名的「貞觀之治」，在音樂思想上主張「樂在人和，不由音調」崇實務本之理念。對傳統儒家「前代興亡，實由於樂」觀點並不贊同，認為朝廷設樂本身並不足以影響或改變天下民心的苦與樂，音樂欣賞過程中是悅者自悅、悲者自悲，並非由樂也，提出文質並重的音樂美學思想。太宗相信只要政治、經濟、軍事強大，任何「亡國之音」都不會動搖王朝統治。此外，認為為政之本在於正身修德、克己為政，並不在於「制禮作樂」，提出藝術必須有益於政教。因此，立樂之本，不在於形式，而在天下民心的和樂與否。於是，對藝術採取寬鬆的「重俗輕雅」政策，奠定唐王朝接受多元音樂文化之基礎，促進唐代樂舞的發展，造就唐代樂舞成為歷史上空前繁榮之良好條件。

在開放的音樂觀與賦體文學相互作用下，激勵音樂賦的創作。例如虞世南〈琵琶賦〉，李百藥有〈笙賦〉，楊師道作〈聽歌管賦〉，謝偃有〈觀舞賦〉及〈聽歌賦〉等等，都是太宗年間著名的音樂賦。

二、唐玄宗時期

玄宗（712年～756年在位）統治的前期，政治穩定，經濟繁榮，為歷史上著名之「開元之治」。文治武功均盛，國富民強，出現大量謳歌盛世之音的賦作。文人的辭賦創作，常蒙帝王的青睞，《新唐書・杜甫傳》云：

> 天寶十三載，玄宗朝獻太清宮，饗廟及郊，甫奏賦三篇，帝奇之，

〔註5〕　分別見簡宗梧、李時銘：《全唐賦》，卷1，頁17、19、109。

〔註6〕　〔唐〕吳兢：《貞觀政要》，（臺北：臺灣商務印書館《四部叢刊》影印明成化刊本，1966年），卷7，頁32。

使侍制集賢院。〔註7〕

玄宗實施考賦獻賦的制度，〔註8〕除顯示帝王對賦作的重視外，同時激勵賦家與士子創作的熱情。

　　玄宗是歷史上積極參與音樂活動著名的君王，他精於作曲，創作的音樂作品包括器樂獨奏曲、合奏曲和大型歌舞曲。擅長法曲，譜就唐樂鼎盛的新樂章。〔註9〕除作曲，帝王本身也擅長樂器演奏，具備精通的音樂技巧及素養，《新唐書‧禮樂志》載：

> 帝（玄宗）又好羯鼓，而寧王善吹橫笛，達官大臣慕之，皆喜言音律。帝嘗稱：「羯鼓，八音之領袖，諸樂不可方也。」蓋本戎羯之樂，其音太簇一均，龜茲、高昌、疏勒、天竺部皆用之，其聲焦殺，特異眾樂。〔註10〕

玄宗在位期間，將十部樂改坐部伎、立部伎及雅樂部，對唐代音樂制度做出改革。並擴充皇家樂署管理機構，除太常寺設立鼓吹署與大樂署之外，又增加由宮廷直接管理的梨園、教坊。吸收並接納外來音樂，廣收音樂人才，為唐代音樂藝術繁榮奠定堅實的基礎。開元、天寶年間，音樂人才濟濟。無論是歌唱方面、器樂演奏方面或是作曲方面，名家輩出，群芳競技。〔註11〕

〔註7〕　見《新唐書‧杜甫傳》。〔宋〕歐陽脩、宋祁：《新唐書》，（臺北：藝文印書館影印武英殿本），卷201，頁10。此三篇賦為〈有事於南郊賦〉、〈朝獻太清宮賦〉、〈朝享太廟賦〉，分別收錄於簡宗梧、李時銘：《全唐賦》，卷11，頁1013、1018、1023。

〔註8〕　《唐六典‧匭使院》：「立匭之制，一房四面，各以方色，東曰延恩，懷才抱器希於聞達者投之；南曰招諫，匡正補過禆於政理者投之；……北曰通玄，獻賦作頌，論以大道及涉於玄象者投之。」〔唐〕張九齡：《唐六典》，（臺北：臺灣商務印書館《四庫全書珍本》），卷9，頁14。又《冊府元龜‧貢舉部‧考試》：「（開元）十四年七月癸巳，上御雒城南門樓，親試岳牧舉人及東封獻賦。」〔宋〕王欽若：《冊府元龜》，（臺北：臺灣商務印書館《景印文淵閣四庫全書》本據國立故宮博物院藏本影印，1983年），卷643，頁14。

〔註9〕　《舊唐書‧音樂志一》：「玄宗又製新曲四十餘，又新製樂譜。每初年望夜，又御勤政樓，觀燈作樂，貴臣戚里，借看樓觀望。」〔後晉〕劉昫：《舊唐書》，（臺北：藝文印書館影印武英殿本），卷28，頁14。又如《羯鼓錄》：「諸曲調如太簇曲〈色俱騰〉、〈乞婆娑〉、〈曜日光〉等九十二曲名，元宗所制。上洞曉音律，由之天縱，凡是絲管，必造其妙；若製作諸曲，隨意即成，不立章度，取適短長，應指散聲，皆中點拍。」〔唐〕南卓：《羯鼓錄》，（臺北：藝文印書館《百部叢書集成》影印《守山閣叢書》本），一卷，頁1。

〔註10〕〔宋〕歐陽脩、宋祁：《新唐書‧禮樂志》，卷22，頁4。

〔註11〕楊蔭瀏在《中國古代音樂史稿》中，僅就音樂和舞蹈兩個方面就列舉了當時

　　帝王熱衷音樂文藝，直接影響宮廷音樂與文學之發展。除了豐富的音樂詩作外，音樂賦的創作數量也不少。如開元五年（717 年）及第之達奚珣作〈太常觀樂器賦〉，開元二十二年（734 年）進士張階作〈無聲樂賦〉，開天間進士敬括作〈觀樂器賦〉，天寶時人邵軫作〈雲韶樂賦〉，天寶年間進士梁洽作〈笛聲似龍吟賦〉、〈吹竹學鳳鳴賦〉，天寶十載（751 年）進士錢起作〈千秋節勤政樓下觀舞馬賦〉，錢起、石鎮與蔣至有同題之作〈洞庭張樂賦〉，天寶十一載（752 年）進士謝良輔作〈洪鐘賦〉，天寶十二載（753 年）官殿中侍御史平冽作〈舞賦〉，天寶十二載（753 年）進士鮑防作〈歌響遏行雲賦〉，天寶十三載（754 年）進士喬潭作〈裴將軍劍舞賦〉、〈霜鐘賦〉等，這些都是玄宗年間著名的音樂賦。內容多為歌頌古制、稱頌盛世、讚唐德，符應大唐帝國的強盛並頌揚國威，同時亦寓有致用之意。

三、中唐時期

　　安史亂後，中央對地方失控，逐漸形成藩鎮割據的局面。中唐時期，律賦數量大增，主要在致用。代宗大曆至大和年間，重教化的儒家思想再度抬頭，試賦為定制，作家蜂起，如王起、李程、白居易、元稹、謝觀等，四方儒士，抱負經典，雲集於京師。在試賦制度的刺激下，產生大量律賦作品，程式完備，音韻和諧，對偶精工。

　　代宗（762 年～779 年在位）寶應初進士高郢作〈律筒賦〉、〈獻凱樂賦〉、〈吳公子聽樂賦〉、〈無聲樂賦〉，寶應中進士鄭錫作〈正月一日含元殿觀百獸率舞賦〉、〈長樂鐘賦〉，永泰二年（766 年）進士呂牧作〈子擊磬賦〉，大曆八年（773 年）進士陸贄作〈冬至日陪位聽太和樂賦〉，進士周存作〈太常新復樂懸冬至日薦之圜丘賦〉，大曆十一年（776 年）及第之李子卿作〈功成作樂賦〉、〈夜聞山寺鐘賦〉，大曆十三年（778 年）進士仲子陵作〈五色琴絃賦〉等，音樂賦作品數量不少。

　　唐室至貞元、元和時期，因宦官干政、黨爭、藩鎮等政治矛盾，使國家疲弱。因戰亂不息與政治腐敗，音樂上可稱道的成就不多。幾位中興之主，如德宗、憲宗、文宗等君王實行文治，重視文化事業發展。卻因宦官亂政，

　　著名的演員八十餘人。他把這些音樂人才劃分為歌唱、器樂、歌舞、散樂和作曲五個方面，眾多的音樂人才使盛唐音樂大放光彩，開創了前所未有的唐樂氣派。楊蔭瀏：《中國古代音樂史稿》，（北京：人民音樂出版社，1999 年），頁 239～246。

蠱惑帝王耽於聲色而留心於樂聲宴饗。

德宗（780 年～805 年在位）時期，藩鎮割據形勢日益嚴峻，迄無寧日。貞元年間，藩鎮暫時維持平和，南詔等邊患平息，民間久經戰亂，略微得到喘息的機會。遂以文治粉飾苟安局面，社會風氣亦趨向嬉遊娛樂。〔註 12〕「每宴樂，則宰臣盡在，太常教坊音聲皆至，恩賜酒饌，相望于路」〔註 13〕，聲色享樂之風盛行全國，音樂再度繁榮。君主縱情享樂，將政權讓給了宦官。宦官重視宮廷俗樂的發展，教坊成了宦官受寵愛及專權的工具。德宗力圖中興雅樂，整備禮制。宮廷中實際繁榮的是俗樂，建制雅樂或是提倡宮廷文學作品中的雅樂觀，只是為了與控制教坊俗樂的宦官抗衡之政治作為。

德宗朝存留下來的音樂賦不少，約有三十多篇。例如貞元五年（789 年）進士裴度作〈簫韶九成賦〉及〈律中黃鐘賦〉，貞元八年（792 年）進士歐陽詹作〈律和聲賦〉，貞元十二年（796 年）進士李程作〈匏賦〉、〈鼓鐘于宮賦〉、〈大和樂賦〉及〈太常釋奠觀古樂賦〉，貞元十三年（797 年）進士獨孤申叔作〈審樂知政賦〉，貞元十四年（798 年）進士王起作〈鄒子吹律賦〉、〈律呂相生賦〉及〈焦桐入聽賦〉，貞元十四年（798 年）進士呂溫作〈樂出虛賦〉及〈齊人歸女樂賦〉，貞元十七年（801 年）進士班肅作〈笙磬同音賦〉等，皆是德宗朝著名的音樂賦作品。以音樂為題而留下來的科舉試賦作品也不少，例如，貞元年間試〈風過簫賦〉，目前留下范傳正、夏方慶之作品。貞元八年（792 年）博學宏詞科試〈鈞天樂賦〉，目前留下裴度、李觀、陸復禮之作品。貞元九年（793 年）博學宏詞科試〈太清宮觀紫極舞賦〉，留下張復元、李絳的作品。貞元十四年（798 年）試〈宣尼宅聞金石絲竹之聲賦〉，留下王起、許康佐的作品。貞元十五年（799 年）博學宏詞科試〈樂理心賦〉，留下獨孤申叔、呂溫之作品。貞元十七年（801 年）進士科試〈樂德教冑子賦〉，留下李彥芳、羅讓、劉積中、徐至、鄭方、杜周士之作品等等。〔註 14〕德宗朝之音樂賦以數量而言，為唐代各朝之最。

〔註 12〕 李西林：〈唐代音樂繁榮的演變進程及其歷史價值〉，《交響——西安音樂學報》，第 27 卷，第 2 期（2008 年），頁 12～17。

〔註 13〕 〔唐〕李肇：《唐國史補》，（臺北：藝文印書館《百部叢書集成》影印《學津討原》本），卷上，頁 15。

〔註 14〕 參閱《登科記考》及《登科記考補正》。〔清〕徐松：《登科記考》，（上海：上海古籍出版社《續修四庫全書》影印《南菁書院叢書》本，1995 年），卷 13-15。孟二冬：《登科記考補正》，（北京：燕山出版社，2003 年），卷 12-15。

　　憲宗（806年～820年在位）期間，勤勉政務，著手削藩，唐朝出現短暫的統一，史稱「元和中興」。音樂賦作品如元和初應制策第一之元稹作〈奉制試樂爲御賦〉，元和年間劉公輿作〈太常觀四夷樂賦〉，元和進士吳冕〈昭文不鼓琴賦〉，元和十年（815年）進士沈亞之〈柘枝舞賦〉等。科考試賦如元和元年（806年）試〈善歌如貫珠賦〉，留下元稹、李紳、趙蕃、劉隖的作品。元和二年（807年）進士科試〈舞中成八卦賦〉，留下白行簡、錢眾仲、張存則的作品。

　　文宗（827年～840年在位）登基之初，勵精圖治。由於宦官對宮廷俗樂特別的熱衷，文宗便從音樂著手，推行雅樂，作爲打擊亂政宦官之政治目的。開成三年（838年）命太常卿詢於舊工，將法曲與開元雅樂相結合，改「法曲」爲「仙韶曲」，又設法曲機構「仙韶院」。太常梨園別教院有法曲〈雲韶樂〉一章，並制〈雲韶法曲〉及〈霓裳羽衣舞曲〉附帶登歌、舞蹈的表演，詔中書門下及諸司三品以上聽之，「階下設錦筵，遇內宴乃奏」。開成二年（832年）試〈琴瑟合奏賦〉、〈霓裳羽衣曲詩〉，開成三年（838年）宣賜貢院進士以〈霓裳羽衣曲〉作爲試賦命題。文宗以「笙磬同音」爲寓意，「自是臣下功高者，輒賜之」〔註15〕。重用仙韶樂人，內宴用仙韶樂曲，仙韶院受到文宗專寵。「甘露之變」後，心灰意冷的文宗耽於樂聲，現留存下來的音樂賦作品有文宗時兵部尚書李德裕之〈鼓吹賦〉，大和四年（830年）進士楊發之〈大音希聲賦〉，開成元年（836年）進士陸瓌之〈垓下楚歌賦〉，開成二年（837年）進士謝觀之〈琴瑟合奏賦〉，開成三年（838年）進士科沈朗、陳嘏及闕名同題之作〈霓裳羽衣曲賦〉等篇。

　　「君好之則臣爲之，上行之則民從之」〔註16〕，唐代音樂繁榮及宮廷音樂高度發展是積累的過程。音樂活動自上而下，影響貴族、文人、藝伎之音樂觀念。貞觀時期在音樂美學思想理論上提出原則，奠定音樂發展良好的基礎。開元、天寶年間之音樂家完成音樂的理想。安史之亂破壞唐代音樂歷史

〔註15〕　《新唐書・禮樂志》：「文宗好雅樂，詔太常卿馮定采開元雅樂製〈雲韶〉法曲及〈霓裳羽衣舞〉曲。雲韶樂有玉磬四虡，……階下設錦筵，遇內宴乃奏。謂大臣曰：『笙磬同音，沈唫忘味，不圖爲樂至於斯也。』自是臣下功高者，輒賜之。」〔宋〕歐陽脩、宋祁：《新唐書》，卷22，頁6。

〔註16〕　見〈樂記〉。《禮記正義》，（阮元刻《十三經注疏》本，臺北：藝文印書館），卷39，頁4。

成績，刺激文人對變革的反思意識。中晚唐出現如憲宗、文宗等少數有作為的皇帝，在位期間曾勵精圖治，愛好並推動音樂及文藝的發展。上層貴族音樂藝術與宮廷文學出現復甦的現象，宮廷燕樂也略有恢復。後因憲宗寵信宦官，赫赫王權轉到宦官手中，終導致晚唐宦官專政。國家因動亂導致樂師、舞伎離散，樂譜資料遺失，大唐音樂難以重現往日輝煌。〔註17〕

唐代高度發達之音樂，吸引眾多文人參與，從豐富多彩的音樂活動經驗中擷取材料，表現於文學作品中。

表 2-1-1　唐代音樂賦創作時期一覽表

朝代	作家及作品	生　　　平	統計
高祖	薛收〈琵琶賦〉	武德七年授天策府記室參軍	1
太宗	虞世南〈琵琶賦〉	貞觀時授銀青光祿大夫	5
	李百藥〈笙賦〉	太宗拜中書舍人	
	謝偃〈觀舞賦〉、〈聽歌賦〉	貞觀初時人	
	楊師道〈聽歌管賦〉	貞觀時宰相	
玄宗	達奚珣〈太常觀樂器賦〉	開元五年及第	20
	李瓘〈樂九成賦〉	開元十一年為衛尉卿	
	梁洽〈笛聲似龍吟賦〉、〈吹竹學鳳鳴賦〉	開天間進士	
	閻伯璵〈歌賦〉	開元二十二年進士	
	張階〈無聲樂賦〉	開元二十二年進士	
	敬括〈觀樂器賦〉	開元二十五年進士	
	石鎮〈洞庭張樂賦〉	天寶六載進士	
	蔣至〈洞庭張樂賦〉	天寶六載進士	
	錢起〈千秋節勤政樓下觀舞馬賦〉、〈洞庭張樂賦〉	天寶十載進士	
	謝良輔〈洪鐘賦〉	天寶十一載進士	
	呂指南〈太常觀樂器賦〉	天寶中人	
	平洌〈舞賦〉	天寶十二載官殿中侍御史	
	鮑防〈歌響遏行雲賦〉	天寶十二載進士	

〔註17〕關也維：《唐代音樂史》，（北京：中央民族大學出版社，2006年），頁231。

	喬潭〈霜鐘賦〉、〈裴將軍劍舞賦〉	天寶十三年進士	
	邵軫〈雲韶樂賦〉	天寶時人	
	張隨〈無絃琴賦〉	玄宗時人	
	王太貞〈鍾期聽琴賦〉	玄宗時人，或貞元時人	
代宗	呂牧〈子擊磬賦〉	永泰二進士	14
	高郢〈律筒賦〉、〈獻凱樂賦〉、〈吳公子聽樂賦〉、〈無聲樂賦〉	寶應初進士	
	鄭錫〈正月一日含元殿觀百獸率舞賦〉、〈長樂鐘賦〉	寶應中進士	
	陸贄〈冬至日陪位聽太和樂賦〉	大曆八年進士	
	周存〈太常新復樂懸冬至日薦之圜丘賦〉	大曆八年進士	
	李子卿〈功成作樂賦〉、〈夜聞山寺鐘賦〉	大曆十一年及第	
	仲子陵〈五色琴絃賦〉	大曆十三年進士第	
	潘炎〈君臣相遇樂賦〉、〈童謠賦〉	大曆末官右庶子	
德宗	裴度〈鈞天樂賦〉、〈律中黃鐘賦〉、〈簫韶九成賦〉	貞元五年進士，八年博學宏詞科	35
	許堯佐〈塤箎相須賦〉	貞元六年登進士第	
	陸復禮〈鈞天樂賦〉	貞元七年進士，八年博學宏詞科	
	李觀〈鈞天樂賦〉	貞元八年進士博學宏詞科	
	李絳〈太清宮觀紫極舞賦〉	貞元八年進士、九年博學宏詞科	
	張友正〈律移寒古賦〉	貞元時人	
	歐陽詹〈律和聲賦〉	貞元八年進士	
	張復元〈太清宮觀紫極舞賦〉	貞元九年進士	
	范傳正〈風過簫賦〉	貞元十年進士	
	夏方慶〈風過簫賦〉	貞元中進士	
	李程〈太常釋奠觀古樂賦〉、〈大和樂賦〉、〈鼓鐘於宮賦〉、〈匏賦〉	貞元十二年進士	
	獨孤申叔〈樂理心賦〉、〈審樂知政賦〉	貞元十三年進士	
	許康佐〈宣尼宅聞金石絲竹之聲賦〉	貞元十四年登進士第	
	王起〈律呂相生賦〉、〈鄒子吹律賦〉、〈宣尼宅聞金石絲竹之聲賦〉、〈焦桐入聽賦〉	貞元十四年進士、十九年博學宏詞科	
	張仲素〈玉磬賦〉	貞元十四年進士	

	呂溫〈樂理心賦〉、〈樂出虛賦〉、〈齊人歸女樂賦〉	貞元十四年進士，十五年博學宏詞科	
	杜周士〈樂德教冑子賦〉	貞元十七年進士	
	李彥芳〈樂德教冑子賦〉	貞元十七年進士科	
	羅讓〈樂德教冑子賦〉	貞元十七年進士	
	劉積中〈樂德教冑子賦〉	貞元十七年進士	
	徐至〈樂德教冑子賦〉	貞元十七年進士	
	鄭方〈樂德教冑子賦〉	貞元十七年進士	
	班肅〈笙磬同音賦〉	貞元十七年進士	
	陳庶〈聞韶賦〉	德宗時人	
憲宗	元稹〈奉制試樂爲御賦〉、〈善歌如貫珠賦〉	元和初應制策第一	11
	李紳〈善歌如貫珠賦〉	元和元年進士	
	白行簡〈舞中成八卦賦〉	元和二年進士科	
	錢眾仲〈舞中成八卦賦〉	元和二年進士	
	張存則〈舞中成八卦賦〉	元和二年進士	
	趙蕃〈善歌如貫珠賦〉	元和四年進士	
	劉禹〈善歌如貫珠賦〉	元和四年任梁貞明中官衡州長使	
	沈亞之〈柘枝舞賦〉	元和十年進士	
	吳冕〈昭文不鼓琴賦〉	元和間進士	
	劉公輿〈太常觀四夷樂賦〉	元和年間人	
穆宗	蔣防〈舜琴歌南風賦〉	長慶二年官銜尙書司封員外郎	1
文宗	李德裕〈鼓吹賦〉	文宗時兵部尙書	7
	陸璪〈垓下楚歌賦〉	開成元年進士	
	謝觀〈琴瑟合奏賦〉	開成二年進士科	
	沈朗〈霓裳羽衣曲賦〉	開成三年進士	
	陳嘏〈霓裳羽衣曲賦〉	開成三年進士	
	闕名〈霓裳羽衣曲賦〉	開成三年進士科試賦	
	楊發〈大音希聲賦〉	太和四年進士	
武宗	盧肇〈湖南觀雙柘枝舞賦〉	會昌三年進士	1
懿宗	王棨〈秋夜七里灘聞漁歌賦〉、〈黃鐘宮爲律本賦〉	咸通三年進士	2

僖宗	鄭澥〈吹笛樓賦〉	僖宗朝人	1
昭宗	吳融〈戴逵破琴賦〉	龍紀元年進士	6
	徐寅〈朱虛侯唱田歌賦〉、〈歌賦〉	乾寧元年進士	
	黃滔〈漢宮人誦洞簫賦賦〉、〈戴安道碎琴賦〉	乾寧二年進士	
	張曙〈擊甌賦〉	大順二年進士	
生平不詳	薛勝〈孔子彈文王操賦〉、何蠲〈漁父歌滄浪賦〉、楊酒〈舜歌南風賦〉、張德昇〈聲賦〉、鄭希稷〈壎賦〉、翟楚賢〈觀鑄鐘賦〉、林慮山人〈鍾期聽伯牙鼓琴賦〉		7
闕名	〈黃鐘管賦〉、〈律呂相召賦〉、〈葭灰應律賦〉、〈刺鐘無聲賦〉、〈作樂崇德賦〉、〈審樂知政賦〉、〈吳公子聽樂觀風賦〉、〈兩階舞千羽賦〉、〈開元字舞賦〉、〈國子舞賦〉、〈鸜鴒舞賦〉、〈刻桐爲魚扣石鼓賦〉、〈泗濱浮磬賦〉、〈泗濱浮磬賦〉、〈箜篌賦〉、〈笛賦〉、〈洞簫賦〉、〈舞馬賦〉、〈舞馬賦〉		19
合計	130 篇		

貳、規模完備的樂舞機構

　　唐承隋制，在強盛國力及帝王倡導下，樂舞機構擴充、改建，並新設專門負責樂舞活動的政府機構如太常寺、教坊、梨園等，具有藝術創作、表演活動及爲宮廷培養樂舞藝術人才的功能。

　　聆賞音樂是唐代重要的宮廷文化活動之一，例如群臣朝賀皇帝舉行宴會、招待各國或各民族使者、歡慶豐收等等大宴，必定要演出樂舞。宴席中精彩的樂舞表演，代表的是富強帝國的象徵意義。

　　以太常寺而言，相傳源於舜時伯夷建「秩宗」，周朝立其爲「宗伯」，秦時置爲「奉常」，漢更名爲「太常」，掌宗廟祭祀禮儀，兼掌選試博士，歷代因之。唐代的太常是禮樂之司，位列九卿之首，政令仰承尚書禮部，下屬八署四院。〔註18〕統領宮廷禮儀、祭祀、宴享、娛樂、散樂的排練及演出事宜。其中「太樂署」兼管雅樂與俗樂，即負責「邦國之祭祀享宴」以及「大祭祀、朝會」之用樂，〔註19〕並肩負考核、教習樂人、音聲人之重任。「鼓吹署」專職「鼓吹施用調習之節，以備鹵簿之儀」的軍樂。〔註20〕例如李德裕〈鼓吹

〔註18〕　《舊唐書・職官志三》：「太常寺」條云：「古曰秩宗，秦曰奉常，漢高改爲太常，梁加寺字，後代因之。」又：「太常卿之職，掌邦國禮樂、郊廟、社稷之事，以八署分而理之：一曰郊社，二曰太廟，三曰諸陵，四曰太樂，五曰鼓吹，六曰太醫，七曰太卜，八曰廩犧……。」〔後晉〕劉昫：《舊唐書》，卷44，頁11。《唐六典・太常寺》也有相同記載。

〔註19〕　〔後晉〕劉昫：《舊唐書・職官志三》，卷44，頁14。

〔註20〕　〔後晉〕劉昫：《舊唐書・職官志三》，卷44，頁15。

賦〉，其〈序〉云：「鼓吹本軒皇因出師而作，前代將相，有功則假之，今藩閫皆備此樂。」〔註21〕便是以此爲題作賦。

之後，宮廷樂舞機構開始擴充，樂舞人數大增。於是，從太常寺分離出來設立教坊。〔註22〕太常寺專責禮儀、祭祀樂舞，教坊專責娛樂性的樂舞。

教坊傳習音樂與舞蹈技術，也擔任重要的演出任務。演出的節目，有娛樂性、世俗性的樂舞，亦兼演民間的雜技。是一結合理論與實際，專業有層次、有組織、有領導的綜合性音樂教育機構。

「梨園」則是因玄宗酷愛樂舞並擅長創作與表演，特設專門爲樂舞享樂服務的機構。梨園弟子是從太常樂工精選而來，由玄宗親自帶領排練及演奏等事宜，音樂造詣高。其教授與演奏內容有歌、有舞，有高度技巧器樂演奏的「法曲」，因而成就許多高水準的宮廷音樂家。如善彈琵琶的賀懷智與雷海青、善歌又擅吹篳篥的樂工李龜年、善吹笛的李謨、善吹笙的玉清、善琴的董庭蘭、善演參軍戲的黃幡綽、善歌的歌女永新與念奴等等音樂界的精英，也爲唐代造就了音樂的高度興盛及其音樂分工化的發展。〔註23〕

參、君民共享的表演場所

玄宗在〈遊興慶宮〉詩序中說：「登勤政務本及花萼相輝之樓，所以觀風俗而勸人，崇友于而敦睦。」〔註24〕唐代著名的建築「勤政務本」樓和「花萼相輝」樓，是宮廷各種大型娛樂活動的表演中心，也是當朝皇帝與兄弟諸王同歡共樂之處。〔註25〕提供樂舞傳播的力量，使音樂活動普及同時深植

〔註21〕 簡宗梧、李時銘：《全唐賦》，卷37，頁3311。

〔註22〕 教坊最早在唐高祖武德年間（618年～626年）出現，是爲內教坊，歸屬於太常寺管理。武后年間（684年～704年）一度改稱雲韶府。唐中宗時（705年）又恢復舊稱，到開元二年（714年）又增設外教坊四處，二在洛陽，二在長安，並使教坊直接由宮廷派教坊使、教坊副使領導，而不受太常寺管理。參閱《新唐書·禮樂志》。

〔註23〕 參見毛水清：《唐代樂人考述》，（北京：東方出版社，2006年），頁41～79。

〔註24〕 《全唐詩》，（臺北：文史哲出版，1987年），卷3，頁39。

〔註25〕 《唐會要》：「開元……以興慶里舊邸爲興慶宮……是爲宮焉後，于西南置樓，西面題曰花萼相輝之樓，南面題曰勤政務本之樓。」〔宋〕王溥：《唐會要》，（臺北：藝文印書館《百部叢書集成》影印《聚珍版叢書》本），卷30，頁13。又《舊唐書·睿宗諸子傳》：「玄宗於興慶宮西南置樓，西面題曰花萼相輝之樓，南面題曰勤政務本之樓。玄宗時登樓，聞諸王音樂之聲，咸召登樓，同榻宴謔，或便幸其第，賜金分帛，厚其歡賞。諸王每日於側門朝見，歸宅之後，即奏樂縱飲，擊毬鬥雞，或近郊從禽，或別墅追賞，不絕於歲月矣。」

人心。

　　勤政務本樓創建於開元八年（720 年），其名稱取「勵精圖治」之意，相當於興慶宮的正殿，是玄宗「以修政事」主要聽政視事之處。凡頒發詔令、舉行宴會、會見外國使節、歡送將帥出征及改元、大赦、收俘、大典等重大活動都在此樓進行。天寶十載（751 年）進士錢起〈千秋節勤政樓下觀舞馬賦〉，描述宮廷常在此與百官舉宴賞戲作樂。《明皇雜錄》云：

> 每賜宴設酺會，則上御勤政樓。金吾及四軍兵士未明陳仗，盛列旗幟，皆帔黃金甲，衣短後繡袍。太常陳樂，衛尉張幕後，諸蕃酋長就食。府縣教坊，大陳山車旱船、尋橦走索、丸劍角抵、戲馬鬥雞。又令宮女數百，飾以珠翠，衣以錦繡，自帷中出，擊雷鼓爲〈破陣樂〉、〈太平樂〉、〈上元樂〉。又列大象、犀牛入場，或拜舞，動中音律。〔註26〕

在勤政樓下舉行隆重宴會，大宴之上，滿座繡衣，佳肴名膳，歌舞百戲，競相比美。

　　花萼相輝樓亦創建於開元八年（720 年），樓名本《詩經‧小雅‧常棣》篇：「常棣之華，鄂不韡韡」，取花萼相互輝映之意，毛序謂：「常棣，燕兄弟也。」〔註27〕此亦建樓所取義。該樓是國宴的重要場所，玄宗亦常在此樓與百官宴飲，上元觀燈，百姓聚觀樓下，歡聲如雷。開元二十五年（737 年）高蓋、王諲、張甫、陶舉、敬括等試賦題即〈花萼樓賦〉，王諲賦記錄其盛況云：

> 獻春之望，嚴更羅守。月上南山，燈連北斗。魚啓鑰於樓上，龍銜燭於帳口。帝城縱觀而駕肩，王宮望瞻而仰首。鼓吹更落，琴笙夜久。清歌齊升而切漢，妙舞連軒而垂手。〔註28〕

每逢千秋節誕日，玄宗宴百官於花萼樓，〔註29〕允許庶民百姓參加同慶，充

　　　　〔後晉〕劉昫：《舊唐書》，卷95，頁3。

〔註26〕　〔唐〕鄭處誨：《明皇雜錄》，（臺北：藝文印書館《百部叢書集成》影印《守山閣叢書》本），卷下，頁2。

〔註27〕　《毛詩正義》，卷9-2，頁320～321。

〔註28〕　簡宗梧、李時銘：《全唐賦》，卷8，頁789。

〔註29〕　玄宗〈千秋節賜父老宴飲敕〉寫道：「今茲節日，穀稼有成，頃年以來，不及今歲，百姓既足，朕實多歡，故於此時，與父老同宴，自朝及野，福慶同之，並宜坐食。食訖樂飲，兼賜少物，宴訖領取。」〔清〕董誥等編：《全唐文》，（上海：上海古籍出版社，1995 年），卷35，頁15。

分顯示開元天寶的盛世色彩。表演內容如張祜〈千秋樂〉詩云：

> 八月平時花萼樓，萬方同樂是千秋。傾城人看長竿出，一伎初成趙
> 解愁。〔註30〕

表演的節目是「長竿」雜技。此外，喬潭〈裴將軍劍舞賦〉序云：

> 元和秋七月，羽林裴公獻戎捷於京師，上御花萼樓，大置酒。酒酣，
> 詔將軍舞劍，為天下壯觀，遂賦之。

花萼樓前表演的是「劍舞」。

　　皇家宴會場面盛大，誇耀盛唐政治及文化的光華。參加宴會之文武百官、外國使節等，能與帝王同台觀看演出，是一種榮耀，益彰顯玄宗政治家和藝術家的雙重特性。

肆、兼收並蓄的樂舞精神

　　唐代宮廷樂舞主要有九部樂、十部樂、立部伎、坐部伎幾種形式。此外，亦有從外國及其他少數民族借鑒之樂舞如「南詔奉聖樂」、「驃國樂」等。軟舞、健舞是此時較為突出的樂舞藝術，在《教坊記》、《樂府雜錄》中，均有各類藝術的記載。〔註31〕此外，還有〈萬歲樂〉、〈凌波曲〉、〈菩薩蠻〉、〈何滿子〉等創作曲，〔註32〕呈現繽紛的色彩。

一、雅俗音樂的相互濡染

　　先秦時期的雅樂是從政治思想著眼，為符合「禮」規範之音樂。例如「六舞」是配合朝廷郊廟祭祀所演奏之儀式音樂，俗樂則為傳入宮廷之新聲或是桑間濮上「鄭衛之音」。雅樂在政治史上一向給予極高的地位，但唐樂舞文化絢麗多姿、璀璨繁榮的不是雅樂，而是當時宴飲娛樂之俗樂。

　　唐王朝建國之初，首要的任務是平定天下，並未制定新樂，宮廷音樂活

〔註30〕　《全唐詩》，卷27，頁392。

〔註31〕　《教坊記》記載的軟舞有〈垂手羅〉、〈回波樂〉、〈蘭陵王〉、〈春鶯〉、〈半社
　　　　渠〉、〈借席〉、〈烏夜啼〉；健舞有〈阿遼〉、〈柘枝〉、〈黃麞〉、〈拂林〉、〈大渭
　　　　州〉、〈達摩〉。〔唐〕崔令欽：《教坊記》，（臺北：藝文印書館《百部叢書集成》
　　　　影印《古今說海》本），一卷，頁3。又《樂府雜錄・舞工》記載的健舞曲有
　　　　〈稜大〉、〈阿連〉、〈柘枝〉、〈劍器〉、〈胡旋〉、〈胡騰〉。軟舞曲有〈涼州〉、〈綠
　　　　腰〉〈蘇合香〉、〈屈柘〉、〈團圓旋〉、〈甘州〉。〔唐〕段安節：《樂府雜錄》，（臺
　　　　北：藝文印書館《百部叢書集成》影印《守山閣叢書》本），頁7。

〔註32〕　見〔宋〕王灼：《碧雞漫志》，（臺北：藝文印書館《百部叢書集成》影印《知
　　　　不足齋叢書》本）卷4、卷5。

動沿用隋朝的「九部樂」。直到唐高祖武德九年（626 年），天下已經平定，才詔太常少卿祖孝孫等更定雅樂，為大唐制定新樂，〔註 33〕並將「九部樂」改「十部樂」。太宗的雅樂觀認為，國之興衰非天意所為，否定雅樂「溝通上天、定國安民」的政治功效，〔註 34〕明確地將音樂與政治分離，強調音樂只是為人服務的娛樂形式，不能主宰人的意志，國家興亡與政權交替都是人的行為所致，音樂與政治沒有必然關聯。

玄宗時依據表演形式又分為坐、立部伎。坐立部伎之分，於武后、中宗之時已見，玄宗集其大成。奏樂言「登歌樂」如琴瑟者為坐部，「軒架樂」如鐘鼓者為立部；舞蹈人數較少，屬享樂性質為「坐部」，舞蹈人數較多，屬典禮性質為「立部」。〔註 35〕《新唐書》中記載，唐代把雅樂、俗樂的管理分開，為一種樂工淘汰機制。坐部伎奏不好則轉入立部伎，立部伎奏不好則到「雅樂」樂部。〔註 36〕雅樂僵化的表現形式與玄宗浪漫的樂舞審美觀相差甚遠，雅樂及其樂工地位不高，幾乎淪落到當時樂舞文化的邊緣，無政治及藝術地位的尊嚴。

表 2-1-2　唐代坐、立部伎及其內涵（據新、舊《唐書》載）

伎別	樂　名	創　制	來源或意義	舞者	配用之樂
立部伎	安樂	後周武帝	城舞	80 人	
	太平樂	周、隋遺音	五方獅子舞	145 人	龜茲樂加大鼓
	破陣樂	唐太宗	七德舞	128 人	龜茲樂加大鼓，合鐘磬
	慶善樂	唐太宗	九功武	64 人	西涼樂，合鐘磬
	大定樂	唐太宗	一戎大定舞	140 人	龜茲樂加大鼓、金鉦
	上元樂	唐高宗	上元舞	180 人	龜茲樂加大鼓、金鉦，合鐘磬
	聖壽樂	武后	字舞	140 人	龜茲樂加大鼓、金鉦
	光聖樂	唐玄宗	上元聖壽	80 人	龜茲樂加大鼓、金鉦

〔註33〕　《新唐書・禮樂志》載：「武德九年，始詔太常少卿祖孝孫、協律郎竇璡等定樂。」〔宋〕歐陽脩、宋祁：《新唐書》，卷 21，頁 2。
〔註34〕　見〔唐〕吳兢：《貞觀政要》，卷 7，頁 32。
〔註35〕　黃體培：《中華樂學通論》，（臺北：行政院文化建設委員會，1983 年），頁 59。
〔註36〕　《新唐書・禮樂志》載：「太常閱坐部，不可教者隸立部，又不可教者，乃習雅樂」。〔宋〕歐陽脩、宋祁：《新唐書》，卷 22，頁 3。

坐部伎	讌樂	張文收	景雲河清歌	4~8人	讌樂伎
	長壽樂	武后	長壽年所作	12人	龜茲伎
	天授樂	武后	天授年所作	4人	龜茲伎
	鳥歌萬歲樂	武后	人飾鳥而舞	3人	龜茲伎
	龍池樂	唐玄宗	紀念舊居	12人	用雅樂笙而無鐘磬
	破陣樂	唐玄宗		4人	龜茲伎

　　由於君王思想的影響，形成了俗樂入雅，或雅樂入俗的變化。例如，〈秦王破陣樂〉之最初形態是軍士歌頌讚揚秦王李世民的英武的軍中俗樂，編入樂府。〔註37〕太宗貞觀元年（627年）朝會宴群臣，曾表演經過改編之〈秦王破陣樂〉。太宗謂侍臣曰：

> 朕昔在藩，屢有征討，世間遂有此樂，豈意今日登於雅樂。然其發揚蹈厲，雖異文容，功業由之，致有今日，所以被於樂章，示不忘於本也。〔註38〕

貞觀二年（628年）祖孝孫完成考正雅樂，祖孝孫格於「陳梁舊樂，雜用吳楚之音、周齊舊樂，多涉胡戎之伎。」所以改弦更張，「斟酌南北，考以古音，而作大唐雅樂」，基本上其所造作仍然沿用舊樂。〔註39〕〈秦王破陣樂〉被列為初唐三大舞之一，成為「易衣冠，合之鐘磬，以享郊廟」〔註40〕之「雅樂」。這是「俗樂入雅」的例子。

　　關於「雅樂入俗」，例如《新唐書・音樂志》所載，唐初曾用新制本於〈慶善樂〉之〈九功舞〉及本於〈破陣樂〉之〈七德舞〉作為雅樂的文舞及武舞。〔註41〕之後認為〈慶善樂〉「不可降神」，〈破陣樂〉「不入雅樂」，於是郊廟仍用〈治康〉、〈凱安〉。〔註42〕而〈慶善樂〉和〈破陣樂〉則由坐、立部伎演奏，

〔註37〕　《舊唐書・音樂志九》：「太宗為秦王之時，征伐四方，人間歌謠秦王破陣之曲，及即位，使呂才協音律，李百藥……等製歌辭」。〔後晉〕劉昫：《舊唐書》，卷29，頁14。

〔註38〕　〔後晉〕劉昫：《舊唐書》，卷28，頁7。

〔註39〕　李時銘：〈作樂思想的理論及其實踐〉，《逢甲人文社會學報》，第6期（2003年），頁57。

〔註40〕　《舊唐書・音樂志二》：「〈破陣〉、〈上元〉、〈慶善〉三舞，皆易其衣冠，合之鐘磬，以享郊廟。以〈破陣〉為武舞，謂之〈七德〉；〈慶善〉為文舞，謂之〈九功〉。」〔後晉〕劉昫：《舊唐書》，卷29，頁2。

〔註41〕　同上引。

〔註42〕　《新唐書・禮樂志》：「至上元三年，詔：『惟圓丘，方澤、太廟乃用，餘皆罷。』

用於宮廷宴饗。又如《新唐書》載皇帝千秋節及賜宴設，舉行盛大表演，「太常卿引雅樂，每部數十人，間以胡夷之伎。」〔註43〕即使沿用舊樂，卻也擋不住胡俗之樂的侵浸，〔註44〕將郊廟宗社時所用之「雅樂」運用在「俗樂」演奏的場合，這是「雅樂入俗」的發展。

由於唐時國家統一，社會相對穩定，經濟得以發展，人民生活安定。在音樂文化方面，從唐代雅樂建制過程、樂曲、演奏者等觀察，雅樂在唐代形式固定且簡單，用於典禮儀式，與俗樂也無嚴格分野。雅樂的意義，著重在政治文化，而固著的樂風，較難引起欣賞者的共鳴，無法真正產生美感陶冶和教化作用。

二、外來樂舞的汲取借鑒

盛唐宮廷音樂及遊藝賦的出現，反映當時中外文化交流與都市文化繁榮的實況。觀「十部樂」中，除讌樂為融合胡、漢精華而創，清樂為集南朝舊有清商樂而成，其餘八部皆為外來音樂，根據不同民族及不同國家來源作為樂曲形式的劃分。這些樂舞因軍事、通商、朝貢、傳教等關係而傳入中原，形成漢族民間音樂、少數民族音樂、外國音樂交流融合的新興音樂，並依宮廷音樂機構內的音樂教育行為延續並擴展。因其樂調繁複，變化曲折，新奇悅耳而受到人們的喜愛，亦反映出制式化的古樂因循，需要新養分補充及他山激盪的狀況。

樂器方面，如篳篥、貝、箜篌、琵琶、五弦、腰鼓、羯鼓、毛員鼓、都曇鼓、答臘鼓、雞婁鼓、銅鼓等等，〔註45〕有些為少數民族樂器，有些是阿拉伯系和印度系等外來的樂器。這些樂器，於第四世紀中部分已流傳在中原地區，透過唐時高度發展的經濟和較長期安定的生活，樂器演奏及製作技術上逐漸提高，經過吸收、學習、廣泛流傳後與舊有傳統音樂融合，開闊唐代樂舞表演藝術胸襟及產生相互融合的文化。

又曰：『〈神功破陣樂〉不入雅樂，〈功成慶善樂〉不可降神，亦皆罷』。而郊廟用〈治康〉、〈凱安〉如故。」〔宋〕歐陽脩、宋祁：《新唐書》，卷21，頁11。

〔註43〕〔宋〕歐陽脩、宋祁：《新唐書》，卷22，頁5。

〔註44〕李時銘：〈作樂思想的理論及其實踐〉，頁57。

〔註45〕參見《通典・樂六・四方樂》。〔唐〕杜佑：《通典》，（臺北：臺灣商務印書館《景印文淵閣四庫全書》本據國立故宮博物院藏本影印，1983年），卷146，頁7～8。

舞蹈方面，傳統中國舞蹈輕歌曼舞、長袖飄飄，具有展示女性細膩舒展陰柔之美的特點。西域舞蹈傳入後，以其完全不同的藝術特質，例如西北部遊牧民族樂舞「或踴或躍、乍動乍息」〔註46〕的風格，「醉卻東傾又西倒」〔註47〕的情調，使中原王宮貴族、文人雅士為之驚豔。唐時思想開放，有著擷取精英大家氣派之時代風格，從而促進中原與西域民族樂舞的融合。

從「十部樂」表演先後次序上之意義觀之，唐代在中外民族或國家音樂文化交流進行時，是以中原音樂為根本，其他民族音樂形式為借鑒，目的是為了展現四夷臣服之大國風範，表現中原文化的優越性。

唐代的音樂包容性很強，在各民族及各國音樂交融的背景下，形成胡樂、清商樂、雅樂、俗樂交錯並存的空間。因而使音樂藝術具有較為廣闊的發展，這正是唐代音樂能夠在當時世界音樂文化中取得地位的成因之一。

第二節　漢魏六朝音樂賦的繼承及擴展

音樂賦通常以歌舞、樂器、樂曲或音樂故實命題，音樂屬性較為明顯。如《文選》、《文苑英華》、《歷代賦彙》中音樂賦篇目，皆以命題作為音樂賦分類的標準。漢魏六朝音樂賦殘篇居多，只有十篇完篇。其中，王褒〈洞簫賦〉為現存最早且完整、創作手法成熟的音樂賦。文章從開頭樂器製作材料的鋪陳，其後描摹音樂的技巧等等，成為後世音樂賦創作模仿對象，例如馬融〈長笛賦〉、嵇康〈琴賦〉、潘岳〈笙賦〉等，都依循此創作模式。其他完篇還有夏侯湛〈夜聽笳賦〉，蕭綱〈金錞賦〉、〈箏賦〉、〈舞賦〉，傅毅〈舞賦〉，顧野王〈舞影賦〉等。〈舞賦〉、〈琴賦〉論及音樂教化功用；〈笙賦〉、〈嘯賦〉除了闡述音樂之美和音樂教化功能的思想外，也有道家及隱逸思想，或蘊含懷才不遇、歲月流逝之感嘆。

初唐文人傳承梁、陳餘風，創制重聲律形式的宮體詩、駢賦，另一方面出於對歷史的反思，在理論上宣導文學的教化功用，以排斥浮華文風。音樂賦發展至唐代，不僅數量、種類增加，文章敘述的重點也有變化。唐代音樂

〔註46〕《通典‧樂二》中，對西域的舞姿樂曲有生動的描寫：「胡舞鏗鏘鏜鎝，洪心駭耳……初聲頗復閑緩，度曲轉急躁……感其聲者莫不奢淫躁競，舉止輕颺，或踴或躍，乍動乍息，蹻腳彈指，撼頭弄目……。」〔唐〕杜佑：《通典》，卷142，頁8。

〔註47〕李端〈胡騰兒〉，見《全唐詩》，卷284，頁3238。

賦爲數可觀，是否受漢魏六朝音樂賦啓發？所吟詠的題材除了與漢魏六朝相同的樂器、舞蹈、歌唱等，還增添了什麼新題材？從主題思想來看，音樂之審美角度是否擴展？表現的手法有何差異？

壹、唐音樂賦命題的開拓

中國古代歌、樂、舞一體，歷代詩文總集和類書所作分類中，音樂賦包括歌類、舞蹈類、樂器類和一些不能歸入此三類作品的特殊類音樂賦作。唐代音樂賦主題內容除了傳承前代外，更有所開拓。

一、樂器賦

樂器類音樂賦是漢魏六朝音樂賦中最多的作品，書寫的樂器包括洞簫、琴、長笛、箏等等。魏晉六朝由於文人的音樂素養提高，社會生活內容更多彩，音樂演奏中樂器種類不斷增加，樂器賦增加新的內容，如琵琶、笳、箜篌、金錞、節、鼓吹、橫吹等。這些賦作大體而言，爲單詠一樂器。每種樂器製作材料不同，樂器賦藉由觀察，或憑藉古代文獻中的記載，對樂器材料、產地、來源、製作過程和樂聲等等作描寫。

如六朝留下來傅玄、成公綏等的〈琵琶賦〉，敘述樂器來源、名稱由來、製作原因、材料、方式、結構形態、演奏方式及聲音特點，對後世的樂器考證有很大的幫助。又如馬融〈長笛賦〉，指出聽聲類形的觀點，以具體事物形容音樂創作理論背景。

陸機〈鼓吹賦〉、江淹〈橫吹賦〉，描寫一種由短簫和鐃鈸合奏的軍樂，用以發揚道德、建立武功、諷勸世人。〔註48〕夏侯湛〈夜聽笳賦〉則是以音樂欣賞爲主題。

到了唐代，樂器賦主題更多元，題材內容大爲拓展，不僅有獨奏樂器，還有合奏樂器；有雅樂樂器，也有胡樂樂器。凡與樂器表現相關而富有特色的題材，都引起賦家關注和興趣，激發創作空間。

以單一樂器爲主題，例如〈琵琶賦〉兩篇，爲薛收、虞世南所作。李百藥作〈笙賦〉，李程作〈匏賦〉，張仲素作〈玉磬賦〉，鄭希稷作〈塤賦〉，闕名作〈笛賦〉、〈箜篌賦〉、〈洞簫賦〉。此外，謝良輔〈洪鐘賦〉、鄭錫〈長樂鐘賦〉、喬潭〈霜鐘賦〉描寫鐘，梁洽〈吹竹學鳳鳴賦〉寫竹，闕名及夏方慶、

〔註48〕孫鵬：〈漢魏六朝音樂賦研究〉，頁35。

范傳正同題賦作〈風過簫賦〉寫簫。另外，張曙的〈擊甌賦〉中提及「甌」這種樂器。

　　唐代樂器賦也有兩種樂器一起書寫的，例如：班肅〈笙磬同音賦〉、許堯佐〈壎篪相須賦〉、謝觀〈琴瑟合奏賦〉等，以典故為題，描寫兩種器樂和諧合奏的內涵。

　　以樂器典故為主題的賦作，例如：梁洽〈笛聲似龍吟賦〉出自南朝梁劉孝先〈詠竹詩〉：「誰能製長笛，當為吐龍吟」。〔註49〕呂牧〈子擊磬賦〉出自《論語·憲問》：「子擊磬於衛」。〔註50〕李程〈鼓鐘於宮賦〉典出《詩·小雅·白華》：「鼓鐘于宮，聲聞于外」。〔註51〕王起〈焦桐入聽賦〉典出《後漢書·蔡邕列傳》：「故時人名曰焦尾琴焉」。〔註52〕許康佐、王起同題之作〈宣尼宅聞金石絲竹之聲賦〉，其典出《前漢書·景十三王傳》：「恭王初好治宮室，壞孔子舊宅以廣其宮，聞鐘磬琴瑟之聲，遂不敢復壞。」〔註53〕二篇闕名同題之作〈泗濱浮磬賦〉典出《尚書·禹貢》：「泗濱浮磬」。〔註54〕范傳正、夏方慶同題之作〈風過簫賦〉典出《淮南子·齊俗》：「若風之過簫」〔註55〕等等。

　　此外，以器樂欣賞為主題，有聞樂的賦作，例如：李子卿〈夜聞山寺鐘賦〉、楊師道〈聽歌管賦〉、劉公興〈太常觀四夷樂賦〉、李程〈太常釋奠觀古樂賦〉等。有觀樂器的賦作，例如：翟楚賢〈觀鑄鐘賦〉、敬括〈觀樂器賦〉等，描寫的是太常寺樂器。

　　在樂器賦中，以寫鐘、鼓、磬的賦作為多，這三種樂器常作為宮廷廟堂雅樂使用，與同為宮廷文學特色的賦有相似的背景。除此之外，唐代文人對音樂關注廣泛，一些較罕見的樂器也被寫入賦中，拓展了音樂賦的題材範圍，

〔註49〕 逯欽立輯校：《先秦漢魏晉南北朝詩》，（北京：中華，1983年），梁詩卷25，頁2066。

〔註50〕 《論語注疏》，（阮元刻《十三經注疏》本，臺北：藝文印書館，1976年），卷14，頁130。

〔註51〕 《毛詩正義》，卷15-2，頁517。

〔註52〕 〔劉宋〕范曄著，〔唐〕李賢注：《後漢書》，（臺北：臺灣商務印書館百衲本二十四史影印宋紹興刊本，1976年），卷50，頁905。

〔註53〕 〔漢〕班固撰，〔唐〕顏師古注：《前漢書》，（臺北：臺灣商務印書館《景印文淵閣四庫全書》本據國立故宮博物院藏本影印，1983年），卷53，頁4。

〔註54〕 《尚書正義》，（阮元刻《十三經注疏》本，臺北：藝文印書館，1976年），卷6，頁82。

〔註55〕 〔漢〕劉安：《淮南子》，卷11，頁75。

唐代音樂賦在漢魏六朝音樂賦的基礎上，開創繽紛多元的主題色彩。

二、樂舞賦

漢魏六朝舞蹈賦共有八篇，分別為傅毅及張衡的〈舞賦〉、夏侯湛及張載的〈鞞舞賦〉、楊泓有序無文的〈拂舞賦〉、梁簡文帝的〈舞賦〉、陳顧野王〈舞影賦〉和郝默〈舞賦〉等。

東漢傅毅的〈舞賦〉是最早單獨成篇的舞蹈賦，但此之前，枚乘〈七發〉之「四發」，描寫宴遊之樂，隱約可窺見宮廷樂舞情景。〔註56〕此外，司馬相如〈上林賦〉中，則可體會場面宏大、氣氛熱烈、曲目更迭、舞伎美姿等漢代大規模宮廷樂舞盛況。〔註57〕而這種京殿都邑大賦描寫樂舞之手法，成為後之賦家描寫舞蹈賦所效仿的創作型態。傅毅〈舞賦〉提出舞既是音樂具象的表現，也能表達音樂抽象的內涵。描寫舞者「羅衣從風，長袖交橫，駱驛飛散，颯擖合并。……綽約閑靡，機迅體輕」，揮長袖、折纖腰的風采及舞蹈「及至迴身還入，迫於急節，浮騰累跪，跗蹋摩跌」的高難度技巧。同時宣揚音樂的娛樂效果和「天王燕胥，樂而不泆，娛神遺老，永年之術。」〔註58〕的養生之道。

魏晉南北朝時期，單篇舞蹈賦保存完整的有梁簡文帝〈舞賦〉和陳顧野王〈舞影賦〉。另，晉代張載和夏侯湛的同題之作〈鞞舞賦〉，記述當時流行而源於古巴蜀地區的「鞞舞」，可惜部分殘缺。張載賦介紹「鞞舞」保留有「武舞」的遺韻等。〔註59〕夏侯湛賦所存部分是讚美「鞞舞」技藝精妙，並稱頌

〔註56〕 枚乘〈七發〉：「於是乃發〈激楚〉之〈結風〉，揚鄭衛之皓樂。使先施、微舒、陽文、段干、吳娃、閭娵、傅予之徒，雜裾垂髾，目窕心與。揄流波，雜杜若，蒙清塵，被蘭澤，嬿服而御。」〔梁〕蕭統：《文選》，卷34，頁7。

〔註57〕 司馬相如〈上林賦〉：「於是乎遊戲懈怠，置酒乎顥天之臺，張樂乎膠葛之㝢。撞千石之鐘，立萬石之虡；建翠華之旗，樹靈鼉之鼓。奏陶唐氏之舞，聽葛天氏之歌。千人唱，萬人和。山陵為之震動，川谷為之蕩波。巴渝、宋、蔡，淮南、干遮，文成、顛歌。族居遞奏，金鼓迭起。鏗鎗闛鞈，洞心駭耳。荊、吳、鄭、衛之聲，韶、濩、武、象之樂，陰淫案衍之音，鄢、郢繽紛，〈激楚〉〈結風〉。俳優侏儒，狄鞮之倡，所以娛耳目、樂心意者，麗靡爛漫於前，靡曼美色。若夫青琴、宓妃之徒。絕殊離俗，妖冶嫺都。靚糚刻飾，便嬛綽約。柔橈嫚嫚，嫵媚纖弱。曳獨繭之褕袘，眇閻易以卹削，便姍嫳屑，與俗殊服。芬芳漚鬱，酷烈淑郁；皓齒粲爛，宜笑的皪；長眉連娟，微睇綿藐；色授魂與，心愉於側。」〔梁〕蕭統：《文選》，卷8，頁11～13。

〔註58〕 見傅毅〈舞賦〉。〔梁〕蕭統：《文選》，卷17，頁15～20。

〔註59〕 張載〈鞞舞賦〉序：「蓋以歌以詠，所以象德。足之蹈之，所以盡情也。」賦

此舞具有祭祀、教化的功用。〔註60〕另外，郝默的〈舞賦〉，描寫男女對舞之態，惜無法見其全貌。〔註61〕魏晉南北朝時期的舞蹈賦多爲短篇，結構輕巧，著墨不多。賦家對舞蹈藝術的關注，集中於對舞姿的描摹和刻畫，作品背景局限於宮廷或貴族府第，呈現貴族及在上位者豪奢的氣息及享樂思想，並不重視音樂教化功能。梁簡文帝〈舞賦〉末尾云：

> 眄鼓微吟，迴巾自擁。髮亂難持，簪低易捧。牽福恃恩，懷嬌知寵。
> 〔註62〕

可窺見賦家描述的樂舞是作爲供人享樂的工具，彰顯音樂娛樂的功用。

陳代顧野王〈舞影賦〉不僅對舞者的舞姿有「頓珠履于瓊簟，影嬌態于雕梁。圖長袖于粉壁，寫纖腰于華堂」，充滿宮體的細致描繪，且對觀者心態也有「愁多宵之尙短，欣此樂之方長」〔註63〕的敘述，舞蹈娛情享樂，到了令人流連忘返的地步。

唐代隨著政治社會發展與對外經濟文化往來，舞蹈藝術交流也日益頻繁。「舞蹈賦」以舞蹈作爲審美物件，以樂舞文化爲創作題材。觀其功能，一是與階級社會政治倫理觀念相結合，成爲禮儀的一部分。另一種屬於娛樂性質，包含民間各種舞蹈與上層社會的宴饗活動。太宗時宏文館直學士謝偃〈觀舞賦〉，描寫貞觀時期於秋夜「西園」設宴的宮廷樂舞活動。張復元及李綽的同題之作〈太清宮觀紫極舞賦〉，描寫宣揚神仙仙境基調的道教精神。平冽的〈舞賦〉寫的是三國時陳思王曹植舉行宴飲樂舞的逸事。闕名的〈兩階舞干

文曰：「鞞舞煥而特奏兮，冠眾妓而超絕。采干戚之遺式兮，同數度於二八。」〔清〕張英、王士禎等撰：《淵鑑類函》，（上海：上海古籍出版社，2008年），卷186，頁367。

〔註60〕 夏侯湛〈鞞舞賦〉：「專奇巧於樂府兮，苞殊妙乎伶人。匪繁手之末流兮，乃皇世之所珍。在廟則格祖考兮，在郊則降天神。納和氣於兩儀兮，通克諧乎君臣。協至美於九成兮，等太上乎睿文。」〔清〕陳元龍：《歷代賦彙》，卷92，頁6。

〔註61〕 郝默〈舞賦〉：「哀則哭踊有節，樂則廣歌有章。男則踴躍逸豫，凌厲矜莊。女則委迤詰屈，窈窕幽房。俯仰應規度，進退合宮商。」〔清〕張英、王士禎等撰：《淵鑑類函》，卷186，頁382。

〔註62〕 〔清〕嚴可均：《全上古三代秦漢三國六朝文》，（上海：上海古籍出版社《續修四庫叢書》據《黃岡王氏》刻本影印，1995年），卷8，頁5。《歷代賦彙》「福」作「情」，「知」作「妒」。〔清〕陳元龍：《歷代賦彙》，卷92，頁152。

〔註63〕 顧野王〈舞影賦〉。〔清〕嚴可均：《全上古三代秦漢三國六朝文》，卷13，頁4。

羽賦〉則藉樂舞典故宣揚盛唐功績。闕名〈鸜鵒舞賦〉，其典出《晉書・謝尚傳》，以舞〈鸜鵒〉比喻遠大的志向，代表南朝士人的情志。闕名〈國子舞賦〉，旨在說明教授貴族子弟樂舞知識的重要性和意義。張則存、白行簡、錢眾仲同題之作〈舞中成八卦賦〉，藉賦歌頌聖德，闡釋樂教思想，以抽象議論爲主，對舞蹈的形象描繪並不具體。

　　開元年間邵軫〈雲韶樂賦〉，描寫元宵後一日的〈雲韶舞〉。沈朗、陳嘏及闕名於開成三年（838 年）進士科試賦之作〈霓裳羽衣曲賦〉，介紹唐代著名崇仙舞蹈〈霓裳羽衣〉。元和十年（815 年）進士沈亞之〈柘枝舞賦〉、盧肇〈湖南觀雙柘枝舞賦〉，描寫從西域傳入中原著名的健舞〈柘枝舞〉。闕名〈開元字舞賦〉，介紹盛唐時期陣容龐大的字舞〈聖壽樂〉表演概況。

　　這些賦作表現出大唐盛世繁榮昌盛，有的以舞蹈論大倫、政治，闡述「舞以象功」的儒家舞蹈觀念。而胡風入唐，諸國的奇調異曲，凸顯唐代開放多元的時代胸襟。唐代對樂舞十分重視，帶動文學作品對樂舞的關注。唐樂舞賦較之前朝作品，不論是內容或是主題，益顯多元繽紛。

三、歌賦

　　漢魏六朝描寫所謂「聲樂」之歌或嘯，有晉人袁崧殘篇〈歌賦〉及成公綏完篇〈嘯賦〉，描寫通過口腔發聲形成的妙音。

　　成公綏〈嘯賦〉主題「嘯」是魏晉時代的養生之法，《說文・口部》：「嘯，吹聲也。從口，肅聲。」〔註64〕許慎認爲嘯是吹氣之聲。《詩經・召南・江有汜》：「之子歸，不我過。不我過，其嘯也歌。」鄭〈箋〉云：「嘯，蹙口而出聲也。」〔註65〕唐人孫廣《嘯旨》其序云：

　　　　夫氣激於喉中而濁，謂之言；激於舌而清，謂之嘯。言之濁，可以

　　　　通人事，達情性。嘯之清，可以感鬼神，致不死。〔註66〕

成公綏〈嘯賦〉所謂「觸類感物，因歌隨吟」，以人體作爲樂器的發聲，即「嘯歌」，認爲「聲不假器，用不借物」、「長嘯之奇妙，蓋亦音聲之至極。」頌揚音樂「變陰陽之致和，移淫風之穢俗」的教化功用。強調隱逸思想，認爲嘯

〔註64〕　〔漢〕許愼撰，〔清〕段玉裁注：《說文解字注》，（臺北：黎明文化事業有限公司，1986 年），二篇上，頁 58。

〔註65〕　《毛詩正義》，卷 1-5，頁 7。

〔註66〕　〔唐〕孫廣：《嘯旨》，（臺北：藝文印書館《百部叢書集成》影印《陽山顧氏文房》本），頁 1。

聲可抒發情思、變淫風之穢俗。賦文中描畫「嘯」作爲樂器「行而不流，止而不滯，隨口吻而發揚，假芳氣而遠逝」的具體發聲技巧，提及技法「信自然之極麗，羌殊尤而絕世」獨特的審美感受。並指明「嘯」具有音「流響」、和聲「清厲」的美感特徵，是最自然、最美的聲音，能保持哀而不傷的中和之道，並且靈活多變，能配合環境、心情創作各種嘯聲。〔註67〕成公綏把嘯聲與合於道的自然精神相統一，表現崇尚自然無爲的老莊精神。

　　袁崧〈歌賦〉描寫歌唱的技巧及歌聲之美，與「嘯」相似，從歌喉的角度表現豐富多彩的音樂世界。同時敘寫六朝時期江南荊揚文化與中原文化交融，異域樂舞傳入，加上本土樂舞、樂器，異彩紛呈。

　　唐代繼承漢魏六朝對於「聲樂」藝術的描寫，有謝偃的〈聽歌賦〉，描寫歌舞形態，於賦末引出治世之道以頌聖讚君德。閻伯璵〈歌賦〉以「〈虞書〉詩言志，律和聲。察乎歌以形言，聲以導律」抒發其志。鮑防〈歌響遏行雲賦〉，典出《列子・湯問》，形容歌聲高昂激越，〔註68〕通過對善歌、惡歌皆能遏雲的描述，提出「向使善亦遏雲，否亦遏雲。妍媸一貫，邪正不分。則善歌者望風而結舌，肯闐茸於哀哇之群哉」的結論，提醒世人辨清正邪善惡。元稹、李紳、趙蕃、劉隣所作〈善歌如貫珠賦〉，典出《禮記・樂記》，形容歌聲纍纍乎感動人心。〔註69〕徐寅〈歌賦〉以宋玉〈高唐賦〉序「昔者，楚襄王與宋玉遊於雲夢之臺，望高唐之觀」之故實敘寫貫珠妙聲。〔註70〕徐寅〈朱虛侯唱田歌賦〉藉漢朝劉章謳〈耕田歌〉之故實，〔註71〕提出「則知伏於誠者，須藉於英傑；切於己者，莫先乎子孫。安子孫而總英傑，故能復

〔註67〕　成公綏〈嘯賦〉。〔梁〕蕭統：《文選》，卷18，頁26～30。

〔註68〕　《列子・湯問》：「薛譚學謳於秦青，未窮青之技，自謂盡之；遂辭歸。秦青弗止；餞於郊衢，撫節悲歌，聲振林木，響遏行雲。薛譚乃謝求反，終身不敢言歸。」《列子》，（臺北：藝文印書館《無求備齋列子集成》影印《正統道藏》本，1971年），卷5，頁92。

〔註69〕　〈樂記〉：「故歌者上如抗，下如隊，曲如折，止如稾木；倨中矩，句中鉤，纍纍乎端如貫珠。」《禮記正義》，卷39，頁23。

〔註70〕　〔清〕陳元龍：《歷代賦彙》，卷14，頁697。

〔註71〕　《史記・齊悼惠王世家》：「高后令朱虛侯劉章爲酒吏……已而曰：『請爲太后言〈耕田歌〉。』高后兒子畜之，笑曰：『顧而父知田耳。若生而爲王子，安知田乎？』章曰：『臣知之。』太后曰：『試爲我言田。』章曰：『深耕概種，立苗欲疏，非其種者，鋤而去之。』呂后默然。」〔漢〕司馬遷：《史記》，（臺北：藝文印書館影印武英殿本），卷52，頁2。

宗社而正乾坤。向若口不能唱，唱不能言。則國豈定而家豈存者也」之感。見於敦煌文書何蠲〈漁父歌滄浪賦〉，其典出《楚辭·漁父》「滄浪之水清兮，可以濯吾纓；滄浪之水濁兮，可以濯吾足」〔註72〕，寫出「吾欲棹孤舟而釣滄浪，其奈名未成而來不得」之心情。楊迺〈舜歌南風賦〉典出《禮記·樂記》〔註73〕，用以歌頌帝德。王棨〈秋夜七里灘聞漁歌賦〉抒發個人情志，如詩如畫，情景交融，創造出清幽深遠的意境，從不同角度反映晚唐文人的心態及社會現象。

相較於先唐的歌賦，唐代歌賦有相同的修己功用，少了歌唱技巧的描述，多了典故及政治意味。

四、其他音樂賦

漢魏六朝並無以樂曲為題的賦作，比較特殊的音樂賦如漢代賈誼〈虡賦〉，於《藝文類聚》收入樂部。「虡」本身並非樂器，是用來懸掛鐘或磬的架子，為樂器組成部分。〈虡賦〉主要從其雕刻、修飾等方面，用描寫和比喻的手法表現虡的形狀和功用，讚美符合天的精神。

蔡邕〈瞽師賦〉寫盲人樂師，《歷代賦彙》收入音樂類，為傳記題材，描寫盲人樂師藉悲傷音樂抒發自己身上的苦痛。其他如傅玄殘篇〈節賦〉等，為漢魏六朝比較特殊的音樂賦作品。

此外，謝莊、張裕作〈舞馬賦〉，是屬於宮廷中技藝性的娛樂節目。南朝大明年間，有人獻宋孝武帝一匹舞馬，謝莊為此寫下〈舞馬賦〉和〈舞馬歌〉各一篇，且令樂府伴奏。〔註74〕梁武帝時「河南又獻赤龍駒，有奇貌，絕足，能拜善舞，天子異之」，〔註75〕說明舞馬在當時已是宮中的娛樂。

唐代以樂曲名命題的樂曲賦，如邵珍〈雲韶樂賦〉，陳庶〈聞韶賦〉，李觀、裴度、陸復禮的同題作〈鈞天樂賦〉，裴度〈簫韶九成賦〉，內容多以抽象、理論之辭來歌頌先王之樂，較少對音樂進行描寫，純藝術的價值不高，

〔註72〕　〔漢〕王逸：《楚辭》，（臺北：藝文印書館《百部叢書集成》影印清光緒趙尚輔校刊《湖北叢書》本），卷7，頁2。

〔註73〕　〈樂記〉：「昔者舜作五弦之琴，以歌〈南風〉。」《禮記正義》，卷38，頁1。又《史記·樂書》：「故舜彈五弦之琴，歌〈南風〉之詩而天下治。……夫〈南風〉之詩者，生長之音也，舜樂好之，樂與天地同意，得萬國之驩心，故天下治也。」〔漢〕司馬遷：《史記》，卷24，頁39。

〔註74〕　〔唐〕徐堅等撰：《初學記》，卷29，頁11。

〔註75〕　〔唐〕姚思廉：《梁書》，（臺北：藝文印書館影印武英殿本），卷33，頁8。

政治的功用較明顯。

唐代描寫音樂人的賦作,例如王起〈鄒子吹律賦〉典出《列子‧湯問》:「鄒衍之吹律」〔註 76〕,此賦非頌聖,亦非典制之作,單純敘事。黃滔〈戴安道碎琴賦〉及吳融〈戴逵破琴賦〉典出《晉書‧隱逸傳》:「破琴不為王門伶」〔註 77〕。而黃滔〈漢宮人誦洞簫賦賦〉「王子淵兮誰與倫,洞簫賦兮清且新」,則是詠王褒所作之〈洞簫賦〉,為太子所喜並令宮人每日誦讀的美談。高郢〈吳公子聽樂賦〉及闕名所作的〈吳公子聽樂觀風賦〉,描寫《左傳》記襄公二十九年「吳公子季札赴魯觀樂」的紀事。呂溫〈齊人歸女樂賦〉以春秋時齊國贈送八名美女給魯國的故事為主題,〔註 78〕賦中簡略敘述此事的經過和描繪這些女子的美態。林慮山人〈鍾期聽伯牙鼓琴賦〉、王太真〈鍾期聽琴賦〉,以子期與伯牙千古知音的傳說而賦。薛勝〈孔子彈文王操賦〉以《韓詩外傳》記載「孔子學琴於師襄」的故事為本。

配合著樂曲表演屬於雜技方面的作品,如錢起〈千秋節勤政樓下觀舞馬賦〉,描寫的是唐玄宗每年在八月五日生日時的千秋節,進行慶祝活動節目之一的舞馬表演,內容為歌功頌德、感念君恩之辭和鋪排宴樂場面之語。二篇闕名〈舞馬賦〉提及開元時期國富民樂,以舞馬活動贊頌盛威。喬潭〈裴將軍劍舞賦〉,描述羽林裴公獻戎捷於京師,於花萼樓置酒時表演之劍舞。

綜而論之,唐代樂器賦把更多的樂器引入賦中,但於先唐佔音樂賦大宗的地位不復存在,樂器賦已不為唐音樂賦的主要類型。各類不同題材的音樂賦作品大量出現,諸如闡述樂理、表達音樂思想、反映當時宮廷、民間各類音樂文化活動、描寫具體樂曲、鋪陳附會古今樂壇奇聞逸事等等。就題材言,唐代音樂賦涉及音樂領域的各個方面,更能全面展現一個時代的音樂文化面貌。而音樂藝術的進步和發展,為音樂賦創作提供廣闊的表現空間。文人對各類音樂欣賞的接受度及開闊的藝術審美視野,使音樂賦題材比起先唐大為

〔註 76〕 《列子》,卷 5,頁 92。另《論衡‧寒溫篇》:「燕有寒穀,不生五穀。鄒衍吹律,寒穀可種。」亦有相似紀錄。〔漢〕王充:《論衡》,(臺北:藝文印書館《百部叢書集成》影印《漢魏叢書》本),卷 14,頁 8。

〔註 77〕 〔唐〕房玄齡:《晉書‧隱逸傳》,卷 94,頁 1204。

〔註 78〕 《史記‧孔子世家》載:「定公十四年,……於是選齊國中女子好者八十人,皆衣文衣而舞〈康樂〉,文馬三十駟,遺魯君。陳女樂文馬於魯城南高門外,季桓子微服往觀再三將受,乃語魯君為周道遊。往觀終日,怠於政事。」〔漢〕司馬遷:《史記》,卷 47,頁 9、10。

拓寬，表現內容更加豐富多彩。

貳、音樂思想與美學的繼承

　　兩漢時期承襲周朝音樂的傳統，認為音樂的功用為教化人倫。在經濟繁榮、政治穩定中，士大夫以音樂自娛的風氣逐漸形成。如傅毅、張衡、馬融等知音解律、擅長樂器的文人增加。在此氛圍中，產生許多以音樂思想為題材的賦作。

　　唐代音樂賦在樂教思想、明道說、重功利文學觀及文學自身發展等不同因素影響下，更注重「理」的闡釋。唐初帝王不但喜愛音樂，亦重視音樂的教化作用。安史之亂後，隨著唐王朝的逐漸衰微，音樂與文學的教化作用更加符合統治者鞏固皇權的需要。

一、儒家音樂思想賦

　　漢代，以儒家樂教思想為主流，音樂通常被要求具有輔助政教的功能。兩漢音樂賦大多帶有儒學獨尊的文化色彩，表現出鮮明的「樂教」精神。

　　漢武帝獨尊儒術，儒家思想視為治國的原則。王褒〈洞簫賦〉主要供貴族娛樂，云：「感陰陽之和而化風俗之倫」〔註79〕，其時代背景及創作動機表現出受儒家思想影響的音樂教化功能。

　　唐音樂賦繼承漢儒音樂思想，除描述樂舞經驗外，更重要的功能是為政治服務。由於科舉試賦命題影響，儒家思維更加彰顯。先秦儒家以「仁」為正樂的禮樂思想，以音樂表現道德境界作為音樂審美的重點，符合唐音樂賦的政治功能性。以體現儒家音樂美學思想的著作如《尚書》、〈樂記〉等，亦是唐代音樂賦引用的重要經典。因此，唐代音樂賦中充滿儒家的音樂美學思想。例如李程的〈大合樂賦〉典出《周禮·春官·宗伯》，以「道天和，全人性」，藉樂發揮儒家思想。白行簡、錢眾仲及張則存的科試賦作〈舞中成八卦賦〉，以舞蹈論大倫、政治，描寫的是儒家「舞以象功」的舞蹈觀念。獨孤申叔、闕名同題之作〈審樂知政賦〉，李子卿〈功成作樂賦〉，闕名〈作樂崇德賦〉，闡述崇德、審音知政的儒家政治思想。此外，反映儒家音樂教育的作品有羅讓、李彥芳、杜周士、劉積中、徐至、鄭方同題之作〈樂德教冑子賦〉及闕名〈國子舞賦〉等，主要為描述及宣揚儒家樂教思想。

　　由於儒家思想為唐音樂賦重要的哲學思維，將以專章分述之。

〔註79〕王褒〈洞簫賦〉，見〔梁〕蕭統：《文選》，卷17，頁10～15。

二、道家音樂思想賦

東漢末至兩晉的亂世，儒家名教之學失去統治魅力，士大夫對兩漢經學及三綱五常的陳詞感到厭倦，欲探討新的、形而上的哲學論辯，於是道家思想、黃老之學漸發展起來。部分音樂賦雖然注重音樂移風易俗之效、中和之道的教化作用，但也產生擺脫名教束縛的思潮，玄學自然無爲思想對音樂產生影響。受到魏晉玄學自然無爲，追求個性自由的思維，六朝音樂賦的表現以「自然」取代「樂教」，從儒學擴大爲儒、道相容的思想。

此外，魏晉六朝雖在歷史上動盪不安，卻也是各民族音樂文化大融合的時期。東晉以後，伴隨南方清商樂、吳歌、西曲的興起，音樂享樂情懷的功能逐漸受到重視。西晉潘岳〈笙賦〉云：

> 輟張女之哀彈，流〈廣陵〉之名散。詠園桃之夭夭，歌棗下之纂纂。
>
> 歌曰：棗下纂纂，朱實離離。宛其落矣，化爲枯枝。人生不能行樂，
>
> 死何以虛諡爲？〔註80〕

不著重彰顯人倫教化，表現出及時行樂的享樂思想。此外，如嵇康〈琴賦〉，提出音樂具有導養神氣，宣和情志的養生功效，不強調音樂具教化功能，認爲音樂無法改善人心，但可以啓發人的本質，雖可看做是某種程度的「教化」，但主體在於人，不在音樂。有著道家、隱逸、神仙思想及懷才不遇之嘆。〔註81〕

唐代張階及高郢的同題之作〈無聲樂賦〉，闡發道家音樂思維。高郢〈無聲樂賦〉云：「樂而無聲，聲之至；……無聽之以耳，將聽之以心。」語出《莊子・人間世》。楊發〈大音希聲賦〉出於《老子》：「大音希聲，大象無形」〔註82〕。《老子》「大音希聲」一方面就「道」本身而言，指出「道」聽之不聞而蘊含至和的特性；一方面則指合乎道特性之理想音樂。錢起、石鎮、蔣至同題之作〈洞庭張樂賦〉出於《莊子・天運》篇：「黃帝張〈咸池〉之樂，於洞庭之野。」〔註83〕莊子所描寫和他所讚歎的是叫人「懼」、「怠」、「惑」、「愚」，以達於所言的「道」。

呂溫的〈樂出虛賦〉是一篇音樂美學文章，全文從不同角度集中論述了「樂出虛」的各種審美體驗。「樂出虛」之語出自《莊子・齊物論》：「喜怒哀

〔註80〕　〔梁〕蕭統：《文選》，卷18，頁24。
〔註81〕　〔梁〕蕭統：《文選》，卷18，頁12～21。
〔註82〕　〔曹魏〕王弼注：《老子道德經》，41章，頁3。
〔註83〕　〔晉〕郭象注：《莊子》，（臺北：藝文印書館，2007年），卷5，頁283。

樂，慮嘆變慹，姚佚啓態，樂出虛，蒸成菌，日夜相代乎前，而莫知其所萌。」〔註84〕意指任何人類的情緒、行爲及自然界的狀態，都是從無到有、無中生有，是呼應老子「無名天地之始」觀點。

張隨〈無弦琴賦〉說：「撫空器而意得，遣繁弦而道宣」、「樂無聲兮情逾倍，琴無弦兮意彌在。天地有眞宰，形聲何爲選相待？」沒有弦的琴，可以得到琴之意，或者把有弦琴的弦拿掉，反而可以道宣。識得琴趣，何必要弦。吳晃〈昭文不鼓琴賦〉，其概念出於《莊子·齊物論》：「有成與虧，故昭氏之鼓琴也；無成與虧，故昭氏之不鼓琴也。」〔註85〕

唐賦繼承魏晉道家思想，成爲唐音樂賦重要的哲學思維，以專章分述之。

三、以「悲」爲美的音樂美學思想

「悲」在漢魏六朝音樂賦中常常出現，例如侯瑾〈箏賦〉、蔡邕〈琴賦〉、王褒〈洞簫賦〉、馬融〈長笛賦〉、嵇康〈琴賦〉、陸瑜〈琴賦〉、潘岳〈笙賦〉、杜摯〈笳賦〉、孫楚〈笳賦〉、孫瓊〈箜篌賦〉等等，文中都出現「悲」字。這受漢帝王的美學觀點影響，〔註86〕也與魏晉名士在動盪不安、生命無常的現實下反映心情相關。因此，雖都以「悲」爲美，但其審美內涵卻不盡相同。從內容言之，有描寫樂器生長環境在山坡背光黑暗處的悲，有以孤子寡母身上配飾爲材料製成樂器的悲，有描寫樂聲的悲，有描寫動物鳴叫的悲，希望從賦作中引發讀者內心之感動及共鳴。以悲爲美的風尚，成爲漢魏六朝樂賦創作基調。

經過魏晉南北朝、隋朝時期多元文化藝術的激勵，出現氣度恢弘的唐代樂舞藝術。唐代國力強大，軍隊精良，開創遼闊的疆域。以開明的胸懷，懷柔的手段，使諸多民族歸附於大唐麾下。唐帝王不僅是漢人的天子，同時也被「諸蕃君長」尊爲「天可汗」，成爲眾民族之最高統治者。人口增加，耕地面積廣大，國家財政豐富，自貞觀以後，社會經濟呈現欣欣向榮的氣象。

唐初帝王強調音樂的教化作用，安史之亂後隨著唐王朝的衰弱，音樂與

〔註84〕 〔晉〕郭象注：《莊子》，卷1，頁36。

〔註85〕 〔晉〕郭象注：《莊子》，卷1，頁48。

〔註86〕 阮籍〈樂論〉中記載：「桓帝聞琴，悽愴傷心倚宸而悲，慷慨長嘆。」〔清〕王謨：《漢魏遺書鈔》，（臺北：藝文印書館影印《叢書菁華》本），〈樂論〉，頁3。

文學之教化作用，成爲鞏固皇權的工具。儒家美學思想排斥鄭聲悖於「中和」、「平和」的「煩手淫聲」。排斥「悲樂」以悲爲美、以不平爲美，既不符合「樂者，樂也」的命題，亦不符合「平和」的標準。在這樣的氛圍下，富有宮廷文學色彩的唐賦，強調歌頌聖威。雖如李調元《賦話》所言「晚唐士人作律賦，多以古事爲題，寓悲傷之旨。」〔註87〕但綜觀唐代音樂賦，除了像張德昇〈聲賦〉中「則有思婦傷離，芳年屢換。織素寒早，調砧夜半。埋鳴鸛而初合，砌吟蛩而正亂。何此聲之可悲，使空閨之浩嘆。」繼承了部分「悲」的基調，大部分的音樂賦都不再有以悲爲美的審美思想。

四、以「和」爲美的音樂思想

「和」是音樂完美的基礎，是儒家中庸之道的內化，是天下至德的體現，具有濃厚的政治道德倫理色彩。漢魏六朝樂器賦包括如馬融〈長笛賦〉，嵇康、傅玄的〈琴賦〉，潘岳、阮瑀、賈彬、蕭綱、夏侯淳的〈笙賦〉，夏侯湛〈夜聽笳賦〉，蕭綱的〈金錞賦〉，成公綏的〈琵琶賦〉等等，文中都表現出「和」的意象，體現當代以和爲美的音樂美學思想。不論是音樂本身以平和爲體，或是各種樂器呈現調和之音，或是金石管弦表達克協至和之聲，都強調音樂具有「和」的美感。可以達到宣和情志、協和人性、感動天地的目的。同時讚美雅樂與新聲，並認爲所詠的音樂，含有至德之和。

從兩漢到魏晉至唐代，在文化演變過程中，音樂審美理想上都追求以「和」爲美的目標。「和」的觀念除了傳統儒家思惟外，音樂之和的精神企圖以儒、道相容的方式呈現。除了強調音樂本身規律的審美，透過音樂回到原始和諧之中，追求音樂與人和、天和相連繫，達到音樂與人、與天地萬物融合一體的實踐。唐賦中強調音樂之和的作品很多，繼承先唐音樂賦以和爲美的音樂理想，爲唐音樂賦重要的哲學思維。

漢魏六朝的音樂賦，其音樂思想及理論可從賦作內容中閱讀出其脈絡，但無以音樂思想作爲賦作主題之論述。發展至唐代，除了延續前朝音樂賦描述方式，更增添在內容與形式上呈現明顯尚理傾向，且以音樂思想作爲主題的作品。賦作主要內容述說君臣之道、處世之道或生活中的其他道理，對音樂本身的描述不再是文章重點。即使欲描寫音樂，也不似先唐音樂賦運用各種藝術手法進行細緻描摹，而是引經據典，以抽象之語敘述。唐代音樂賦的

〔註87〕〔清〕李調元：《賦話》，卷9，頁21。

創作程式，體現出由重情轉向尚理的趨勢。

參、表現手法的繼承與拓展

從音樂賦作品形式上看，漢魏六朝樂器賦，賦家多以長篇來寫一種樂器，借題發揮，論必窮盡，千餘字的篇幅是很常見的現象。而唐代的音樂賦作品，如虞世南的〈琵琶賦〉、李百藥的〈笙賦〉算是篇幅較長的賦作外，其作品較爲精巧，且大多爲律賦形式。從漢魏六朝音樂賦長篇細緻的鋪敘，到內容集中，描寫簡練，對音樂的摹寫刻劃仍不失鮮明生動的抒情小賦的產生，到唐音樂律賦的繁榮。各篇互相映襯，各顯風采，共同創造音樂賦多姿多采的風貌。

一、創作模式的改變

漢魏六朝音樂賦主要是對樂器、音聲、舞蹈本身作細緻形象的鋪排描寫。其基本的創作程式可追溯至枚乘〈七發〉之「首發」。嵇康在〈琴賦〉序文中說：

> 八音之器，歌舞之象，歷世才士，並爲之賦頌，其體制風流，莫不相襲。稱其材幹，則以危苦爲上；賦其聲音，則以悲哀爲主；美其感化，則以垂涕爲貴。〔註88〕

「莫不相襲」指的是漢魏六朝音樂賦創作大體有共同寫作程式，即介紹樂器材料、產地及生長環境。接著描述樂器製作、演奏過程、音樂產生的效果。

唐代音樂賦在樂教思想、明道、功利等等因素影響下，其重點爲引經據典，以抽象之語描述君臣或處世之道，表現出多議論，注重道理與哲理的闡述，對音樂的描述及情感敘述較少。樂器賦的傳統內容，如樂器的制作及演奏，唐賦中雖有描寫，但非賦家關注的著眼點，作品主要是藉樂器發宏論，表現出宮廷文學的特色。

由於唐太宗從政治教化的立場反對辭賦過度浮華，使音樂賦的內容出現重大的改變。以虞世南〈琵琶賦〉爲例，其創作與初唐賦的興盛、帝王的提倡及恩寵有關。賦作不似前朝〈琵琶賦〉那樣重點描述樂器來源、製作材料等，而是描寫琵琶聲音優美曼妙，並讚頌大唐的文治武功。在敘述琵琶的源起時說：

> 尋斯樂之所始，乃絃鼗之遺事。強秦創其濫觴，盛漢盡其深致。爰

〔註88〕〔梁〕蕭統：《文選》，卷18，頁12。

> 有達人，演茲奇器。參古今而定質，擬神明而攄思。慰遠嫁之羈情，
> 寬絕域之歸志。

這與傅玄〈琵琶賦〉序中對琵琶來源的描述是類似的，只是描寫較簡略，賦末以「暢皇風之威武，悅大雅之神心者也」總結。虞世南為貞觀重臣，作賦除了頌聖，也能直言諷諫，使宮廷賦的內涵有著頌揚與諫諍色彩共存的儒家政教文學味道。

又如幾篇寫磬的賦作，若按漢魏六朝樂器賦的基本寫法，應以大量篇幅描寫磬製作材料的生長環境、外形、聲音及由磬音而產生的感想等等。然觀唐代幾篇磬賦，並未對這些內容進行大篇幅細緻鋪陳。如班肅〈笙磬同音賦〉其典於《詩・小雅・鼓鐘》：「鼓鐘欽欽，鼓瑟鼓琴。笙磬同音。以雅以南，以籥不僭。」〔註89〕在描述笙磬相輔時用抽象辭語描寫音樂，如：

> 音之作也，曲無誤者。倏爾合度，鏘爾中雅。寧有顧於周郎，自不
> 惑於子野。訴合皇王之化跡，混同車書於天下。

對音樂形象描繪的文字，僅僅是「遠而聞也，謂群鶴和鳴於碧空。近而聽之，如廣樂調韻於春風。鏗鏘間發，要妙無窮。」又如呂牧〈子擊磬賦〉以磬音來觀道知政，對磬音的描述，僅是「翁如始奏，將然激揚。旁達草木，獨調宮商。律中乃節而信，清引而越以長」而已，幾乎通篇為議論。

李程〈匏賦〉雖也寫樂器製法「願以刳心，去苦葉而展用；寧無滋蔓，懼甘瓠之見侵」，寫匏的形象「受天和而乃圓其象，生土德而再黃其色。不患大而拙用，奚能繫而不食」，但其目的是「矧國家大樂既備，萬邦允懷。惟異域欽和而內嚮，君子勤禮而外諧。至哉！聽斯匏之音也，可以知太平之階」，重點在歌頌功德。其他樂器賦也均以議論居多，注重說理，未對樂器之形、聲作大規模的鋪陳。

舞蹈賦表現模式也有類似的發展，部分漢魏六朝舞蹈賦的模式是先描寫舞蹈的場合，然後再描寫舞女的舞姿。而唐代舞蹈賦的模式大體為簡述舞前之環境、儀式、場面，描寫舞蹈過程、觀舞者之感受，與樂教、頌聖相關之觀舞原因，最後頌美盛世，表現出唐舞蹈賦與前朝不同的特點。

二、修辭技巧的模仿

先唐音樂賦善用比喻的手法。例如王褒〈洞簫賦〉以水聲、雷聲比喻簫

〔註89〕《毛詩正義》，卷13-2，頁2。

聲：「或渾沌而潺湲兮，獵若枚折，或漫衍而駱驛兮，沛焉競溢」、「故其武聲，則若雷霆輘輷，佚豫以沸渭。」〔註90〕王褒用心於音聲具像化的描寫，將抽象的音樂，以具體的物象或可感知的情狀比喻。〔註91〕

又如〈舞賦〉以自然景物比喻舞者的神態如「氣若浮雲，志若秋霜」、「蜲蛇姌嫋，雲轉飄曶」。以鳥類比喻輕盈的舞姿如「鵾鷄燕居，拉揸鵠驚」、「超擂鳥集，縱弛殟歿」。像〈長笛賦〉「是以尊卑都鄙，賢愚勇懼，魚鱉禽獸聞之者，莫不張耳鹿駭，熊經鳥申。鴟眎狼顧，拊譟蹻躍。」以鹿、熊、鳥、狼等，歡欣鼓譟的神情，比喻笛音之感人。

先唐音樂賦亦善用誇飾的手法，如〈長笛賦〉描寫清風吹過竹梢時，其聲感人之深的誇飾：「於是放臣逐子，棄妻離友……泣血沄流，交橫而下，通旦忘寐，不能自禁。」是對人情的誇飾。又如〈舞賦〉「纖穀蛾飛，紛猋若絕。超擂鳥集，縱弛殟歿。蜲蛇姌嫋，雲轉飄曶。體如遊龍，袖如素蜺。」誇飾舞姿之美，是對物象的誇飾。〈洞簫賦〉言「託身軀於后土兮，經萬載而不遷。」以萬年誇飾簫竹生存時間長久，始終堅忍不拔，是對時間的誇飾。

引用成辭也是先唐音樂賦常用的修辭技巧。如〈洞簫賦〉「罔象相求」語出《莊子・天地》中黃帝遺失玄珠，使象罔尋找而得的的故事。用以形容簫聲乍止，令人急切尋求無形的餘音。〈嘯賦〉「百獸率舞而抃足，鳳凰來儀而拊翼」語出《尚書・皋陶謨》：「簫韶九成，鳳皇來儀。夔曰：『於！予擊石拊石，百獸率舞。』」〔註92〕

這些音樂賦作的表現手法，影響到唐代音樂賦。例如比喻手法在唐音樂賦中亦常見，如王起〈焦桐入聽賦〉「聲飛烈烈，終見用於雅琴。」以「烈烈」比喻風聲，暗喻賢士待舉之心。〈鄒子吹律賦〉「固將嚶嚶以出谷，豈獨離離而生黍。」運用《詩經・伐木》「鳥鳴嚶嚶」比喻禽鳥鳴聲等等，其比喻的手法與先唐相似。又如張曙〈擊甌賦〉中對音樂聲調的種種比喻：

> 何彼穠矣，高樓燕喜。……巖隈有雪，彪咻而雕虎揚睛；潭上無風，捷獫而金蚪跋尾。……得不似驚沙叫雁，高柳鳴蟬。董雙成青璅鸞

〔註90〕〔梁〕蕭統：《文選》，卷18，頁13。

〔註91〕《文心雕龍・比興》曰：「王褒〈洞簫〉云：『優柔溫潤，如慈父之愛子也。』此以聲比心者也。」〔梁〕劉勰：《文心雕龍》，（臺北：藝文印書館《百部叢書集成》影印《兩京遺編》本），卷8，頁2。參閱詹鍈：《文心雕龍義證》，（上海：上海古籍出版社，1989年）。

〔註92〕《尚書正義》，卷5，頁14〜15。

飢，啄開珠網；穆天子紅韁馬解，踏破瓊田。……鶯隔溪而對語，

一浦花紅；猨裊樹以哀吟，千山月午。

像春燕、像知了、像鳥兒、像虎貓、像大雁、像饑鶯、像野馬、像水邊黃鶯、像猿猴搖動樹而悲啼等等，使人眼花繚亂，接應不暇，加強了音樂性和節奏感。有著模仿先唐音樂賦的技巧，並從模仿中開創作者用筆的獨創思維。

三、引用名人、史事、古樂曲名

《文心雕龍‧事類》云：「事類者，蓋文章之外，据事以類義，援古以證今者也。」〔註93〕用典可以引事說理、援古證今，以蘊含豐富的事件或言語寫入文章中，達到言簡意賅的效果。例如〈嘯賦〉「鍾期棄琴而改聽，孔父忘味而不食。」又如〈洞簫賦〉「鍾期牙曠悵然而愕兮，杞梁之妻不能爲其氣。師襄嚴春不敢竄其巧兮，浸淫叔子遠其類。嚚頑朱均惕復惠兮，桀跖鬻博儡以頓顇。」這六句之中，以鍾子期、伯牙、師曠、杞梁之妻、師襄、嚴春、浸淫、叔子、嚚、頑、丹朱、商均、桀、跖、夏鬻、申博等歷史人物的背景融入文句之中。

引用古樂曲名亦是魏晉音樂賦之特色。例如〈舞賦〉「〈激楚〉〈結風〉，〈陽阿〉之舞」，〈激楚〉、〈結風〉是楚國歌曲名，〈陽阿〉是歌舞名；「夫〈咸池〉〈六英〉，所以陳清廟，協神人也」，〈咸池〉是堯樂，〈六英〉是帝嚳之樂；「揚〈激徵〉騁〈清角〉」，〈激徵〉、〈清角〉是古雅曲名；「嘉〈關雎〉之不淫兮，哀〈蟋蟀〉之局促」，〈關雎〉見《詩經‧周南》，〈蟋蟀〉見《詩經‧唐風》。

唐音樂賦繼承前代，賦中附會音樂史、典故、傳說，用以闡發道理，抒發感慨。魏晉音樂賦提及的古樂曲在唐音樂賦中也可尋到相同的蹤跡。更甚者直接以名人、史事、古樂曲等爲名作賦。例如：林盧山人的〈鍾期聽伯牙鼓琴賦〉、王太眞〈鍾期聽琴賦〉，皆因子期與伯牙千古知音的傳說而賦，感慨知音難尋；高郢〈吳公子聽樂賦〉、闕名〈吳公子聽樂觀風賦〉、薛勝〈孔子彈文王操賦〉表達儒家的音樂思想；張隨〈無弦琴賦〉是據陶淵明隱居彭澤「飲無量之酒，奏無弦之琴」的雅事而賦。吳仲舒、李夷亮、李方叔同題之作〈南風之薰賦〉、蔣防〈舜琴歌南風賦〉歌頌古帝王之德等等，以古喻今，借歷史闡發道理。

〔註93〕〔梁〕劉勰：《文心雕龍》，卷8，頁5。

綜觀前述，古代豐富的音樂材料成為賦家的描述物件，體現作者對樂音、樂理的認識，反映其思想觀念。音樂賦發展到南北朝時，在表現技巧方面已累積豐富的經驗，為唐代文人創作音樂賦提供經驗。其他如題材開拓、體制探索、聲律對仗運用、語言風格創造、敘事議論技巧等等，唐代音樂賦在先唐音樂賦作品成就中有所繼承與革新。

第三節　科舉試賦對唐代音樂賦之影響

科舉制度萌芽於南北朝，創始於隋，確立於唐，完備於宋，延續至元、明、清，前後經歷了一千三百年。〔註94〕科舉考試的內容引導士子思想及求學的方向，影響封建社會政治、經濟和思想文化的發展。

壹、唐代科舉制度與律賦發展

科舉是廣大士子求取功名的工具，士人可以自由報考，也可以由州郡舉薦。選拔官員的標準，主要以考試成績高下來取捨。〔註95〕考文章選拔人才，對考生政治抱負、思想邏輯、文字表達能力及知識結構等均能檢驗，藉之選拔出知識淵博的精英為官，因而提升社會重視文章的風尚。應試者希望通過文字表現出一己的品德、才情、學問、見識，從而得到賞識和提拔，步入青雲，置身廊廟，一展胸中抱負和提升個人的物質生活。〔註96〕

唐代科舉考「賦」，主要是因為唐代許多官方文書都用駢體，而考詩賦是測量士人是否具備寫作駢文基本工較好的方法。〔註97〕於是取法漢代「獻賦」、魏晉以賦「擢士」和隋代「文才秀美」科取士，發展出以律賦「押韻為設制限，而採用於官吏登用之試」的制度，〔註98〕這是以「賦」考察士子才華與見識的方法。

〔註94〕參閱張希濟：〈科舉制度的定義與起源申論〉，《河南大學學報》，第47卷，第5期（2007年），頁99～106。

〔註95〕彭紅衛：〈唐代律賦的演進及其特徵考論〉，（華中師範大學博士論文，2008年），頁50、39。

〔註96〕鄺健行：《科舉考試文體論稿・律賦與八股文》，（臺北：臺灣書店，1999年）前言。

〔註97〕馬積高：《賦史》，頁362。

〔註98〕據鈴木虎雄所考，課賦於官吏登用之試，開始於隋文帝開皇十五年（959年）。鈴木虎雄撰，殷石臞譯：《賦史大要》，（臺北：正中書局，1967年），頁15。

　　律賦，是唐代在六朝駢賦的基礎上，爲適應封建社會對人才選拔科舉考試的需要而形成的一種新體式。〔註99〕雖不是因科舉而產生，卻借助科舉而興盛。唐代詩賦取士制度的完成，促進唐賦興盛，使賦體文學與政治需要結合，呈現宮廷文學的特徵。

　　當試賦成爲科舉考試的定制後，對文人仕進有舉足輕重的影響。文人投入大量精力於律賦的研習，蔚爲風尚，成了律賦興盛的重要因素。李調元云：

> 《文苑英華》所載律賦至多者，莫如王起，其次則李程、謝觀，大
> 約私試所作而播于行卷者，命題皆冠冕正大。〔註100〕

　　由於律賦創作的主要目的，是爲了參加科舉考試，不僅要求文辭典麗，且有一定之寫作規範。「規範」是應試性質文章不可或缺的要件，是所有科場文學的共同局限。再加上寫作時間和各種程式的限制，使作者創作彈性及空間相對減少，難以盡情地發揮其思想與才情，因而扼殺了律賦文體的創作生機。

　　然而既定的程式，也刺激賦家去尋求符合規範又能適度表達的平衡點。於是在非科場的律賦創作中，賦家也必須不斷的嘗試與練習，在規範與創新之間，展現作者的創作才華。

貳、律賦在形式上限制

　　由於考慮到考試的公平性，杜絕考生猜題或抄襲，使考官無法循私，於是設官韻以確立客觀的形式標準，建立可以依循的規則。如此一來，確定律賦發展空間，同時律賦亦淪爲「因難見巧」的考試工具，很難寫出具有個人風味的文學作品，在文學價值上打了折扣。〔註101〕因此，唐代音樂賦的作品，若爲律賦，在形式上與其他主題的律賦，均受到相同的限制。

　　律賦最主要的特色在於「限韻」，即限制一篇之中各段所押的韻部。〔註102〕

〔註99〕　曹明綱：《賦學概論》，（上海：上海古籍，1998年），頁155。

〔註100〕　〔清〕李調元：《賦話》，卷2，頁1。

〔註101〕　參閱簡宗梧：〈試論唐賦在文學史上的地位〉，（逢甲大學唐代文化、文學研究及教學國際學術研討會，2007年），頁4。

〔註102〕　有的學者認爲，唐代賦中凡嚴格講究格律、聲韻者即是律賦，如李曰剛《中國辭賦流變史》。但多數學者所言律賦，是指因科舉考試之需，發展出限韻的賦，如鈴木虎雄、馬積高、郭維森、許結、曹明綱等人。本論文之律賦採用「限韻」爲律賦的標誌。

在賦題下標出這篇律賦限韻，最普遍的是限制韻字，題韻通作「以……爲韻」；也有無限韻字，而以押韻形式規範的，如「以四聲爲韻」。律賦的限韻字，多出自傳統經典或名篇。如李絳、張復元同題之作〈太清宮觀紫極舞賦〉以「大樂與天地爲和」爲韻，獨孤申叔、呂溫同題之作〈樂理心賦〉以「易直子諒油然而生」爲韻，涵蘊深厚、文字優雅的韻字，使賦與韻互相交融，相得益彰。〔註103〕而試賦能否爲試官接受及欣賞，聲律安排得當與否亦是關鍵所在。〔註104〕

「限韻」除規定用韻的具體要求外，具有揭示標題、解釋題目、概括賦作主旨的作用。〔註105〕限韻字及題目相互揭示此篇律賦之內容方向，爲賦題作註解。如闕名〈審樂知政賦〉以「善聽其樂能識於政」爲韻，韻字幾乎是題意覆述。又如貞元十年（794 年）進士科試〈風過簫賦〉，以「無爲斯化有感潛應」爲韻，便是要求作者非以《荀子》所云「如風過蕭，忽然已化」書寫，而是從《淮南子·齊俗》「若風之過簫也，忽然感之，可以清濁應矣」的方向，以《莊子·齊物論》「南郭子綦隱机而坐」討論「天籟、地籟、人籟」之觀點發揮。段成式《酉陽雜俎續集》說明：

> 范傳正中丞舉進士，省試〈風過竹賦〉，甚麗，爲詞人所諷。然爲從竹之「簫」非蕭艾之「蕭」也。《荀子》云：「如風過蕭，忽然已化」義同「草上之風必偃」，相傳至今已爲誤。予讀《淮南子》云：「夫播粢丸於地，圓者趣窒，方者止高，各從其所安，夫人又何上下焉。若風之過簫也，忽然感之，可以清濁應矣。」〔註106〕

若試者能按照題目意思，緊扣韻腳規定發揮，即能獲得賞識。但也有韻字只是單純標出韻腳字，對內容沒有任何指導意義。〔註107〕如高郢〈吳公子聽樂賦〉以四聲爲韻，之後用一平聲，「四聲」與「聽樂」毫無關聯。

律賦所限韻數也是不固定的，有四韻的，如闕名〈舞馬賦〉以「奏之天庭」爲韻，闕名〈洞簫賦〉以「平上去入」爲韻，闕名〈箜篌賦〉以「奇弄

〔註103〕郭建勳、毛錦群：〈論律賦的文體特徵〉，《中國文化研究》，冬之卷（2007年），頁61～65。

〔註104〕鄺健行：《科舉考試文體論稿·律賦與八股文》，頁10。

〔註105〕郭建勳、毛錦群：〈論律賦的文體特徵〉，頁61～65。

〔註106〕〔唐〕段成式：《酉陽雜俎續集》，（臺北：臺灣商務印書館《景印文淵閣四庫全書》本據國立故宮博物院藏本影印，1983年），卷4，頁2。

〔註107〕郭建勳、毛錦群：〈論律賦的文體特徵〉，頁61～65。

已闋」爲韻等。有六韻的，如元稹〈奉制試樂爲御賦〉以「和樂行道之本」爲韻，李彥芳〈樂德教胄子賦〉以「育材訓人之本」爲韻等。有七韻的，如張復元〈太清宮觀紫極舞賦〉以「大樂與天地同和」爲韻，王起〈律呂相生賦〉以「予欲聞六律五聲」爲韻，闕名〈吳公子聽樂觀風賦〉以「自鄶已下無聞焉」爲韻等。有八韻的，如呂溫〈樂出虛賦〉以「聲從響際出自虛中」爲韻，王棨〈秋夜七里灘聞漁歌賦〉以「明月白露光陰往來」爲韻等。有九韻的，如裴度〈律中黃鐘賦〉以「聖人有以見天地之賾」。也有「任用韻」，如沈朗〈霓裳羽衣曲賦〉；以題爲韻，如呂溫〈齊人歸女樂賦〉。以題中字爲韻，如周存〈太常新復樂懸多至日薦之圓丘賦〉。〔註108〕《賦話》云：

> 唐人限韻有云以題爲韻者，則字字叶之，以題中字爲韻者，則就中
>
> 任用八字，不必字字盡叶也。〔註109〕

而用韻順序有的也有規定，《賦話》云：

> 唐人賦韻，有云次用韻者，始依次遞用，否則任以己意行之。〔註110〕

若題韻有明確規定，如獨孤申叔〈審樂知政賦〉以「同彼吳札觀樂於魯」爲韻依次用，李程〈觳賦〉以「五音克諧」次用爲韻，這些韻字在題下就已標明，故必須依次遞用韻字。

　　就藝術性而言，賦的最顯著特徵就是「鋪」，楚賦的反復陳情，漢賦的體物言志，最能代表賦文體的成就。而作爲考試文章的科舉賦，因篇幅字數限制，約爲四百字左右短章，〔註111〕不易反覆鋪陳與體物，所以轉向倡言「義理」，講究「技巧」。另一方面，朝廷或考官要求文字典雅，意思莊重，寫景抒情的比重不大，這也造成律賦於賦體本質上的轉變。

　　就思想性而言，樹立辭賦經典時提出「宣上德」與「抒下情」的功用，落實於科舉創作，就表現在「頌聖」與「諷諫」。〔註112〕律賦用之場屋，不論

〔註108〕　參見〔宋〕彭叔夏：《文苑英華辨證》，（臺北：臺灣商務印書館《景印文淵閣四庫全書》本據國立故宮博物院藏本影印，1983年），卷1。〔宋〕洪邁：《容齋隨筆》，（臺北：臺灣商務印書館《四部叢刊本》，1966年），卷13。唯本文舉例以音樂賦爲主。

〔註109〕　〔清〕李調元：《賦話》，卷4，頁1。

〔註110〕　〔清〕李調元：《賦話》，卷2，頁12。

〔註111〕　《賦話》：「唐時律賦，字有定限，鮮有過四百者。」〔清〕李調元：《賦話》，卷4，頁4。

〔註112〕　許結：〈科舉與辭賦：經典的樹立與偏離〉，《辭賦研究》，（南京：南京大學，2008年），頁108。

命題者或應試者，難免有歌功頌德之傾向。士子為了獲取功名，必須迎合王朝政治的需要，述德頌聖是很自然的現象，更何況律賦常以所謂的祥瑞之象命題，歌功頌德就更免不了。頌聖有時未嘗不是諷諭，因為述德頌聖，常是一種委婉提出期許的方式，所謂寓諷於頌。〔註113〕所以律賦述德頌聖也可以說是古賦諷諭傳統的改變。

試賦要在規定的時間內完成，所以較適合篇短制小的賦體；需要有嚴格的評判標準，所以講求聲病技巧。文學是講究創造性的，當科舉取士選擇賦體時，其題目制定、字數、篇章結構有了相關規定，賦就被「制度」格式化了，減弱文學應有的創造性。

參、試賦在命題上的開拓

試賦在形式上雖受到限制，但賦的題材「穿穴經史」，命題為之擴大，內容更為豐富。由現存唐代科場律賦觀之，命題範圍寬廣，基本上是沒什麼限制。〔註114〕

唐代科舉中，經義是測驗對經典的理解和記誦，範圍較有限制，而表、策、判等，是應用性的文字，很難看出士人的學問。要能測試出士子才學，便是靠詩與賦。尤其是賦，沒有一定方向或範圍，凡天地間形形色色、萬事萬物，皆可命題。可以是經書、史書上的一個詞，可以是集部或子部書中的一句話，也可以在自然或社會中隨手拈來的題目，便於考察多方面的學識與才能。試賦不限定書本知識，對於士子開闊視野、擴大知識面提出了很高的要求。尤其是傳統上的隸事用典，深奧淵靚，腹笥不足者往往難以措手。

從《全唐賦》收錄唐代應試律賦之命題看來，其涉及面相當廣泛，例如天象、山海、人事、禮儀、音樂、珍寶、竹木、花草、鳥獸蟲魚等類，題材多元，從閱讀賦作內容，可作為瞭解唐代社會生活面貌之參考。而命題若以「音樂」為主題，這會提高應試者對音樂律賦創作的熱情與壓力，並且不得不詳加閱讀、多加練習、反復習作，從而增加音樂賦的數量。

李調元稱「不試賦之時，專攻律賦者尚少。」〔註115〕初、盛唐時期科舉

〔註113〕 簡宗梧：〈唐律賦之典律〉，《六朝隋唐學術研討會論文集》，2004年，頁242。
〔註114〕 詳參馬寶蓮：〈唐律賦研究〉，（臺北：文化大學中文所博士論文，1992年），頁143～222。
〔註115〕 《賦話·新話一》：「唐初進士試于考功，尤重帖經試策，亦有易以箴論表贊。

試賦未成定制，作律賦的人不多，作品較少。盛唐律賦政治功利的目的較強，然內容卻單調，大都不出頌功德、述祥瑞、紀典禮、朝會、行幸等。即使是詠物，也充滿義理說教。唯有描寫樂舞雜藝與少數幾篇寫景抒情的律賦較有特色。〔註 116〕賦家創作音樂律賦，如開天間進士梁洽寫〈笛聲似龍吟賦〉及〈吹竹學鳳鳴賦〉均爲佳作。又如，玄宗時期發展了字舞，以時事爲題闕名作〈開元字舞賦〉，記錄字舞除了「作字如畫」，還增加「回身換衣」，敘述當時字舞內容所表達對帝王仁德的歌頌。

代宗大曆年間錢起〈千秋節勤政樓下觀舞馬賦〉，記錄開元天寶年間，千秋節在勤政樓表演的馬技，再現舞馬的盛況。在歷史上，舞馬爲唐代宮廷奢侈生活象徵之一，同時說明當時人民馬術水準高超和養馬業的發達。寶應中進士鄭錫〈正月一日含元殿觀百獸率舞賦〉〔註 117〕描寫獸舞，充滿頌聖之詞。李調元稱其「典麗而雄偉，則律賦中煌煌大篇矣！」〔註 118〕這些作品，除了樂舞的精彩描寫外，亦提供研究樂舞表演場面的文字資料。大曆年間及第之鄭錫作〈長樂鐘賦〉〔註 119〕，描寫鐘鳴情景，李調元稱「能以盛氣舉之，對偶之跡都化，唐人律賦中，爲此君能以氣盛。」〔註 120〕大曆末潘炎〈君臣相遇樂賦〉敘述天象及祥瑞，皆爲投皇帝所好之作。

貞元之前，以音樂爲主題的律賦，還有梁洽〈笛聲似龍吟賦〉，石鎮、蔣至、錢起之〈洞庭張樂賦〉〔註 121〕，閻伯璵〈歌響遏行雲賦〉、張階〈無聲樂

而不試賦之時，專攻律賦者尚少。大曆、貞元之際，風氣漸開。至大和八年，雜文專用詩賦，而專門名家之學欒然競出矣。李程、王起最擅時名，蔣防、謝觀如驂之靳，大都以清新典雅爲宗。其旁騖別趨，元、白爲公。下逮周繇、徐寅輩，刻酷鍛鍊，眞氣盡漓，而國祚亦移矣。抽其芬芳，振其金石，亦律體之正宗，詞場之鴻寶也。」〔清〕李調元：《賦話》，卷 1，頁 4。

〔註 116〕 尹占華：《律賦論稿》，（成都：巴蜀書社，2001 年），頁 108～109。

〔註 117〕 鄺健行認爲此賦題下雖無限韻說明，全賦依次用題目中各字爲韻，僅缺「月」字，爲一篇十一韻的律賦。鄺健行：《科舉考試文體論稿‧律賦與八股文》，頁 108～109。

〔註 118〕 〔清〕李調元：《賦話》，卷 4，頁 1。

〔註 119〕 尹占華認爲此賦雖未注限韻，然以韻腳考之，是以「長樂鐘賦一首」爲韻，是爲律賦。尹占華：《律賦論稿》，頁 132～133。

〔註 120〕 〔清〕李調元：《賦話》，卷 3，頁 4。

〔註 121〕 本篇以《全唐賦》卷 13 所載爲底本。本篇作者《文苑英華》與《古今圖書集成》爲闕名，《歷代賦彙》與文淵閣本《文苑英華》署李子卿作。《文苑英華辯證》有「錢起〈洞庭張樂賦〉『炎民』當作『炎氏』」之說，或爲《全唐文》署名「錢起」所本。

賦〉、平冽〈兩階舞干羽賦〉、呂牧〈子擊磬賦〉、高郢〈吳公子聽樂賦〉、高郢〈獻凱樂賦〉、陸贄〈冬至日陪位聽太和樂賦〉等等。

　　唐室至貞元、元和時期，因宦官、黨爭、藩鎮等政治矛盾，使社會疲憊，於是韓、柳提倡「古文」，元、白提倡「新樂府」，開啓以改革詩文創作爲標誌的政治文化革新運動。對文學「明道」、「匡時」的要求，使賦學興起一股經世致用思潮。然在過程中，亦使此時之賦學成爲唐代最爲複雜的階段。這一時期的律賦內容重視經義，命題往往爲經典中語，語言既講究對偶工巧，又力求典雅莊重，與天寶時期律賦崇尙玄言大相異趣。〔註122〕概言之，一方面韓、柳等宣導古文，欲打破應制律賦之束縛而強調文爲世用。另一方面，元、白等倡揚律賦，並以之爲載體表現文學爲世用的思想，從而形成中唐應試律賦繁榮的局面。

　　以音樂作爲試賦命題較多在中唐時期，貞元間以音樂爲命題的試賦，「命題皆冠冕正大」〔註123〕，風格清新典雅，刺激士子注重音樂典故及發展，音樂賦創作空前繁榮。有些命題是歌頌大唐帝國的功績，例如〈鈞天樂賦〉等。有些命題是闡釋儒家樂教思想，如〈樂理心賦〉、〈樂德教冑子賦〉、〈宣尼宅聞金石絲竹之聲賦〉等。試賦的命題經、史、子、集無所不採。例如取於《詩經》者如〈琴瑟合奏賦〉、〈壎箎相須賦〉、〈鼓鐘于宮賦〉。出自《尙書》者如〈泗濱浮磬賦〉、〈律和聲賦〉、〈簫韶九成賦〉、〈兩階舞干羽賦〉等。取於《禮記》者如〈樂理心賦〉、〈樂德教冑子賦〉、〈審樂知政賦〉、〈五色琴絃賦〉、〈玉磬賦〉等。有些命題與唐歷史、政治、時事有關，考生需有宏達的視野，方能切題。例如貞元九年（793年）博學宏詞科以〈太清宮觀紫極舞賦〉爲題試賦。〔註124〕若考生忽略時事或歷史紀錄，很難寫出切合命題的賦作。又如貞

〔註122〕尹占華：《律賦論稿》，頁177。

〔註123〕〔清〕李調元：《賦話》，卷2，頁1。

〔註124〕《舊唐書・禮儀志四》：「（天寶）二年正月丙辰，加玄元皇帝尊號「大聖祖」三字，……西京玄元廟爲太清宮，東京爲太微宮，天下諸州爲紫極宮。九月，譙郡紫極宮宜准西京爲太清宮。……閏六月四日，玄宗朝太清宮，加聖祖玄元皇帝尊號曰聖祖大道玄元皇帝。」又《唐會要・太常樂章》曰：「太清宮薦獻大聖祖元元皇帝。奏〈混成紫極之舞〉。天寶元年四月十四日。有司奏。請降神用〈混成〉之樂。送神用〈太一〉之樂。」《唐會要》，卷33，頁3。又《樂府詩集・郊廟歌詞・唐太清宮樂章》：「《唐書・禮儀志》曰：『玄宗開元二十年正月，詔兩京諸州置玄元廟。天寶二年三月，以西京玄元廟爲太清宮。其樂章：降仙聖奏〈煌煌〉，登歌發爐奏〈沖和〉，上香畢奏〈紫極舞〉，撤醮奏登歌，送仙聖奏〈眞和〉。』《會要》曰：『太清宮薦獻聖祖玄元皇帝奏〈混

元五年（789 年）初置中和節，貞元十四年（798 年），德宗以中和節自製〈中和舞〉，舞中成八卦。於是，元和二年（807 年）進士科試即以〈舞中成八卦賦〉爲題試賦。

要在眾多考生中脫穎而出，其作品定有過人之處。例如貞元八年（792年）博學宏詞科試〈鈞天樂賦〉，目前留下李觀、陸復禮、裴度三篇作品。〈鈞天樂〉指天上的音樂，仙樂，後形容優美雄壯的樂曲。《列子・周穆王》載：

> 王實以爲清都紫微，鈞天廣樂，帝之所居。〔註125〕

《史記・扁鵲列傳》載：

> 簡子寤，語諸大夫曰：「我之帝所甚樂，與百神遊於鈞天，廣樂九奏萬舞，不類三代之樂，其聲動心。」〔註126〕

張衡〈西京賦〉載：

> 昔者大帝悅秦繆公而觀之，饗以鈞天廣樂。帝有醉焉，乃爲金策。錫用此土，而翦諸鶉首。〔註127〕

以內容論之，李觀、陸復禮之賦皆賦古事，裴度則云：

> 永爲二主，觀樂鈞天。假夢中之高會，豈邦內之驩然。未若我皇沖一氣而獨運，協六律而相宣。發善令爲鐘鼓，播仁聲於管弦。將興慶於乾坤之內，非取樂於耳目之前。（裴度〈鈞天樂賦〉）

除賦古事不忘頌今，技高一籌。此時期的律賦，既以應試爲目的，內容不免難有新意、深意，但在題目許可的範圍內，間或能表現某種政治見解和思想情操。〔註128〕

貞元間留存的音樂賦除試賦外，如李程〈大和樂賦〉、〈匏賦〉、〈鼓鐘於宮賦〉、〈太常釋奠觀古樂賦〉均很著名，爲李調元所說的「專門名家」。王起以〈宣尼宅聞金石絲竹之聲賦〉爲仕，其律賦多達五十餘篇，爲中唐諸家之冠。他以音樂爲題的賦作有〈律呂相生賦〉、〈鄒子吹律賦〉、〈焦桐入聽賦〉等，都是中唐律賦清雅典重的典範之作，李調元以「華而重，典而清，三唐

成紫極之舞）。」」〔宋〕郭茂倩：《樂府詩集》，（臺北：臺灣商務印書館，1968年），卷11，頁136～137。

〔註125〕《列子》，卷3，頁79。

〔註126〕〔漢〕司馬遷：《史記》，卷105，頁2。

〔註127〕〔清〕陳元龍：《歷代賦彙》，卷31，頁336。

〔註128〕馬積高：《賦史》，頁368。

人不知誰與抗手」〔註129〕稱之，爲後人所推崇。

　　大曆、貞元以後，科舉試賦成爲常例，音樂在試賦命題上佔有一席之地。士子爲求得仕途，進而對音樂更加精研，使音樂律賦臻於完善。像裴度、劉禹錫、張仲素、元鎮、蔣防等人，以精湛技藝和深厚素養寫成音樂律賦作品，同樣風格獨特，爲此時較著名的律賦作家。

　　長慶元年（821 年），禮部侍郎錢徽主進士科，被段文昌等彈劾造成科場案，穆宗親自出題重試，即〈鳥散餘花落〉詩及〈孤竹管賦〉，爲皇帝親自爲科考命題之始。〔註130〕〈孤竹管賦〉爲音樂類，作品皆以亡佚。

　　至晚唐，音樂仍有應試目的，創作音樂律賦的風氣很盛，例如謝觀以〈琴瑟合奏賦〉爲仕，但風格由「雅正」步入「纖巧」。文宗推崇雅樂，恢復儒教勢力，曾親自出題。《舊唐書・高鍇傳》記錄：

> （大和）九年十月，以本官權知禮部貢舉。開成元年春，試畢，進
> 呈及第人名，文宗謂侍臣曰：「從前文格非佳，昨出進士題目，是朕
> 出之，所試似勝去年。」〔註131〕

《唐闕史》卷下載：

> 開成初，文宗皇帝軌翫經典，好古博雅，嘗欲黜鄭衛之樂，復正始
> 之音。有太常寺樂官尉遲璋者，善習古樂，爲法曲簫磬琴瑟，戛擊
> 鏗拊，咸得其妙，遂成〈霓裳羽衣曲〉以獻。詔中書門下及諸司三
> 品以上，具常朝服班坐以聽。合奏相顧曰：「不知天上也，瀛洲也。」
> 因以曲名宣賜貢院，充試進士賦題，又命授尉遲璋官。〔註132〕

《唐摭言》亦云：

> 開成二年，高侍郎鍇主文，恩賜詩題曰〈霓裳羽衣曲〉。三年，復前
> 詩題爲賦題。〔註133〕

在這樣的背景下，開成二年（837 年）貢舉試士〈霓裳羽衣曲〉詩與開成三年（838 年）貢舉試士的〈霓裳羽衣曲賦〉，有其命題的歷史因素。

〔註129〕〔清〕李調元：《賦話》，卷3，頁2。
〔註130〕尹占華：《律賦論稿》，頁52。
〔註131〕〔後晉〕劉昫：《舊唐書》，卷168，頁11。
〔註132〕〔唐〕高彥休：《唐闕史》，（臺北：臺灣商務印書館《景印文淵閣四庫全書》
　　　　本據國立故宮博物院藏本影印，1983 年），卷下，頁8。
〔註133〕〔五代〕王定保：《唐摭言》，（臺北：藝文印書館《百部叢書集成》影印《學
　　　　津討原》本），卷15，頁2。

　　作家在應試之外，多少嘗試以律賦抒寫生活感觸、社會狀況，出現較生活化的題材，成爲文人抒寫個人情志的新體裁，此爲社會治亂後於文學作品中的一種投射。如王棨〈秋夜七里灘聞漁歌賦〉，從漁歌響起「七里灘急，三秋夜清。泊桂棹於遙岸，聞漁歌之數聲。臨風斷續，隔水分明。」秋夜之景與漁歌相結合，再寫渲染環境氛圍「眾籟微收，濃煙乍歇。屏開兩面之鏡，璧碎中流之月。……一水喧豗，旁連釣臺。羣鳥皆息，孤猿罷哀。激浪不停，高唱而時時過去；涼颸暗起，清音而一一吹來。」以景色之清靜，襯歌聲之清明。聽歌引起情懷「此時遊子，只添歧路之愁；何處逸人，頓起江湖之趣。由是寥亮清濤，良宵漸深。引鄉淚於天末，動離魂於水陰。」最後「既而暗卷纖綸，潛收密網。灘頭而猶唱殘曲，水際而尚聞餘響。漁人歌罷兮天已明，挂輕帆而俱往。」餘音嫋嫋，不絕如縷。又如黃滔〈漢宮人誦洞簫賦賦〉賦王褒事，《漢書·王褒傳》載：

　　　　太子喜褒所爲〈甘泉〉及〈洞簫頌〉，令後宮貴人左右皆誦讀之。
　　〔註134〕
黃滔欣賞王褒寫賦，其涵義正是曲折反映晚唐動亂干戈之際，文人地位已大不如昔的現實。〔註135〕李調元評曰：

　　　　黃滔〈漢宮人誦洞簫賦賦〉最多麗句，傳在人口。如「十二瓊樓，
　　　　不唱鸞歌于夜月；三千玉貌，皆吟鳳藻于春風。」又「如燕人人，
　　　　卻以詞鋒而厲吻；雕龍字字，爰於禁署而飛聲。」又如「一千餘字
　　　　之珠璣，不逢漢帝；三十六宮之牙齒，詎啓秦娥。」皆極清新雋永。
　　　　按文江律賦美不勝收，此篇尤勝，句調之新異，字法之尖穎，開後
　　　　人多少法門。〔註136〕
其他如〈戴安道碎琴賦〉，徐寅〈歌賦〉、〈朱虛侯唱田歌賦〉等，或抒情，或寫景，不一而足。

　　試賦對於唐賦發展正面作用不在於科舉考場中產生多少佳作，而是這制度在唐代促進賦的創作與繁榮。文士們出於功名利祿的切身需要，在賦的創作上投入更多的精力。大量賦作的出現，不僅因爲眾多舉子在省試、府試等考場上創作的成果，考場之外習作時創作的賦作更是多不勝數。且在科舉盛

〔註134〕〔漢〕班固：《漢書》，卷64下，頁17。
〔註135〕尹占華：《律賦論稿》，頁272。
〔註136〕〔清〕李調元：《賦話》，卷4，頁3。

行之唐代，音樂得以成爲應試賦主要類別之一，間接促進音樂賦數量之增長。雖然大多賦作，若非以音樂典故著手，就是不出辨音知人、移風易俗、藉樂而喻、歌功頌德等範疇。大部分應試賦囿於形式、內容，而罕見佳作，似乎此類賦作之藝術價值不高，卻意味著音樂於唐代所受重視之程度，反映當代音樂現象。因此，應試賦對於唐代音樂賦之繁盛，亦有其不容忽視之作用。

表 2-3-1　唐代以音樂為主題之試賦

應　試	命　題	限　韻	作者	收錄《全唐賦》	《登科記考補正》	備　　註
天寶十載（751 年）	洞庭張樂賦	八音克諧天地充滿	蔣至	卷 16		蔣至、石鎮天寶六載（747年）登第，試〈罔兩賦〉。錢起天寶十載（751 年）登第，試〈豹賦〉。
			石鎮	卷 16		
			錢起	卷 13		
貞元八年（792 年）博學宏詞科	鈞天樂賦	上天無聲昭錫有道	李觀	卷 25	卷 8	《唐詩紀事》：「是歲陸復禮第一，李觀、裴度次之。」
			裴度	卷 25		
			陸復禮	卷 26		
貞元九年（793 年）博學宏詞科	太清宮觀紫極舞賦	大樂以天地爲和	張復元	卷 28	卷 13	
			李絳	卷 34		
貞元十年（794 年）進士科	風過簫賦	無爲斯化有感潛應	范傳正	卷 30	卷 13	
			夏方慶	卷 30		
貞元十年（794 年）博學宏詞科	朱絲繩賦		庾承宣	卷 30	卷 13	本論文未將〈朱絲繩賦〉收入音樂賦。《歷代賦彙》卷 94 收爲音樂類。
			闕名	卷 60		
貞元十四年（798 年）	宣尼宅聞金石絲竹之聲賦	聖德千祀發於五音	王起	卷 33		可能爲習作。
			許康佐	卷 32		
貞元十五年（799 年）博學宏詞科	樂理心賦	易直子諒油然而生	獨孤申叔	卷 30	卷 14	
			呂溫	卷 31		
貞元十七年（801 年）進士科	樂德教冑子賦	育材訓人之本	羅讓	卷 24	卷 15	
			劉積中	卷 31		
			徐至	卷 31		

			鄭方	卷 31		
			杜周士	卷 36		
			李彥芳	卷 42		
元和二年（807 年）進士科	舞中成八卦賦	中和所製盛德斯陳	白行簡	卷 36	卷 17	
			錢眾仲	卷 37		
			張存則	卷 37		
元和五年（810 年）進士科	洪鐘待撞賦		張友正	闕文	卷 18	
長慶元年（821 年）進士科	孤竹管賦			闕文	卷 19	孟按：〈孤竹管賦〉〈鳥散餘花落詩〉爲本年重試試題。
大和六年（832 年）進士科	君子之聽音賦	審音合志鏗鏘		闕文	卷 21	
開成二年（837 年）進士科	琴瑟合奏賦	任用韻	謝觀	卷 43	卷 21	
開成三年（838 年）進士科	霓裳羽衣曲賦	任用韻	沈朗	卷 42	卷 21	
			陳嘏	卷 43		
			闕名	卷 60		
	舞馬賦	奏之天庭	闕名	卷 60		可能爲習作。
			闕名	卷 60		
元和年間	善歌如貫珠賦	聲氣圓直有如貫珠	趙蕃	卷 39		可能爲習作。
			李紳	卷 36		
			元稹	卷 34		
			劉鱉	卷 51		

　　由前所述，唐王朝國力強盛、政治穩定、社會安足、經濟繁榮，君臣間充溢著樂觀進取、建立治世功業的理想。在上位者施行開明、寬容之文化政策，推動多元的文化交流，樂於吸收外來經驗，音樂歌舞藝術活絡。帝王喜好及風尚，影響文學的風氣；治世的繁榮，鼓舞士子建立功業的期望；對宮廷文學的參與，刺激宮殿賦的發展；因政治的影響，科舉試賦不乏以音樂爲題者，提高學子對音樂的關注。除此之外，音樂生活普及、音樂文化交

流、音樂機構設立等等因素，促進音樂滋長。伴隨著音樂的高度發展，音樂賦更有展現的舞台。從作品中，反映當時音樂文化興盛對唐音樂賦創作之影響。

第三章 唐代音樂賦敍寫之樂教及思想

　　完整的音樂教育包括音樂教育的目的、內容、功能、策略、機構及設備。歷代音樂教育，大致可分爲兩個方面，一是以樂教爲手段，達成品德養成、思想、政治等目的之國子教育。一是著重於音樂行爲技巧層面練習及演出之樂師、樂工的音樂教育。

　　唐代音樂較之前代，其音樂形式、內容及表演舞台更完善，參與的對象更多更廣，音樂教育上必須培育水準能與之相對應的音樂人才，才能滿足宮廷與貴族對樂舞表演活動的需求。音樂娛樂性傾向越明顯，音樂技能訓練的目的就越重要，學習目標在追求純藝術領域的提升，著重演奏技術的精進，淡化歷朝以美善作爲衡量樂舞優劣的標準。當音樂從禮樂教育中分離，儒家所謂「鄭衛之音」在唐社會流行，刺激文學家之思考。於是文人從理論、創作及實踐上審視音樂思想與音樂教育作用。唐代音樂教育的發展爲何？賦家鋪寫音樂教育相關主題時，崇尚的制度爲何？與唐當代音樂教育發展事實有何差異性？

第一節　唐代音樂教育機構及其職能

　　我國古代教育是以禮樂爲主，以育人爲本。音樂教育目的在於加強道德修養的同時，傳授並提高音樂技藝的水平。唐朝奠基，文化高度發展，表演藝術生機蓬勃。音樂發展過程中，統治者之音樂思想影響音樂教育發展的方向。唐太宗「樂在人和，不由音調」的音樂觀，忽略儒家音樂育人的社會作

用；爲顯示大唐帝國的威嚴鼎盛，教授並演奏規模宏大的樂舞；中國既安、四夷自服的自信，開放且吸收民間及外來音樂，兼容並蓄之音樂教育政策，使唐代音樂得到空前的繁榮。

唐玄宗精通音律，是帝王也是音樂教育家，他強調樂舞的享樂作用，音樂教育目的著眼於技藝的精進及人才的培養，因此在音樂教育機構中顯現出「以技藝爲主」的音樂教育傾向，挑戰傳統音樂道德修養、教化育人功能的音樂教育觀。

唐代音樂教育的重點發展在宮廷音樂，匯集全國各地著名的樂師，建立宮廷音樂教育體系，提高音樂歌舞的藝術水平。相對於民間，各州府並無專門的音樂歌舞教育機構，音樂技藝靠師承關係傳授，因著名的樂師多爲宮廷蒐羅，民間較難培育出傑出的人才。例如來自民間的燕樂，襲用著許多民間藝術形式和技巧，雖在宮廷中得到重視，卻失去和民間的聯繫，造成音樂教育技能提高與民間音樂教育普及的脫節。〔註1〕

唐代音樂教育的完備表現在宮廷設立音樂教育機構及樂部，音樂教育目的，不在於爲國家培養禮樂治國之官吏，而是爲宮廷音樂祭祀、饗宴活動需要，培養音樂表演人才。本節就唐代音樂教育現況，包括教育機構、教育發展、教育內容作一論述。

壹、太常寺音樂教育制度概況

唐代宮廷音樂教育機構沿襲隋制，以太常寺爲掌管禮樂活動的最高行政管理單位。保存隋制太常寺中太樂署、鼓吹署，並將清商樂併入太常寺管理。〔註2〕其主要的職責爲教學及演出任務。

太常寺音樂教育的目的，除了祭祀、禮儀外，也有宴享、集會與娛樂的功能。《新唐書・禮樂志》記載：

> 唐之盛時，凡樂人、音聲人、太常雜戶子弟，隸太常及鼓吹署，皆
> 番上，總號音聲人，至數萬人。〔註3〕

參與音樂活動的人數眾多，在音樂表演形式上除了雅樂外，俗樂的地位大爲提高。

〔註1〕 關也維：《唐代音樂史》，頁230。

〔註2〕 《新唐書・百官志》文中原注談鼓吹署時，稱「唐并清商、鼓吹爲一署，增令一人。」〔宋〕歐陽脩、宋祁：《新唐書》，卷48，頁9。

〔註3〕 〔宋〕歐陽脩、宋祁：《新唐書》，卷22，頁4。

一、太樂署

「太樂署」是太常寺下屬之音樂教育機構，負責祭祀與朝會之音樂表演及教導、管理樂工習樂。成員中的樂師，主要擔任樂工、樂伎教育訓練和考試，兼管對樂師考核。太樂署中設有令、丞、府、史、樂正、典事、掌固等官職及文舞二舞郎等樂工。〔註4〕此外「散樂三百八十二人，仗內散樂一千人，音聲人一萬二十七人。」〔註5〕參與之樂官及學員人數非常多。

除了人數外，太樂署的教學內容豐富，包括雅樂、清樂等等。〔註6〕活動組織嚴密，例如樂正負責教授樂工，協律郎負責監督樂正教學。同時還有嚴格、完善、合理的教學與考核制度。〔註7〕這說明唐代宮廷對於音樂教育重視的態度及高標準的要求。

二、鼓吹署

「鼓吹署」爲太常寺下屬音樂教育機構。「鼓吹樂」是中國古代之「軍樂」，約在漢代產生於邊境豪強，〔註8〕後來朝廷也用鼓吹樂，以宴享功臣。鼓吹署的職責爲「掌鼓吹施用調習之節，以備鹵簿之儀」。參與在祭祀、儀仗與宮廷禮儀活動，兼管百戲，其職官有令、丞、府、史、樂正等。〔註9〕

〔註4〕　《舊唐書・職官志三》：「文武二舞郎一百四十人。太樂令調合鐘律，以供邦國之祭祀享宴。……凡大宴會，則設十部伎。」〔後晉〕劉昫：《舊唐書》，卷44，頁14。

〔註5〕　〔宋〕歐陽脩、宋祁：《新唐書・百官志》，卷48，頁8。

〔註6〕　《唐六典・太常寺》：「太樂署教，教雅樂大曲，三十日成；小曲，二十日。清樂大曲，六十日；大文曲三十日，小曲十日。燕樂、西涼、龜茲、疏勒、安國、天竺、高昌大曲，各三十日；次曲，各二十日；小曲各十日。高麗、康國一曲。」〔唐〕張九齡：《唐六典》，卷14，頁17。

〔註7〕　《新唐書・百官志》：「凡習樂，立師以教，而歲考其師之課業爲三等，以上禮部。十年大校，未成，則五年而校，以番上下。有故及不任供奉，則輸資錢，以充伎衣樂器之用。……十五年有五上考、七中考者，授散官，直本司，年滿考少者，不敘。教長上弟子四考，難色二人、次難色二人業成者，進考，得難曲五十以上任供奉者爲業成。習難色大部伎三年而成，次部二年而成，易色小部伎一年而成，皆入等第三爲業成。業成、行脩謹者，爲助教；博士缺，以次補之。」〔宋〕歐陽脩、宋祁：《新唐書》，卷48，頁8。

〔註8〕　《樂府詩集・鼓吹曲辭》：「鼓吹曲，一曰短簫鐃歌。劉瓛定軍禮云：『鼓吹未知其始也，漢班壹雄朔野而有之矣。鳴笳以和簫聲，非八音也。』騷人曰：『鳴篪吹竽』是也。』蔡邕〈禮樂志〉曰：『漢樂四品，其四曰短簫鐃歌，軍樂也。黃帝岐伯所作，以建威揚德、風敵勸士也。』」〔宋〕郭茂倩：《樂府詩集》，卷16，頁1。

〔註9〕　〔後晉〕劉昫：《舊唐書》，卷44，頁15。

唐時隸屬鼓吹署的樂工人數不少，依《新唐書》記載，分爲鼓吹、羽葆、鐃吹、大橫吹、小橫吹等五部，每部都有固定的樂曲，總計七十五曲。其音樂技藝，技巧難度應較太樂署低。因此，若在太樂署無法按規定完成學業者，便調至鼓吹署學習大小橫吹曲，若達不到要求便被處罰。〔註10〕

宮廷習樂者接受正規的學制，完成學習的樂曲並接受考核及淘汰、晉升等制度，保證學員們提高技藝的水平。

貳、教坊、梨園音樂教育發展概況

唐玄宗於開元年間設立教坊和梨園，《資治通鑑》記載：

> 舊制，雅俗之樂，皆隸太常。上精曉音律，以太常禮樂之司，不應典俳優雜伎；乃更置左右教坊以教俗樂……又選樂工數百人，自教法曲於梨園，謂之「皇帝梨園弟子」。〔註11〕

可見「教坊」與「梨園」係因太常爲「禮樂之司，不應典俳優雜伎」而從宮廷雅樂中抽離出來，朝音樂專業發展。不歸太常寺領導，直接隸屬於宮廷，並以俗樂之教習與演奏爲主，目的是爲了滿足上位者享樂之用。分工越細密，藝術發展的專業性越明確，更能展現不同性質音樂的特色。

一、教坊

唐高祖武德元年（618 年），置「內教坊」於禁中，掌教習音樂，典「倡優」。玄宗開元二年（724 年），京都增置「左右教坊」。教坊不奏雅樂，以別於太常寺。主要包括教習、排練「散樂」歌舞，並負有演出任務，目的是培養俗樂之音樂與舞蹈人材。教坊成員男女藝人間，依聲色技藝高低分爲若干等級。〔註12〕玄宗時，教坊藝人編制大，僅長安的教坊，藝伎就達一萬

〔註10〕《新唐書‧百官志》記載：「長上及別教未得十曲，給資三之一；不成者隸鼓吹署。習大小橫吹，難色四番而成，易色三番而成；不成者，博士有謫。內教博士及弟子長教者，給資錢而留之。」〔宋〕歐陽脩、宋祁：《新唐書》，卷48，頁8。

〔註11〕見《資治通鑑‧唐紀》，〔宋〕司馬光：《資治通鑒》，（臺北：臺灣商務印書館《四部叢刊》初編縮本，1975 年），卷 211，頁 1。

〔註12〕《教坊記》記載：「妓女入宜春院，謂之『內人』，亦曰『前頭人』，常在上前也。……樓下戲出隊，宜春院人少，即以雲韶添之。雲韶謂之『宮人』，蓋賤隸也，非直美惡殊貌，居然易辨明……平人女以容色選入內者，教習琵琶、三絃、箜篌、箏等者，謂之『搊彈家』。」〔唐〕崔令欽：《教坊記》，一卷，頁1。參閱〔唐〕崔令欽，任半塘箋訂：《教坊記箋訂》，（臺北：宏業書局，1973 年）。

多人。

　　安史之亂後教坊發展受到阻礙，樂工流散，樂器、樂譜破壞散失。德宗時，教坊成爲宦官掌權的俗樂中心，宦官鼓動皇帝聲色享受，促進教坊的發展。順宗、憲宗時，企圖勵精圖治，裁減教坊女樂數量。〔註13〕文宗即位後放還進獻之地方樂妓。〔註14〕開成二年（837 年）「三月甲子朔，內出音聲女妓四十八人，令歸家。」〔註15〕樂人轉往民間，除了表演並教學，帶動唐代民間音樂教育的發展。

　　教坊的教育及表演活動影響唐代的政治與文化政策方向，盛唐的教坊爲全國俗樂中心，中晚唐的教坊淪爲帝王耽於宴樂及宦官專權的工具，裁減的教坊人員，帶動私家音樂及市井青樓音樂的發展與繁榮。

二、梨園

　　唐樂中「法曲」之興盛，與宮廷「梨園」的設立有很大的關係。玄宗「酷愛法曲」，開元二年（714 年）從藝術水準較高的「坐部伎」中遴選三百人，在宮廷中組建專爲表演娛樂之用的音樂團體，因教習及表演地點設在禁苑果木園囿「梨園」而得其名。《舊唐書》載：

> 玄宗又於聽政之暇，教太常樂工子弟三百人爲絲竹之戲，音響齊發，有一聲誤，玄宗必覺而正之。號爲皇帝弟子，又云「梨園弟子」，以置院近於禁苑之梨園。〔註16〕

《新唐書・禮樂志》亦記載：

> 玄宗既知音律，又酷愛「法曲」，選坐部伎子弟三百，教於梨園。聲有誤者，帝必覺而正之，號皇帝梨園弟子。宮女數百，亦爲梨園弟子，居宜春北院。〔註17〕

〔註13〕《舊唐書・順宗本紀》記：「三月庚午，出宮女三百人于安國寺，又出掖庭教坊女樂六百人于九仙門，召其親族歸之。」又《舊唐書・憲宗上》載「六月甲子朔，減教坊樂人衣糧。」〔後晉〕劉昫：《舊唐書》，卷14，頁2。卷14，頁33。

〔註14〕《舊唐書・文宗本紀》記：「己酉，敕鳳翔、淮南先進女樂二十四人，並放歸本道。……庚申，詔：……教坊樂官、翰林待詔、伎術官并總監諸色職掌內冗員者共一千二百七十人，並宜停廢。……今年已來諸道所進音聲女人，各賜束帛放還。」〔後晉〕劉昫：《舊唐書》，卷17上，頁18～19。

〔註15〕〔後晉〕劉昫：《舊唐書》，卷17下，頁36。

〔註16〕〔後晉〕劉昫：《舊唐書》，卷28，頁14。

〔註17〕〔宋〕歐陽脩、宋祁：《新唐書》，卷22，頁4。

梨園弟子居宜春北院，梨園的設立是「置院」，成員多是從「太常樂工子弟」
或教坊宜春院樂妓中選拔而來。玄宗親自擔任音樂教練，對梨園樂工的要求
很高，凡「聲有誤者」，他「必覺而正之」，這些藝人也因此被稱為「皇帝梨
園弟子」〔註18〕，其功能主要為帝王或貴妃專享。

除宮廷的梨園之外，西京長安太常寺有「太常梨園別教院」、「梨園新
院」，主要是演奏俗曲，其中技藝優秀者，有機會抽調進入教坊。〔註19〕宮廷
以外的梨園，專業及技巧能力與宮廷梨園有所差距。〔註20〕梨園法部還專設
有「小部音聲」三十餘人，由十五歲以下孩童組成。〔註21〕這是對於兒童進
行早期音樂啟蒙教育，旨在從小培養技藝精湛的樂工，為音樂藝術儲備基礎
人才。

玄宗過度沉浸音樂享樂，荒廢政事，導致安史之亂。安史之亂後，唐宮
廷音樂機構縮減，迫使梨園弟子流落奔逃。代宗初期仍有梨園活動，〔註22〕
但至大曆十四年（779 年），詔頒改革，梨園再度減縮，一部分人留用於太常
寺，三百多樂人被遣散出宮。〔註23〕文宗時，鼓勵雅樂與改造法曲為「雲
韶樂」，梨園又設仙韶院，〔註24〕亦稱「雲韶院」。初唐時的雲韶院是教育
宮女雅樂的機構，盛唐時的雲韶院隸屬於教坊，文宗以後的雲韶院則隸屬於

〔註18〕《唐會要・雜錄》亦載：「開元二年，上以天下無事，聽政之暇，于梨園自教
法曲，必盡其妙，謂之皇帝梨園弟子。」〔宋〕王溥：《唐會要》，卷34，頁9。

〔註19〕《樂府雜錄・別樂識五音輪二十八調圖》：「古樂工都計五千餘人，內一千五
百人俗樂，係梨園新院，於此旋抽入教坊。」〔唐〕段安節：《樂府雜錄》，一
卷，頁19。

〔註20〕《新唐書・百官志》：「長上及別教未得十曲，給資三之一：不成者隸鼓吹署，
習大小橫吹。」「長上」是宿衛官名，與之並提，且以「十曲」為標準，可知
其訓練要求並不太高。〔宋〕歐陽脩、宋祁：《新唐書》，卷48，頁8。

〔註21〕《新唐書・禮樂志》：「梨園法部更置小部音聲三十餘人。」〔宋〕歐陽脩、宋
祁：《新唐書》，卷22，頁4。又《楊太真外傳》：「小部者，梨園法部所置，
凡三十人，皆十五已下。」〔宋〕樂史撰：《楊太真外傳》，（上海：上海古籍
出版社《續修四庫全書》據明弦歌精舍如隱草堂刻本影印，1995年），卷下，
頁4。

〔註22〕《新唐書・禮樂志》記：「代宗繇廣平王復二京，梨園供奉官劉日進製〈寶應
長寧樂〉十八曲以獻，皆宮調也。」說明唐代宗朝仍有梨園活動。〔宋〕歐陽
脩、宋祁：《新唐書》，卷22，頁5。

〔註23〕《唐會要・雜錄》有載：「大曆十四年五月詔，罷梨園伶使及官冗食三百餘人，
留者隸太常。」〔宋〕王溥：《唐會要》，卷34，頁10。

〔註24〕《唐會要・雜錄》：「開成三年四月，改法曲名仙韶曲，仍以伶官所處為仙韶
院。」〔宋〕王溥：《唐會要》，卷34，頁12。

梨園。

　　隨著唐代的滅亡，梨園亦退出歷史舞台。從梨園之設置至崩解，反映唐代俗樂由興盛趨向沒落的歷史進程。

　　唐代音樂教育機構太常寺、教坊、梨園等，各有其側重並具體分工，呈現專業化人才培訓。太常寺主掌儀式音樂，其太樂署培養歌舞人才，鼓吹署管理鼓吹音樂；教坊專習歌舞成為專業的俗樂機構；器樂演奏水準最高的樂工則至梨園專習法曲。根據需要演出之各種歌舞或樂曲，各機構都有相應的組織管理和訓練考核系統。從唐代音樂發展的概況中可以了解，培養音樂技藝超群的音樂演奏者是當時著重之教育目標。

參、唐音樂機構之教學內容

　　唐代音樂文化的繁榮表現在宮廷設立樂部，例如九部樂、十部樂、坐立部伎等，網羅前代南北樂舞，吸收中土以外如西域國家和民族的表演成份。其教學及表演的內容包含雅樂、讌樂、清樂、四方樂、散樂等。〔註25〕主要的功能大體上分為祭祀及娛樂兩大類。

一、雅樂

　　唐代宮廷雅樂是由太常寺之太常卿、太常少卿負責諸事：

　　　太常卿之職，掌邦國禮樂、郊廟、社稷之事，以八署分而理之……

　　　率太樂官屬，宿設樂懸，以供其事。讌會亦如之。〔註26〕

太常寺以儀式目的而編定樂章，雅樂樂詞由歷朝君王或文臣創作，太常樂官度聲定曲，進行整理與教學。如貞觀二年，祖孝孫獲准制定雅樂，在古雅樂傳統的基礎上，吸收與借鑒南北兩地諸國的雅樂因素及經驗，制定了「大唐雅樂」。《新唐書・禮樂志》紀錄：

　　　初，祖孝孫已定樂，乃曰大樂與天地同和者也，製十二和，以法天
　　　之成數，號大唐雅樂：一曰豫和，二曰順和，三曰永和，四曰肅和，

〔註25〕　《唐會要》按雅樂、凱樂、讌樂、清樂、散樂、破陳樂、慶善樂、諸樂、四
　　　　　夷樂（東夷二國樂、南蠻諸國樂、西戎五國樂、北狄三國樂）、論樂等八項對
　　　　　音樂作了分別記述。又段安節《樂府雜錄》將唐代音樂分為雅樂部、雲韶樂、
　　　　　清樂部、鼓吹部、驅儺、熊羆部、鼓架部、龜茲部、胡部等項，分別加以論
　　　　　述，而總括這種種音樂，別為雅俗二類。

〔註26〕　〔後晉〕劉昫：《舊唐書》，卷44，頁11。

五日雍和，六日壽和，七日太和，八日舒和，九日昭和，十日休和，

十一日正和，十二日承和。用於郊廟、朝廷，以和人神。〔註27〕

以《禮記·樂記》中記載「大樂與天地同和」之義，編「十二和」之樂，作爲用於儀式之雅樂系列樂曲。〔註28〕玄宗時又增加三和，雅樂樂曲有「十五和」。〔註29〕又如玄宗開元二十五年（737年），太常寺將雅樂歌詞整理爲五卷，交由太樂署與鼓吹署樂工學習〔註30〕，並在大祭享、朝會之時表演。

唐代雅樂配用之舞，於祖孝孫定樂時，改隋之文舞曰〈治康〉，武舞曰〈凱安〉。郊廟凡初獻作文舞，亞獻、終獻則作武舞。高宗麟德二年（665年），文舞用〈功成慶善樂〉，又名〈九功〉；武舞用〈神功破陣樂〉，又名〈七德〉，皆爲太宗所制。武后當國後，廢〈九功〉、〈七德〉，仍用〈治康〉、〈凱安〉之舞。

唐代大型雅舞，除〈治康〉、〈凱安〉之外，以創制著稱者尚有八種。詳見下表。

表 3-1-1　唐代創制之雅舞

舞名	又名	始創制	備註（《舊唐書》所載）
七德舞	秦王破陣樂	唐太宗爲秦王時	貞觀元年宴群臣，始奏〈秦王破陣樂〉之曲。七年，制〈破陣舞圖〉，更名〈七德之舞〉。高宗顯慶元年，改爲〈神功破陣樂〉。
九功舞	功成慶善樂	唐太宗貞觀六年	呂才以御制詩等于樂府，被之管弦，名爲〈功成慶善樂〉之曲，令童兒八佾，皆進德冠、紫褲褶，爲〈九功〉之舞。
上元舞		唐高宗上元三年	上元三年十一月敕：「供祠祭〈上元舞〉，前令大祠享皆將陳設。」
六合還淳舞		唐高宗調露二年	調露二年正月二十一日，則天御洛城南樓賜宴，太常奏〈六合還淳〉之舞。

〔註27〕〔宋〕歐陽脩、宋祁：《新唐書》，卷21，頁6。

〔註28〕《通典·樂二》：「至武德九年正月，始命太常少卿祖孝孫考正雅樂，至貞觀二年六月樂成，奏之。初，孝孫以梁、陳舊業，雜用吳、楚之音；周、齊舊樂，多涉胡戎之伎。於是斟酌南北，考以古音，而作大唐雅樂。以十二律各順其月，旋相爲宮。按禮記云『大樂與天地同和』。」〔唐〕杜佑：《通典》，卷142，頁14～15。

〔註29〕《通典·樂三》：「祖孝孫始爲旋宮之法，造十二和樂，合四十八曲，八十四調。至開元中，又造三和樂，共十五和樂。」〔唐〕杜佑：《通典》，卷143，頁20～21。

〔註30〕《舊唐書·音樂志三》：「二十五年……銓敘前後所行用樂章爲五卷，以付太樂、鼓吹兩署，令工人習之。」〔後晉〕劉昫：《舊唐書》，卷30，頁1。

一戎大定舞	八絃同軌樂	唐太宗平遼時作	六年三月，上欲代遼，於屯營教舞，名李義府……等赴洛城門觀樂，樂名〈一戎大定樂〉。……〈大定樂〉，出自〈破陣樂〉。舞者百四十人，被五采文甲，持槊。歌和云：〈八絃同軌樂〉以像平遼東而邊隅大定也。
神宮大樂舞		武后長壽二年	長壽二年正月，則天親享万象神宮。先是，上自制〈神宮大樂〉，舞用九百人，至是舞于神宮之庭。
混成紫極舞		唐玄宗開元二十年	天寶元年四月，命有司定玄元皇帝廟告享所奏樂，降神用〈混成〉之樂。
中和舞		唐德宗貞元十四年	十四年二月，德宗自制〈中和舞〉，又奏九部樂及禁中歌舞。

二、讌樂

　　唐「讌樂」，指九、十部樂或坐部伎的第一部，是為紀念景雲見河水清的吉兆所制作的樂曲。《唐會要》記載：

> 貞觀十四年，有景雲見，河水清。協律郎張文收採古朱雁、天馬之義，制〈景雲河清歌〉，名曰「讌樂」，奏之管弦，為諸樂之首。
> 〔註31〕

合四種舞蹈，以胡樂器為主要樂器，並加入雅樂樂器磬、俗樂樂器筑、臥箜篌、方響而完成樂器編組。內容包含〈景雲〉、〈慶善〉、〈破陣〉、〈承天〉等樂舞，其性質為儀式性。〔註32〕因用於宴會場合，亦具有娛樂性。

三、清樂

　　初唐時，太樂署中設有清樂之教習，作為九部樂、十部樂中的一部分。清樂，又稱清商樂，為古代漢族民間音樂，為中原傳統俗樂。例如漢代相和歌。包括宮調、商調、角調的歌曲，因而稱清商三調。晉朝播遷，聲伎分散，在南朝發展為江南吳歌、荊楚西聲。北魏孝文帝、宣武帝收集中原舊曲及吳歌、西聲，總稱為「清商樂」，以別於雅樂、胡樂。隋改稱「清樂」，設清商署掌管其事。唐代清樂未置專門機構，由太樂署負責教習。〔註33〕

〔註31〕　〔宋〕王溥：《唐會要》，卷33，頁18。

〔註32〕　《唐會要・讌樂》：「武德初，未暇改作。每讌享，因隋舊制，奏九部樂。一讌樂……至貞觀十六年……乃增九部為十部伎。……其後分為立坐二部……坐部伎有六部，一讌樂，張文收所作也，又分為四部，有〈景雲〉、〈慶善〉、〈破陣〉、〈承天〉等樂。」〔宋〕王溥：《唐會要》，卷33，頁11。

〔註33〕　《唐會要》：「清樂，九代之遺聲，其始即清商三調是也，並漢氏以來舊曲。……隋文聽之，善其節奏曰：『此華夏正聲也。』……因置清商署，總謂之『清樂』。」〔宋〕王溥：《唐會要》，卷33，頁12～14。《通典・樂六・清樂》，卷146，

《通典》記載，唐代清樂樂曲有〈白雪〉、〈巴渝〉等三十二曲，〔註34〕唐初宮廷清樂古曲歌詞以吳語清唱，在宮廷不被重視。

四、四夷樂

新、舊《唐書》所記宮廷樂舞的分類中，還有「四夷之樂」的劃分，〔註35〕其中將〈高麗樂〉與〈百濟樂〉劃爲「東夷之樂」；〈扶南樂〉、〈天竺樂〉、〈驃國樂〉劃爲「南蠻之樂」；將〈高昌樂〉、〈龜茲樂〉、〈疏勒樂〉、〈康國樂〉、〈安國樂〉劃爲「西戎之樂」。又有〈鮮卑〉、〈吐谷渾〉、〈部落稽〉劃爲「北狄樂」，〔註36〕因其「皆馬上之樂」而「總歸鼓吹署」。

唐代十部伎是對南北朝以來的胡俗樂，按其音樂特色整理而成的一組樂曲。十部樂中除「讌樂」、「清樂」及西域龜茲樂與華夏音樂混合生成的「西涼樂」外，其餘均爲「四夷之樂」。以地名、國名爲樂部名稱，保存了民族及地方色彩。凡是宮廷舉行大宴，如群臣朝賀皇帝舉行宴會、招待周邊民族使者、爲皇帝祝壽、慶豐收大宴等等，都要演奏「十部伎」。每部樂舞的演出制度，如舞者及樂工的人數、服裝，所配置的樂器，以及哪一部樂採用哪些舞曲、歌曲等，都有規定。這些樂部設於太常寺而不屬於教坊，其目的除了供在上位者娛樂，更重要的是顯示國家強盛，展示唐帝國「萬國朝中央」的恢宏氣度。禮儀性重於表演性，政治作用大於娛樂作用。

五、散樂

「散樂」最早見於《周禮・春官》：「旄人掌教舞散樂武夷樂。」〔註37〕指不爲儀式所用之樂舞，其功能爲娛樂。唐代散樂在宮廷中是宴會表演項目

也有相似的記載。
〔註34〕《通典・樂六・清樂》：「今其詞存者有〈白雪〉、〈公莫〉〈巴渝〉……〈泛龍舟〉等三十二曲。」〔唐〕杜佑：《通典》，卷146，頁1。
〔註35〕《新唐書・禮樂志》：「至唐，東夷樂有高麗、百濟，北狄有鮮卑、吐谷渾、部落稽，南蠻有扶南、天竺、南詔、驃國，西戎有高昌、龜茲、疏勒、康國、安國，凡十四國之樂，而八國之伎，列于十部樂。」〔宋〕歐陽脩、宋祁：《新唐書》，卷22，頁6。
〔註36〕此爲《舊唐書》的分法，不同書籍略有差異。例如《通典・樂六》將之總結爲東夷二國樂（高麗、百濟）、南蠻二國樂（扶南、天竺）、西戎五國樂（高昌、龜茲、疏勒、康國、安國）、北狄三國樂（鮮卑、吐谷渾、部落稽）；《新唐書・禮樂》將之分爲東夷二國樂（高麗、百濟）、南蠻諸國樂（扶南、天竺、南詔、驃國）、西戎五國樂（高昌、龜茲、疏勒、康國、安國）、北狄三國樂（鮮卑、吐谷渾、部落稽）。
〔註37〕《周禮注疏》，卷24，頁367。

之一，在民間發展更是繁榮。〔註38〕盛唐時，散樂樂工隸屬於太常寺太樂署，教坊成立後，散樂活躍於教坊。中晚唐時，據《樂府雜錄》記錄，散樂主要於教坊鼓架部學習及表演。〔註39〕事實上，唐代各機構幾乎都有散樂樂人及散樂表演，其內容包括幻術、雜技、歌舞戲及婆羅門樂四類，包含〈大面〉、〈踏謠娘〉、〈弄參軍〉等等著名的樂曲，所用的樂器以鼓爲主。〔註40〕

肆、唐音樂教育機構的音樂技藝學習

樂伎進入宮廷後，依其能力展開專業、專長訓練。在學習的類別上，大致可分爲器樂、聲樂與舞蹈三類。

一、器樂

唐代樂器據《通典》記錄，種類約有三百種，中原樂器琴、笙、笛等，仍爲唐代樂器主體。琵琶等彈絃樂器、觱篥等吹樂器、羯鼓等敲擊樂器是胡樂器，在宮廷燕樂中佔有重要的地位。至於雅樂，則較重視古來就有的鐘、磬、鼓等，除在「雅樂」中應用外，也出現在「清樂」與「西涼樂」中，〔註41〕不僅具備音樂功能，也帶有哲學、文化之象徵。

器樂演奏方式有獨奏，有合奏。爲豐富表演內容，樂曲不斷改編，演奏技巧不斷提升，樂器不斷增加，因此造就許多演奏家，這些當代著名的樂師，豐富了唐代音樂教育的內涵。

由於器樂可以單獨表演，或作爲歌曲、舞蹈演出時的伴奏，因此演出的機會更多，所需的學員數量亦較多。

二、舞蹈

唐代的宮廷舞蹈，有用於祭祀、朝會等儀式性的雅舞，如〈鈞天之舞〉、〈太和之舞〉、〈景雲之舞〉等祭祀的廟舞，或如〈九功舞〉、〈七德舞〉等用於儀式之文武二舞。有用於宴會場合具娛樂性的雜舞，例如〈垂手羅〉、〈春鶯囀〉、〈烏夜啼〉等軟舞及〈柘枝〉、〈劍器〉、〈胡旋〉等健舞。在唐代音樂

〔註38〕《唐會要》：「散樂，歷代有之，其名不一，非部伍之聲，俳優歌舞雜奏。」〔宋〕王溥：《唐會要》，卷33，頁14。《資治通鑑‧唐記十八》：「（開耀元年春）庚辰，以初立太子，敕宴百官及命婦於宣政殿，引九部伎及散樂自宣政門入。」〔宋〕司馬光：《資治通鑑》，卷202，頁18。

〔註39〕〔唐〕段安節：《樂府雜錄‧鼓架部》，一卷，頁4。

〔註40〕參閱〔唐〕杜佑：《通典》，卷146，頁13。

〔註41〕楊蔭瀏：《中國古代音樂史稿》，頁253。

機構中以教坊善舞人數最多，尤其以怡春院內人舞蹈技巧最高。〔註42〕

以表演形式來分，有獨舞、對舞及隊舞三種。獨舞及對舞多用於宴饗，著重於個人舞蹈技巧，例如楊貴妃獨舞〈霓裳羽衣〉、公孫大娘獨舞〈劍舞〉等。儀式性舞蹈表演人數較多，大都以隊舞方式呈現磅礴的氣勢，例如〈破陣樂〉用舞工一百二十人。以表演的種類而言，比較特別的有字舞、花舞、劍舞，甚至還有馬舞、象舞等的獸舞。唐代音樂機構樂舞教學內容多元，從而觀之唐帝國樂舞文化多彩與繽紛。

三、唱

《樂府雜錄・歌》云：「歌者，樂之聲也，固絲不如竹，竹不如肉，迴居諸樂之上。」〔註43〕可見唐人對歌唱藝術價值的肯定。例如宮廷中的許和子及市井青樓的念奴，都是當時著名的歌唱音樂家。

唐代宮廷歌唱表演的方式有獨唱、領唱和唱、合唱，以獨唱最為常見。所演唱的歌曲，有〈鹿鳴〉、〈蟋蟀〉等取於《詩經》的傳統歌曲，有如〈春鶯囀〉等當代歌曲，還有如〈陽關三疊〉等以詩入樂的作品，形式多樣，不一而足。

演唱技巧方面，《樂府雜錄》記錄：

> 善歌者必先調其氣，氤氳自臍間出，至喉乃噫其詞，即分抗墜之音，
> 既得其術，即可致遏雲響谷之妙也。〔註44〕

歌唱者必須學會呼吸及發聲的技巧，才能達到歌藝要求的技術水平。

由論述可知，在中國音樂發展過程中，唐代音樂佔有重要地位，除繼承先唐多種音樂文化遺產，並在此基礎上融會創新。音樂教育的完備表現在宮廷設立音樂教育機構，包括太常寺的太樂署、鼓吹署，宮廷的教坊和梨園等部門，以及專門教習幼童的梨園別教園等，共同執行音樂教育職能。音樂技藝分科如樂器、樂舞、歌唱等，各有專精。宮廷設置樂部，例如九部樂、十部樂、坐立部伎等提供音樂教育成果的展現。此外，音樂人才輩出，音樂教育造就無數才華出眾的音樂家。總而言之，唐代音樂教育目的，不是為國家培養禮樂治國之官吏，而是為宮廷音樂活動需要培養音樂技藝表演人才。而

〔註42〕 〔唐〕崔令欽：《教坊記》，一卷，頁3。
〔註43〕 〔唐〕段安節：《樂府雜錄》，一卷，頁5。
〔註44〕 〔唐〕段安節：《樂府雜錄》，一卷，頁5。

完善的音樂形式與內容，為唐代音樂文化提供重要的基礎和有利條件。不僅推動唐代的音樂的繁榮，對後世音樂技能發展也產生積極的影響。

第二節　唐代音樂賦描述之音樂教學內容

　　太常寺、教坊、梨園等音樂教育機構演出的曲目，包括雅樂如〈十二和樂〉、雅舞如〈七德舞〉、大曲如〈慶善樂〉、法曲如〈霓裳羽衣〉、教坊曲如〈傾杯樂〉、教坊舞如〈柘枝〉、雜曲如〈劍舞〉等等，皆為宮廷音樂教育的教材內容。

壹、唐音樂賦中雅樂的教習與教學內容

　　雅樂之初是反映古代特定時期宮廷、宗廟、郊社或政治軍事等各方面的音樂。源於周朝的「禮樂制度」，一切依禮而作、為禮而行。禮樂規範人際關係，維繫階級制度，同時也成為日常生活、祭祀饗宴的節度，其政治意涵高過文化意涵。〔註45〕具體的活動包括祭祀天地、祖先、神靈，以及祝禱風調、雨順、豐收等。音樂中正和平，歌詞典雅純正，舞蹈動作端莊和緩。

一、雅樂教習之功用及活動

　　歷朝雅樂是以歌功頌德為最高宗旨，彰顯皇權為基本內容。「雅樂」教育實施中，「王者功成作樂」之相關傳統雅樂觀念，是最為重要的音樂教育功能，唐賦中鋪寫：

> 皇家握乾符以御寓，廣樂教以同人。雖功成而有作，亦襲古而彌新。
> （周存〈太常新復樂懸冬至日薦之圜丘賦〉）

> 樂者制也，所以道天和，全人性。故作之以崇德，審之以知政。王者敬其事而闡其道，順其時而行其令。（李程〈大和樂賦〉）

大曆才子李子卿作〈功成作樂賦〉云：

> 我高祖神堯皇帝歷數在躬，鈞樞初握。撥亂反正，戮諸夏之鯨鯢；枯楊生荑，掃中原之霜雹。太宗以電擊肅慎，洗白刃於遼水；高宗以風行營丘，颺青烟於太岳。二宗一祖，功高道邈。我開元神武皇帝夷内難，纂前緒。皇綱弛而更張，帝典墜而還舉。俾萬人之從欲，安一物之失所。頃年祀后土，夜吐神光；中歲燎皇天，晝聞山語。

〔註45〕李時銘：〈作樂思想的理論及其實踐〉，頁44。

> 曠緜古而未覯，非軒、頊而誰與。宜樂功成，當崇簨簴。貞觀草創，
>
> 已模〈五莖〉〈六英〉；開元增修，更叶黃鐘大呂。

禮樂建制是歷代王朝建國後所面臨之必要工作，以宣示「功成」是「正宗、正統」。作樂以崇天帝之德，而能以祖先配享，意味著天帝已經接受、認可這個政權。故作樂思想起初在於確定政權的正當性，〔註46〕帝王受命於天的吉祥徵兆，與人和諧，並以宮廷自製大歌舞表演活動展現音樂教育活動成果。〔註47〕

李程〈太常釋奠觀古樂賦〉及周存〈太常新復樂懸冬至日薦之圜丘賦〉，題意古雅，描寫祭祀享宴的雅樂活動，性質上近於歲時典禮之類。

「釋奠」是古代在學校設置酒食以奠祭先聖先師的一種典禮。《禮記·王制》云：「出征執有罪，反釋奠于學，以訊馘告。」〔註48〕《禮記·文王世子》云：「凡學，春官釋奠于其先師，秋冬亦如之。凡始立學者，必釋奠于先聖先師。」鄭玄注：「釋奠者，設薦饌酌奠而已。」〔註49〕歷代王朝定每年二月仲春、八月仲秋的上丁之日爲祭祀孔子的日子：

> 天子崇儒兮闢此虞庠。仲秋上丁兮奠我素王。既斯禮之畢具，伊古
> 樂而遂張。於是調律呂，備宮商。笙鏞嘈而並奏，干羽儼其成行。（李
> 程〈太常釋奠觀古樂賦〉）

「虞庠」是周代學校名。〔註50〕《禮記·月令》云：「仲春之月……上丁，命樂正習舞，釋菜。」〔註51〕又「季秋之月上丁，命樂正入學習吹」。〔註52〕農

〔註46〕 李時銘：〈作樂思想的理論及其實踐〉，頁45。

〔註47〕 《新唐書·禮樂志》稱：「唐之自製樂凡三大舞：一曰〈七德舞〉，二曰〈九功舞〉，三曰〈上元舞〉。〔宋〕歐陽脩、宋祁：《新唐書》，卷21，頁9。

〔註48〕 《禮記正義》，卷12，頁236。

〔註49〕 見《禮記正義》，卷20，頁394～395。《晉書·禮志上》：「禮始立學，必先釋奠於先聖先師……魏齊王正始……使太常釋奠以太牢祠孔子於辟雍」，爲釋奠祭孔之始。東晉以後，歷代皆成定制。〔唐〕房玄齡：《晉書》，卷19，頁22。又《舊唐書·禮儀四》：「貞觀十四年三月丁丑，太宗幸國子學，親觀釋奠。……初，以儒官自爲祭主，直云博士姓名，昭告于先聖。又州縣釋奠，亦以博士爲主。……彼謂四時之學，將習其道，故儒官釋奠，各於其師。既非國學行禮，所以不及先聖。……今請國學釋奠，令國子祭酒爲初獻，祝辭稱『皇帝謹遣』，仍令司業爲亞獻，國子博士爲終獻。」〔後晉〕劉昫：《舊唐書》，卷24，頁8～9。

〔註50〕 《禮記·王制》：「周人養國老於東膠，養庶老於虞庠。虞庠在國之西郊。」鄭玄注：「虞庠亦小學也。西序在西郊，周立小學於西郊……周之小學爲有虞氏之庠制，是以名庠云。其立鄉學亦如之。」《禮記正義》，卷13，頁265。

〔註51〕 《禮記正義》，卷15，頁301。

曆仲春、季秋每月上旬的丁日「爲將饗帝也。春夏重舞，秋冬重吹也。」孔穎達疏說明「其習舞吹必用丁者，取其丁壯成就之義，欲使學者藝業成故也。」太常寺專責禮儀、祭祀樂舞，典禮齊全後便奏古樂，所謂「古樂」，即古代帝王祭祀、朝會時所奏之雅樂，是先王之正樂。〔註53〕

　　周存〈太常新復樂懸冬至日薦之圓丘賦〉云：

> 頃以賊臣不順，悖於典常。震驚我師旅，竊犯我紀綱。

《舊唐書‧德宗紀上》載：

> （貞元元年）十一月癸巳朔，山南嚴震來朝。癸卯，上親祀昊天上帝於員丘。時河中渾瑊、澤潞李抱眞、山南嚴震、同華駱元光、邠寧韓遊瓌、廊坊唐朝臣、奉誠康日知等大將侍祠。郊壇畢，還宮，御丹鳳樓，大赦天下。〔註54〕

周存之賦作於德宗朱泚亂後新回京不久，所賦即爲此事。《賦話》云：

> 周存〈太常新復樂懸冬至日薦之圓丘賦〉云：「禮樂之儀，雖可久而可大；文武之道，亦一弛而一張。」朱泚亂定之後，脩復宮懸，「弛張」句用得恰好。〔註55〕

古代帝王冬至祭天的地方爲「圓丘」。《周禮‧春官》云：「靁鼓靁鼗，孤竹之管，雲和之琴瑟，雲門之舞，冬日至，於地上之圓丘奏之。」〔註56〕帝王依循一定的禮儀，謹愼祭祀所尊的六神：

> 聖人之作樂也，將以同和於天地；崇祭也，將以合奠於鬼神。祭有倫而六宗不忒，樂具象而萬國以親。（周存〈太常新復樂懸冬至日薦之圓丘賦〉）

以帝王祭圓丘，祭五方上帝如此具體的形象及活動，達到召撫萬邦的政治目的：

> 今五典丕用，百度載光。海外懷仁以有截，天下好樂而無荒。（周存〈太常新復樂懸冬至日薦之圓丘賦〉）

〔註52〕　《禮記正義》，卷17，頁338。

〔註53〕　〈樂記〉：「吾端冕而聽古樂，則唯恐臥；聽鄭衛之音，則不知倦。敢問古樂之如彼，何也？」鄭玄注：「古樂，先王之正樂也。」《禮記正義》，卷38，頁686。

〔註54〕　〔後晉〕劉昫：《舊唐書》，卷12，頁36。

〔註55〕　〔清〕李調元：《賦話》，卷4，頁8。

〔註56〕　《周禮注疏》，（阮元刻《十三經注疏》本，臺北：藝文印書館，1976年），卷22，頁342。

宮廷雅樂活動反映當時帝王對於傳統音樂教育觀念及思想認同的程度。德宗貞元年間陸贄作〈冬至日陪位聽太和樂賦〉,《舊唐書·德宗紀下》載:

> (貞元六年)十一月庚午,日南至,上親祀昊天上帝於郊丘。〔註57〕

「日至南」即冬至,根據《舊唐書·音樂志三》載,冬至祈昊天於圓丘樂章八首,其中「皇帝行用〈太和〉」〔註58〕。〈冬至日陪位聽太和樂賦〉先敘冬至及陪位,後敘〈太和樂〉,以聽字作收結。《賦話》評此賦云:

> 唐陸贄作〈冬至日陪位聽太和樂賦〉,先敘冬至,至敘陪位,然後敘作樂,末以聽字作收煞,循題布置,渾灝流轉,蓋題位使然,不必盡以雕鏤藻繢爲工也。〔註59〕

按題中字意層層展開,循題布置,敘事井然,寫冬至祈昊天上帝聽樂之事。

雅樂教習及演奏除宣導「王者功成作樂」之相關傳統雅樂觀念,更有祭祀、典禮具體實踐功能。

二、雅樂教習之演奏方式

唐代雅樂的表演者爲太常寺的樂工,主要爲文舞二舞郎。對於雅樂的演奏方式,唐音樂賦作中有概括性的意象描寫:

> 爾其金石具陳,鞉鼓閒出。和其戛擊,節以徐疾。(周存〈太常新復樂懸冬至日薦之圓丘賦〉)

> 撞黃鐘而角動,扣太簇而徵流。大不踰宮,而清濁迭和;細不過羽,而終始相酬。(周存〈太常新復樂懸冬至日薦之圓丘賦〉)

> 借如發揚蹈厲,右秉左執。其從純,其始翕。登歌初彌,下管相及。朱絃徐泛,覺虞舜之風薰;玉戚載持,想周武之山立。(李程〈太常釋奠觀古樂賦〉)

> 由是司儀辨等,庶工守位。備絃管之聲,陳匏竹之器。柷敔遷迤而就列,簨簴嶙峋而居次。克展禮容,而告樂備。天子於是率九卿,暨三事。必虔心而有待,俾陪扈而斯致。既親覿於宮懸,又何假以

〔註57〕 〔後晉〕劉昫:《舊唐書》,卷13,頁8。

〔註58〕 《舊唐書·音樂三》:「冬至祀昊天於圓丘樂章八首。貞觀二年,祖孝孫定雅樂。貞觀六年,褚亮、虞世南、魏徵等作此詞,今行用。……皇帝行用〈太和〉:『穆穆我后,道應千齡。登三處大,得一居貞。禮唯崇德,樂以和聲。百神仰止,天下文明。』」〔後晉〕劉昫:《舊唐書》,卷30,頁1~2。

〔註59〕 〔清〕李調元:《賦話》,卷4,頁1。

庭試。(李程〈大和樂賦〉)

雅樂在舉行祭典、大朝會時與舞蹈配合，在旅進旅退、干戚羽旄中，屈伸俯仰、綴兆舒疾間，重視的是隊列整齊如一。樂師登堂而歌，奏管樂者在堂下。〔註60〕樂器音域限制在從宮到羽一鈞之間，旋律與節奏進行簡單而少變化，非個人技術的表現，儀式作用大於音樂享受。〔註61〕用以典禮的雅樂，樂曲是否動聽、舞蹈動作是否優美等，並不是教學目標著重的焦點，宮廷提倡「雅樂」活動，關注的重點在於規範的問題：

> 進旅退旅，爰擊爰拊。鳴宮懸，起萬舞。設崇牙，森樹羽。斯道渢渢，斯人俣俣。和聲合氣，綴規接武。聽其韻可以窒欲，覽其儀可以道古。濟濟祁祁，莫不賁然而來觀。(李程〈太常釋奠觀古樂賦〉)

> 侈弇不興，皃氏之規惟妙；上下合度，磬師之法可傳。爰設業以設簾，備宮懸與宿懸。(周存〈太常新復樂懸冬至日薦之圜丘賦〉)

雅樂有一定編制，一般以樂懸作為依據。著重於應用什麼樂曲、樂曲使用什麼調性、配置多少樂器、樂隊如何排列、樂器架子怎樣裝飾、用多少樂工、樂工穿什麼衣服、規定歌詞體裁及創作是否符合當時上位者要求、在祭祖和朝會、宴饗時如何應用等等，以合於「禮」的規範與約束，希望本朝的「雅樂」較之前代，更加符合遠古時候的正統。〔註62〕

三、雅樂教習的目的

雅樂在歌功頌德同時，彰顯「作以崇德」、「洽人神」、「彰理亂」之說。所謂雅音、正音，這種有益於風氣教化的音樂，能成為治國之本。政治上抽象的意識形態，正是雅樂實踐的目的：

> 五色不亂以成文，八風不姦而從律。〈大章〉彰之，已合陶唐之代；〈韶〉盡美矣，不惟有虞之日。(周存〈太常新復樂懸冬至日薦之圜丘賦〉)

> 乃知雅音為邦家之本，正樂非耳目之翫。可以洽人神，可以彰理亂。而況八佾成列，八音克諧。尊儒訓分國風之始，闡樂正分王政

〔註60〕《周禮·春官》：「大祭祀，帥瞽登歌，令奏擊拊。下管，播樂器，令奏鼓朄。大饗亦如之。」賈公彥疏：「凡樂，歌者在上，匏竹在下，故云下管播樂器。下管即笙簫及管皆是。」《周禮注疏》，卷23，頁356。

〔註61〕李時銘：《詩歌與音樂論稿》，頁30。

〔註62〕楊蔭瀏：《中國古代音樂史稿》，頁246～247。

不乖。夫如是，所謂光揚盛禮，和樂孔偕。（李程〈太常釋奠觀古樂賦〉）

是以六變而天神可禮，九成而帝德惟休。大禮畢，雅音收。居清穆以合理，思宥密而爲猷。雖化洽時和，惟善政所致；而風移俗易，將復樂之由。（周存〈太常新復樂懸冬至日薦之圜丘賦〉）

唐代雅樂建制是從政治立場考量，「王者功成作樂」相關傳統觀念爲「雅樂」教育實施中最重要的教學目的，完成典禮中的儀式音樂活動則爲雅樂學習的具體行爲目標。

四、唐代的凱樂

凱樂之名，見於《周禮·春官·宗伯》：「王師大獻，則令奏愷樂。」〔註63〕本指以功之樂獻捷於祖的軍中樂，於向朝廷進獻俘虜的場合表演，通常伴隨宴享進行。據《唐會要·凱樂》的記載，初唐時太宗平東都、破宋金剛，其後蘇定方執賀魯，李績平高麗，皆有凱樂入京師，但當時並沒有成爲固定制度。文宗大和三年（829 年），始由太常寺提出設凱樂，詔許之。由太常寺鼓吹署承擔凱樂表演，而有固定表演程式。〔註64〕其所用樂器、樂工分配爲「笛、篳篥、簫、笳、鐃、鼓，每色二人，歌工二十四人」。演奏的樂曲有〈破陣樂〉、〈應聖期〉、〈賀朝歡〉、〈君臣同慶樂〉等四曲。〔註65〕據《舊唐書·音樂志一》記載太常寺大和三年（829 年）奏章，〈破陣樂〉、〈應聖期〉二曲歌辭爲太常寺原有，〈賀朝歡〉、〈君臣同慶樂〉二曲歌辭則是新撰。〔註66〕

高郢爲代宗寶應年間進士，當時太常並未設立「凱樂」，所作〈獻凱樂賦〉

〔註63〕 《周禮注疏》，第 22 卷，頁 23。
〔註64〕 柏紅秀：《唐代宮廷音樂文藝研究》，頁 110～111。
〔註65〕 《唐會要·凱樂》：「凡命將征伐，有大功獻俘馘者，其日備神策兵衛於東門外，如獻俘常儀。其凱歌用鐃吹二部。笛、篳篥、簫、笳、鐃鼓，每色二人，歌工二十四人也。樂工等乘馬執樂器，次第陳列，如鹵簿之式。鼓吹令丞前導，分行於兵馬俘馘之前。將入都門，鼓吹振作，迭奏〈破陣樂〉、〈應聖期〉、〈賀朝歡〉、〈君臣同慶樂〉等四曲。」〔宋〕王溥：《唐會要》，卷33，頁9。
〔註66〕 《舊唐書·音樂一》：「大和三年八月，太常禮院奏：謹按凱樂，鼓吹之歌曲也。……將入都門，鼓吹振作，迭奏〈破陣樂〉等四曲。〈破陣樂〉、〈應聖期〉兩曲，太常舊有辭。〈賀朝歡〉、〈君臣同慶樂〉，今撰補之。」〔後晉〕劉昫：《舊唐書》，卷28，頁15～16。

動機是否爲歌頌戰士捷報歸朝,在文獻中不易考察。由「知伐叛既在乎師,獻功必資乎樂」觀,可能爲賦實。當世時,正是唐由盛轉衰的過渡期,肅宗、代宗兩朝叛亂之事四起。賦作如常的引經據典、歌功頌德,但隱約描述盛唐的繁榮治世與當朝的不安相互矛盾:

> 天地同和,盡樂止戈之武;生靈咸若,俱歡反旆之師。(高郢〈獻凱
> 樂賦〉)

除了表示四海皇風、戰功彪炳之外,也透露出期望共享太平、止戈偃兵的渴望。

五、大唐雅樂〈聖壽樂〉

雅樂教學的曲目如前所述,包括十二和樂、各種大型的雅舞、立部伎演奏的曲目等。其中以〈聖壽樂〉配樂之大型舞蹈「字舞」受到賦家關注,寫成〈開元字舞賦〉,幫助後世了解唐時字舞演出的情形。

《樂府雜錄》舞工條云:「字舞,以舞人亞身於地,布成字也。」〔註67〕《齊東野語‧字舞》云:「州郡遇聖節錫宴,率命猥妓數十羣舞於庭,作『天下太平』字,殊爲不經。」〔註68〕一般於宮中喜慶壽誕活動、祭祀大典或嘉賓盛宴等隆重的集會場合演出。

唐代陣容龐大的字舞〈聖壽樂〉爲立部伎中第七部,創作於唐高宗武后(683年~705年執政)時期,屬於太常寺典禮儀式性的大型舞蹈,〔註69〕目的爲讚頌武則天。玄宗時期,字舞逐漸流行,開始於教坊教習。〔註70〕教坊改編〈聖壽樂〉,用以宣揚君權神授、歌頌文治武功及太平盛世。除了「作字如畫」,還增加「迴身換衣」〔註71〕,舞隊排字同時,還變換舞衣顏色,使服

〔註67〕 〔唐〕段安節:《樂府雜錄》,一卷,頁7。

〔註68〕 〔宋〕周密:《齊東野語》,(臺北:藝文印書館《百部叢書集成》影印《學津討原》本),卷10,頁18。

〔註69〕 《舊唐書‧音樂志二》:「聖壽樂,高宗武后所作也。舞者百四十人,金銅冠,五色畫衣。舞之行列必成字,十六變而畢。有『聖超千古,道泰百王,皇帝萬年,寶祚彌昌』字」。〔後晉〕劉昫:《舊唐書》,卷29,頁2。《新唐書》、《通典》、《文獻通考》都有類似的描述。

〔註70〕 《教坊記》記載,開元十一年初的〈聖壽樂〉:「製純縵衫,下纔及帶,若短汗衫者以籠之,所以藏繡窠也。」,舞者分別穿著五種顏色的畫衣,每件衣服的衣襟上各繡一朵大團花,外面再籠上一件與繡衣顏色相同的短縵衫。舞到第二疊,舞者「相聚場中,即於眾中,從領上抽去籠衫,各內懷中。觀者忽見眾女咸文繡炳煥,莫不驚異。」〔唐〕崔令欽:《教坊記》,一卷,頁2。

〔註71〕 《舊唐書‧音樂志一》:「若聖壽樂,則迴身換衣,作字如畫。」〔後晉〕劉昫:

裝與舞蹈巧妙結合。配合時間效果作別緻的設計，使欣賞者獲得視覺感受而為之驚奇。從闕名〈開元字舞賦〉中，可一窺其舞姿。賦中描寫「字舞」與中國文字的相關性：

> 豈比夫漢主習五行之典，虞後陳兩階之前，干戚之容雖備，文字之旨未全。

並記此舞「自我作古，示不相沿」、「邈千古之未聞」、「振古不睹，斯今獨榮」，認為字舞當創於唐代。此外，「字以形言，舞以象德」，字舞所表達的內容是對帝王仁德的歌頌。

關於字舞表演的情形，舞者出場如「八佾之羽儀繁會」，像「七盤之綺褒繽紛」，旋轉如風，雷聲陣陣，動作與鼉鼓的節奏和諧。隨之，像鷺鳥迂迴，像仙鶴玉立，在行動中，排出壯觀的文字。在作者看來，舞者的一顰一笑、一舉一動，或緩或急，都合乎節奏，進退有序。單一顏色的羅衣，在往來之際，倏忽之中完成更換：

> 更衣於倏忽之中。始紆朱而曳紫，旋不綠而攢紅。……乍續乍絕，將超複發。啟皓齒以吟風，騰星眸而吐月。搖動赴度，或亂止以成行；指顧應聲，乃徐行而順節。

舞者從披著朱紅和絳紫綵衣，換成綠色或大紅。以隊列的變動及服飾變化，不斷組成各種字形。行動迅捷而應聲節，動作繁複而不雜亂。作者讚美曰：

> 傅仲之詞，徒欲歌其俯仰；離婁之目，曾未識其變通。

目睹場面如此壯觀的團體舞蹈表演，觀者無不震撼。邵軫〈雲韶樂賦〉描寫開元二十四年（736年）雲韶院在花萼樓前表演的群舞，也是一種字舞：

> 霓裳綵鬥，雲髻花垂。清歌互舉，玉步徐移。俯仰有節，周旋中規。將導志以變轉，幾成文於合離。……褻衣屢更，新態不窮。忽舉袖而縈紫，復迴身而拖紅。

字舞在唐代很盛行，甚至影響西南雲南大理的南詔國。德宗貞元時，南詔重又歸順，南詔國王異牟尋在劍南節度使韋皋主持下編制字舞〈南詔奉聖樂〉，〔註72〕用以表示民族和解的期望。晚唐時字舞依然流行，詩人王建描述

《舊唐書》，卷28，頁14。

〔註72〕據《新唐書》云：「貞元中，南詔異牟尋遣使詣劍南西川節度使韋皋，言欲獻夷中歌曲，且令驃國進樂。皋乃作〈南詔奉聖樂〉，用黃鐘之均，舞六成，工六十四人，贊引二人，序曲二十八疊，執羽而舞「南詔奉聖樂」字，曲將終，雷鼓作於四隅，舞者皆拜，金聲作而起，執羽稽首，以象朝覲。」由舞隊組

宮庭生活的紀實詩〈宮詞一百首〉第十七首云：

> 羅衫葉葉繡重重，金鳳銀鵝各一叢。每遍舞時分兩向，太平萬歲字
> 當中。〔註73〕

詩句描寫宮女在舞蹈表演中排列出「太平萬歲」四個字來。徐元鼎〈太常寺觀舞聖壽樂〉：

> 舞字傳新慶，人文邁舊章。沖融和氣洽，悠遠聖功長。〔註74〕

詩詞中指出「字舞」的演出目的，在歌頌聖人或聖王的豐功偉績。

中國的方塊字字形整齊，有對稱的美學特徵，適合與舞蹈相結合，在典禮活動應用。

唐代的雅樂指儀式性的音樂，或指宮廷祭祀天地、鬼神、祖宗之樂。據《新唐書》記載，唐代把雅樂、俗樂管理分開，坐部伎奏不好則轉入立部使，立部伎奏不好則到「雅樂」樂部，成為一種樂工淘汰機制，負責表演者為太常寺技巧較差的學員。祭祀音樂是唐代禮樂制度的核心內容，隨著宴樂表演受到歡迎，雅樂地位漸失。

宮廷雅樂教育在唐代雖然不是官學教育體系內的主流行為，但在雅樂的具體實施中，除了進行樂舞技藝方面的教育行為，其表演也具有教育人的社會功用及政治目的，而成為賦體文學關注的主題。

貳、唐音樂賦中四夷樂的教習與內容

四夷樂之名始見《周禮》：「鞮鞻氏掌四夷之樂與其聲歌。祭祀，則龡而歌之，燕亦如之。」〔註75〕隋朝結束長期以來南北分裂的局面，擁有很多四方之樂。至唐，其樂初承隋制，宮廷樂舞的分類中，有「四夷之樂」的劃分，由太常寺管理：

> 于是鞮鞻掌其方位，太常總其樂器。列在天庭，陳其鼓吹。（劉公輿
> 〈太常觀四夷樂賦〉）

「鞮鞻」為樂官名，掌四夷樂。〔註76〕隸屬太常寺之「四夷之樂」，在九部樂、

成，執羽翟，以四為列。排列出「南詔奉聖樂」五個大字。用以表示民族和
解的良好願望。〔宋〕歐陽脩、宋祁：《新唐書》，卷22，頁7～8。
〔註73〕《全唐詩》，卷302，頁3440。
〔註74〕《全唐詩》，卷781，頁8828。
〔註75〕《周禮注疏》，卷24，頁9。
〔註76〕《舊唐書‧音樂志二》：「鞮鞻氏掌四夷之樂與其聲歌祭祀。」〔後晉〕劉昫：

十部樂的數量上佔了大部分。以鼓、鉦、簫、笳等軍用鼓吹樂器合奏方式，用於朝廷宴享活動。〈太常觀四夷樂賦〉中對其描繪云：

> 夫其始也，伊四部之爰來，闢九門而並入。水火之位，雕題衣毛以
> 相向；金木之方，皮服左袵以對立。

漢民族穿衣習慣是「右袵」，領子左邊在上面，領口由左肩向右脇。胡人習慣則是「左袵」，右邊在上面，領口由右肩向左脇。在宮廷演出時，依其地域性的不同，可觀察到中原以外少數民族的習俗與裝束。舞姿方面〈太常觀四夷樂賦〉亦有描述：

> 僬僥兜離，風旋鳥翅。其舞也，無進旅退旅之容；其音也，非皦如
> 繹如之義。

少數民族的樂舞不同於中原古曲，節奏大多強烈，速度較快而高揚。沒有「古樂，進旅退旅，和正以廣」〔註77〕的內涵，不是「樂其可知也；始作，翕如也；從之，純如也，皦如也，繹如也，以成」〔註78〕的層次，卻有耳目一新的效果。於宮廷中演出「四夷樂」，最重要的目的是彰顯唐帝國的聲威：

> 聖皇窮天覆以張宇，極地載以光宅。端拱協有虞陶唐，獻樂奏戎夷
> 蠻貊。豈不以浹洽玄化，沐浴聖澤。……我聖君文明立極，化本雍
> 熙。太和克同於天地，貢樂不假於蠻夷。所以司於太常，奏於丹墀。
> 俾華夷之風不隔，羈縻之義在茲。（劉公輿〈太常觀四夷樂賦〉）

唐帝國政治、經濟、教化和樂昇平，對於各民族音樂懷柔接納的態度，在音樂文化上具恢弘大氣、包容萬象之特徵，促進當時中外民族音樂融合，音樂文化在民族間、國際間廣泛而深入的交流。大唐帝國以中土領導者之姿，接待四方使者並給予賞賜：

> 於是詔帑藏以頒賜，命象胥以迴眾。九夷八蠻，喜氣溢於咸鎬；六
> 戎五狄，歡聲動於岐雍。豈獨納魯廟而見稱，獻漢廷而足重。微臣
> 賀華夷之混一，敢承舞而獻頌。（劉公輿〈太常觀四夷樂賦〉）

四夷樂表演主要的功用在「以備華夷」，展示唐帝國聲威。因此，在宴饗音樂備受關注的時期，這類象徵性的音樂於宮廷中漸被忽視，於盛唐時便開始衰弱，中晚唐除龜茲樂外，其他諸國音樂幾乎失去舞台，成爲俳優表演的

《舊唐書》，卷29，頁9。

〔註77〕〈樂記〉鄭玄注：「旅猶俱也。俱進俱退，言其齊一也。」《禮記正義》，卷38，頁686。

〔註78〕見《論語・八佾》。《論語注疏》，卷3，頁31。

音樂伴奏。〔註79〕〈太常觀四夷樂賦〉作者劉公輿於憲宗元和年間任官，當時四夷樂早已失色，或因四夷樂的功能性較符合賦體文學歌功頌德的特性，在作者的筆下，依然保有初唐時的風光與氣魄。像這類的作品，容易使閱讀者產生「唐代胡樂特盛」等與歷史事實不完全相符之觀點。

參、唐音樂賦中雜舞的教習與內容

運用於娛樂性的舞蹈稱為雜舞，唐代雜舞非常多，按舞蹈的強度可分為健舞與軟舞，音樂教育機構中以教坊善舞者最多，舞蹈水平亦最高。〔註80〕唐音樂賦中特別描繪的雜舞有〈霓裳羽衣舞〉、〈柘枝舞〉、〈馬舞〉、〈劍舞〉等，〈霓裳羽衣舞〉因頗具道教色彩，於他章論述，這裡敘述〈柘枝舞〉、〈馬舞〉與〈劍舞〉。

一、教坊樂舞〈柘枝舞〉

據崔令欽《教坊記》實錄，教坊積累各民族音樂舞蹈和散樂百戲作品達三百二十五篇之多。其中〈柘枝〉等歌舞音樂百戲，曾由教坊藝人習練並在宮中演出。沈亞之〈柘枝舞賦〉序言簡介「柘枝舞」表演的時機：

> 往者某值宴於鄭衛之侯，坐與客序。樂作，堂下行舞，男女紛雜交貫，率以百品，而觀者蓋矍然。既罷，昇鼓堂上，絃吹大奏，命為柘枝舞，則皆排目矢座。客曰：「今自有土之樂舞堂上者，惟胡部與焉。而柘枝益肆於態，誠足以賦其容也。」

中唐以後，西域舞蹈中的胡旋舞與胡騰舞漸趨衰落，而由柘枝舞代而興之。憲宗元和十年進士沈亞之〈柘枝舞賦〉和武宗會昌三年進士盧肇〈湖南觀雙柘枝舞賦〉，描寫唐代西域傳來的舞蹈「柘枝舞」之舞蹈服裝、舞姿、表情、動作。除介紹舞蹈外，亦證明當時文化交流的現象。

（一）〈柘枝〉之來由及風格

盧肇〈湖南觀雙柘枝舞賦〉中云：「古也郅支之伎，今也柘枝之名」。郅支為西漢時西域古城名，匈奴郅支單于的都城。《漢書》載，漢宣帝時匈奴五單于爭立，呼屠吾斯據地擁兵自立為郅支骨都單于，「郅支」由此而名。郅支

〔註79〕　《樂府雜錄・俳優》：「大中初……大別有夷部樂，即有扶南、高麗、高昌、驃國、龜茲、康國、疏勒、西涼、安國」。〔唐〕段安節：《樂府雜錄》，一卷，頁8。

〔註80〕　柏紅秀：《唐代宮廷音樂文藝研究》，頁 133～136。

單于曾遣子入侍和朝貢，舞伎隨之進入了中原。〔註 81〕《新唐書・西域傳》
載：「石，或曰柘支，曰柘折，曰赭時，漢大宛北鄙也。」〔註 82〕唐代稱石國
為「柘枝」，屬西安大都護府管轄。石國的都城為柘枝城，石國的舞蹈便稱為
「柘枝舞」。

《唐音癸籤》云：「柘枝，一說云本『拓枝』，訛為『柘枝』」。〔註 83〕宋
代郭茂倩《樂府詩集・柘枝詞》中寫道：「沈亞之賦云：『柘枝……然則似是
戎夷之舞。』按今舞人衣冠類蠻服，疑出南蠻諸國者也。」〔註 84〕依據資料，
可以推測柘枝舞是在隋、唐時從西域石國經由絲綢之路傳入中原的民間舞
蹈，於教坊中教習。

《樂府詩集》云：「《樂府雜錄》曰：『健舞曲有〈柘枝〉，軟舞曲有〈屈
柘〉』。《樂苑》曰：『羽調有〈柘枝曲〉，商調有〈屈柘枝〉』，此舞因曲為名。」
〔註 85〕陳暘《樂書》引《唐雜說》與《樂府詩集》有相同記錄，但增加：「角
調有〈五天柘枝〉，……唐明皇時〈那胡柘枝〉，眾人莫不稱善。」〔註 86〕綜
而言之，柘枝舞屬「健舞」，屈柘枝則屬「軟舞」。其曲調有羽調、商調、角
調，名稱則有〈柘枝〉、〈屈柘枝〉、〈五天柘枝〉、〈那胡柘枝〉等。《樂府雜錄》
〔註 87〕、《唐音癸籤》〔註 88〕亦有相似記載。

柘枝舞蹈使用管弦樂器伴奏，並以鼉鼓作為主要之節奏樂器：

> 時也群工合奏，絃悲管清。升歌闋，賓禮成。於是乎撾鼉鼓，啾鳳
> 笙。（盧肇〈湖南觀雙柘枝舞賦〉）

〔註 81〕 《漢書》，〈元帝紀〉、〈張湯傳〉、〈匈奴傳上〉〈匈奴傳下〉記載了「郅支骨都
　　　　　單于」之事蹟。
〔註 82〕 〔宋〕歐陽脩、宋祁：《新唐書》，卷 221 下，頁 3。
〔註 83〕 〔明〕胡震亨：《唐音癸籤》，（臺北：臺灣商務印書館《四庫全書珍本》，1972
　　　　　年），卷 14，頁 12。
〔註 84〕 〔宋〕郭茂倩：《樂府詩集》，卷 56，頁 17。
〔註 85〕 〔宋〕郭茂倩：《樂府詩集》，卷 56，頁 16。
〔註 86〕 陳暘《樂書》：「健舞曲有〈火袄〉、〈阿遼〉、〈柘枝〉、〈劍器〉、〈胡旋〉〈胡勝〉。」
　　　　　〔宋〕陳暘：《樂書》，（臺北：臺灣商務印書館《四庫全書珍本》），卷 182，
　　　　　頁 4。
〔註 87〕 《樂府雜錄・舞工》：「健舞曲有〈棱大〉、〈阿連〉、〈柘枝〉、〈劍器〉、〈胡旋〉、
　　　　　〈胡騰〉。軟舞曲有〈涼州〉、〈綠腰〉、〈蘇合香〉、〈屈柘〉、〈團圓旋〉、〈甘州〉
　　　　　等。」〔唐〕段安節：《樂府雜錄》，一卷，頁 7。
〔註 88〕 《唐音癸籤・樂通三》：「舞曲，輭舞曲……〈屈柘枝〉……，健舞曲……〈柘
　　　　　枝〉。」〔明〕胡震亨：《唐音癸籤》，卷 14，頁 11～12。

揚屬唱於鼉鼓兮，儷蘭露之芳津。（沈亞之〈柘枝舞賦〉）

舞者在鼉鼓樂的伴奏下翩翩起舞，節奏鮮明，具有氣氛熱烈、風格明朗的特色。白居易〈柘枝妓〉詩也有類似描寫，可相互佐證。〔註89〕

（二）〈柘枝〉之舞容舞姿

關於柘枝舞的表演情形，沈賦是這樣描述的：

> 顧巧度之無窮兮，將多變而若雲……汨旁俯以裊影兮，蕩風蕖於橫茵。

> 愕兮若驚，弛兮若懶。欻然連姹，翔然嫣婉。振修褧以拋拂兮，韜纖肱以糅縮。

華美宴席上，在鼓聲伴奏下，舞者出場跳著輕快的舞蹈。不僅注重身體的姿態，也注重面部的表情，對於舞者眼神有特殊的關注和詮釋：

> 騖遊思之情香兮，注光波於矉睇。

舞者眼波閃蕩、脈脈傳情。劉禹錫〈觀柘枝舞二首〉：「曲盡回身處，層波猶注人。」〔註90〕也有相似刻寫。沈賦對舞者妝飾、舞姿、表情都作了生動的描寫，符合賦序中對此舞「益肆於態」概括描述的特點。

盧肇〈湖南觀雙柘枝舞賦〉描寫更加鋪張、細致，對表演環境、舞姿及動作變化描述和氣氛的渲染更詳盡：

> 彼工也以初奏迎，我舞也以次旅呈。乍折旋以赴節，復宛約而含情。突如其來，翼爾而進。每當節而必改，乍慘舒而復振。驚顧兮若嚴，進退兮若慎。或迎兮如流，即避兮如恡。傍睨兮如慵，俛視兮如引。風裛兮弱柳，煙羃兮春松。縹緲兮翔鳳，婉轉兮游龍。相邇兮如借。相遠兮如謝。忽抗足而相跳，復和容而若射。勢雖窘於趨走，態終守乎閒暇。飛飃忽旋，驚鶴聯翩。撼帝子之瑤珮，觸仙池之玉蓮。擁驚波與急雪，捲祥雲及瑞煙。……屹而立，若雙鸞之窺石鏡；專而望，似孤雲之駐蓬萊。輕攢翠蛾，稍拂香汗。暫爾安逸，復騁陵亂。抽軋軋於蕙心，耀纖纖之玉腕。

舞者有纖細的腰身，深厚的舞蹈功底，「鼓催殘拍腰身軟，汗透羅衣雨點花」，

〔註89〕白居易〈柘枝妓〉：「平鋪一合錦筵開，連擊三聲畫鼓催。紅蠟燭移挑蕊起，紫羅衫動柘枝來。」《全唐詩》，卷446，頁5006。以下引白居易〈柘枝妓〉皆同。

〔註90〕《全唐詩》，卷354，頁3972。

〔註 91〕舞蹈將結束時深深的下腰動作，使觀者驚歎於舞者的輕盈柔軟。舞姿輕巧敏捷多變，動作肆意不拘，展示〈柘枝舞〉的「胡舞」風貌。

（三）〈柘枝〉之舞服

柘枝舞女的服飾，富有濃郁的西域民族風情特色。〈湖南觀雙柘枝舞賦〉云：

> 佳人乃整金蟬，收玉燕。襲舞衫，突舞弁。珠彩熒煌，鈴光炫轉。
> 外寶帶以連玉，中丹裾而疊蔕。

以頭飾而言，著胡帽施金鈴是特色之一。〔註 92〕〈柘枝舞賦〉中「撼隆冠之繁珂兮」，詩人白居易〈柘枝妓〉詩中「帽轉金鈴」和〈柘枝詞〉詩中「繡帽珠稠綴」，章孝標〈柘枝〉詩「迎風繡帽動飄飄」〔註 93〕，張祜〈觀楊瑗柘枝〉詩「卷簷虛帽帶交垂」〔註 94〕等等，都刻畫了拓枝舞伎的頭飾。

舞者身穿長袖羅衫，腰間束著有金銀飾物的長帶，〈柘枝舞賦〉中「披文纓於大帶」，劉禹錫詩也說「翹袖中繁鼓，長袖入華絪」。應著鼓聲揚起，時而低垂拂過地毯，舞旋時增加曲線飄曳感。

盧賦「俯僂迴旋，非爲劉而左袒。拾華袵以雙舉，露輕裾之一半」、「善睞睢盱，倡師之招周伎」，沈賦「差重錦之華衣，俟終歌而薄袒」，即半脫羅衫袒露玉肩，刻畫柘枝舞曲終了，舞伎的行禮謝幕時，充滿西域式柔媚的特殊風情。薛能的詩句「急破催搖曳，羅衫半肩脫。」〔註 95〕粉面輕回，明眸善睞向觀眾投以漣漣秋波，益增舞蹈的嫵媚。

著胡靴則是另一特色。〈湖南觀雙柘枝舞賦〉：

> 則有鞶鑑逶迤，瓊瑰四垂。靴瑞錦以雲匝，袍襲金而雁欹。

張祜〈觀杭州柘枝〉詩「旁收拍拍金鈴擺，卻踏聲聲錦靿摧」〔註 96〕，〈觀楊瑗柘枝〉詩的「紫羅衫宛蹲身處，紅錦靴柔踏節時」，章孝標〈柘枝〉詩「移步錦靴空綽約，迎風動帽動飄飄。亞身踏節鸞形轉，背而羞人鳳影嬌」，

〔註 91〕劉禹錫〈和樂天柘枝〉，《全唐詩》，卷 360，頁 4067。以下引劉禹錫詩皆同。
〔註 92〕《樂府詩集·柘枝詞》：「用二女童，帽施金鈴。」〔宋〕郭茂倩：《樂府詩集》，卷 56，頁 16。
〔註 93〕《全唐詩》，卷 506，頁 5755。以下引皆同。
〔註 94〕《全唐詩》，卷 511，頁 5827。以下引皆同。
〔註 95〕薛能〈柘枝詞〉：「樓臺新邸第，歌舞小嬋娟。急破催搖曳，羅衫半脫肩。」《全唐詩》，卷 558，頁 6476。
〔註 96〕《全唐詩》，卷 511，頁 5827。

描寫舞伎著錦制赤靴,這是西域諸國舞伎共同裝束。《舊唐書‧音樂志二》載,高昌樂、疏勒樂、康國樂、安國樂的舞伎皆著赤皮靴,龜茲樂則著烏皮靴。〔註97〕

(四)〈柘枝〉之傳播及影響

柘枝舞是由西域石國等地進入中原的舞蹈表演,廣泛流行於宮廷、貴族士大夫家宴及民間。沈亞之〈柘枝舞賦〉序說:

> 今自有土之樂舞堂上者,惟胡部與焉。而柘枝益肆於態,誠足以賦
> 其容也。

胡部新聲的舞曲中,柘枝舞的舞蹈姿態放肆,所以當昇鼓堂上,絃吹大奏時,觀眾無不延頸側目。

唐代〈柘枝〉原為女子獨舞,傳入中原以後,從原有民族風格的單人舞發展成二人表演的〈雙柘枝〉,還有兒童舞蹈〈屈柘枝〉。從白居易〈和同州楊侍郎誇柘枝見寄〉、〈看常州柘枝伎贈賈使君〉、張祜〈觀杭州柘枝〉、殷堯藩〈潭州席上贈舞柘枝妓〉、盧肇〈湖南觀雙柘枝舞賦〉等詩賦中可以得知,柘枝舞不僅盛於京都長安、同州(今陝西境內),而且遠及常州、杭州、潭州(今湖南長沙)和四川。

漢民族舞蹈藝術推崇含蓄典雅、溫柔婉約之美。西域樂舞激情、矯健和奔放,與中原傳統欣賞模式相異,刺激新奇的感官感受與藝術審美的新追求,西域樂舞在中原迅速流行。文學作品受新穎奇異的藝術氛圍感染,充滿五彩繽紛的民族風貌和異域情調。唐代文人描寫〈柘枝〉的詩或賦,彰顯了柘枝舞獨特的藝術風格與審美價值。

二、舞馬活動

古代馬的品質和馬車的數量用於軍事上,可左右戰爭的勝負。用於運輸方面,象徵社會的繁榮與經濟的流通。在太平盛世,少有征戰,有些馬匹轉為娛樂或體育運動上應用。

舞馬起源很早,《山海經‧海外西經》曰:「大樂之野,夏后啟于此儛九代」,〔註98〕或許為舞馬之始。漢代《鹽鐵論‧散不足篇》「百獸馬戲」之說,

---

〔註97〕 〔後晉〕劉昫:《舊唐書》,卷29,頁11。
〔註98〕 〔晉〕郭璞撰:《山海經》,(臺北:藝文印書館《百部叢書集成》影印《經訓堂叢書》本),卷7,頁1。參閱〔晉〕郭璞撰,〔清〕郝懿行箋疏:《山海經箋疏》,(臺北:臺灣古籍出版社,1998年)。

應已有調教舞馬。〔註99〕南朝大明年間，有人獻給宋孝武帝一匹舞馬。舞馬成爲宮廷一種娛樂活動。延續前朝，舞馬在唐代宮廷中亦有娛樂表演活動，目前留下三篇舞馬賦，分別爲天寶十載進士錢起〈千秋節勤政樓下觀舞馬賦〉及兩篇闕名之〈舞馬賦〉。

唐初國富民強，舞馬頗爲盛行，成爲宮廷奢侈生活象徵之一，也說明當代馬術水準的高超和養馬事業的發達。舞馬演出規模應爲玄宗時代爲最大，《明皇雜錄補遺》敘述其實況。〔註100〕尤其是玄宗每年在元宵節和八月五日玄宗生日的千秋節都要進行大規模的慶祝。錢起云「歲八月也，一聖之生，千秋之首。」舞馬是其中精彩表演節目之一：

> 司僕，舞我駃騠，可以敷張皇樂，可以啓迪歡趣。（錢起〈千秋節勤
> 政樓下觀舞馬賦〉）

> 我皇端拱無事，垂意至寧。愔愔正聲，以九變而合樂；逐逐良馬，
> 終萬舞而在庭。（闕名〈舞馬賦〉）

舞馬時所奏的樂曲，有〈傾杯曲〉、〈聖代升平曲〉、〈千秋萬歲曲〉，其中以〈傾杯曲〉最爲世人著稱。在開元天寶年間，年年千秋節，年年〈傾杯〉曲。〔註101〕

馬隊依音律進行舞蹈，表演場面奇妙而宏大：

> 須臾，金鼓奏，玉管傳。忽分龍踞，愕爾鴻翻。頓纓而電落朱鬣，
> 驤首而星流白顛。……噴玉生風，呈奇變態。雖燕王市駿骨，貳師

〔註99〕 《鹽鐵論・散不足篇》：「戲弄蒲人雜婦，百獸馬戲鬬虎。」〔漢〕桓寬：《鹽
鐵論》，（臺北：藝文印書館《百部叢書集成》影印《岱南閣叢書》本），卷6，
頁2。參用王利器校注：《鹽鐵論校注》，（北京：中華書局，1992年）。

〔註100〕 《明皇雜錄補遺》云：「元宗嘗命教舞馬四百蹄，各爲左右，分爲部目，爲某
家寵，某家驕。時塞外亦有善馬來貢者，上俾之教習，無不曲盡其妙。因命
衣以文繡，絡以金銀，飾其鬃鬣，間雜珠玉。其曲謂之〈傾盃樂〉者數十回，
奮首鼓尾，縱橫應節。又施三層板牀，乘馬而上，旋轉如飛。或命壯士舉一
榻，馬舞於榻上，樂工數人立於左右，前後皆衣淡黃衫，文玉帶，必求少年
而姿貌美秀者。每千秋節，命舞於勤政樓下。其後上既幸蜀，舞馬亦散於民
間。」〔唐〕鄭處誨：《明皇雜錄》，一卷，頁4。《淵鑑類函・樂三》也有相
同的記載。

〔註101〕 《舊唐書・音樂志一》：「玄宗在位多年，善樂音。若讌設酺會，即御勤政
樓。……日昳，即內閑廐引蹀馬三十匹，〈傾杯樂〉曲，奮首鼓尾，縱橫應節，
又施三層校牀，乘馬而上，抃轉如飛。」〔後晉〕劉昫：《舊唐書》，卷28，
頁13～14。

　　馳絕塞。豈比夫舞皇衢，娛聖代。表吾君之善貸。（錢起〈千秋節勤
　　政樓下觀舞馬賦〉）
表演的馬匹馬有著華麗裝飾：
　　飾金鍐，頓紅緌。類卻略以鳳態，終宛轉而龍姿。（闕名〈舞馬賦〉）
這些馬身披錦繡衣，頭戴金銀絡，英武雄健。薛曜〈舞馬篇〉詩云：
　　鉤陳周衛儼旌旄，鐘鎛陶匏聲殷地。〈承雲〉嘈囋駭日靈，〈調露〉
　　鏗鏘動天駟。〔註102〕
可知舞馬時所用樂器有鐘、鎛、陶、匏之類以及鼓、鼖鼓等樂器，由樂工數
人為舞馬表演伴奏。音樂響起，在舞馬人的指揮下翩翩起舞：
　　或進寸而退尺，時左之而右之。（闕名〈舞馬賦〉）
　　知執轡之有節，乃蹀足而爭先。隨曲變而貌無停趣，因矜顧而態有
　　遺妍。（闕名〈舞馬賦〉）
表演時舞馬隨著樂曲旋律節奏，或昂首、或擺尾、或起立、或橫走。除錢起
賦作讚嘆之外，當時宰相張說親睹舞馬祝壽，寫了十多首〈舞馬詞〉及〈舞
馬千秋節萬歲樂府詞〉三首。〔註103〕在詩詞中描寫舞馬時而彎膝跪拜，時而
千蹄舞踏，時蹲時起鬃毛飛揚。曲終時銜酒杯向觀眾行禮，垂頭擺尾如沉醉
狀，為玄宗拜壽。安史之亂後，舞馬開始凋零，偶或在民間有所聞，例如，
唐代詩人云：
　　紫玉鳴珂臨寶鐙，青絲彩絡帶金羈。（薛曜〈舞馬篇〉）
　　天寶年前勤政樓，每年三日作千秋。飛龍老馬曾教舞，聞著音聲總
　　舉頭。（王建〈樓前〉）
　　月窟龍孫四百蹄，驕驤輕步應金鞞。曲終似要君王寵，回望紅樓不
　　敢嘶。（陸龜蒙〈開元雜題七首・舞馬〉）〔註104〕
詩中顯示天寶年間勤政樓前，每年千秋節要熱鬧三天。安史之亂後，舞馬活
動大不如前，舞馬的訊息也只能成為文學作品中的材料。

〔註102〕《全唐詩》，卷80，頁870。
〔註103〕張說〈舞馬詞〉：「天祿遙征衛叔，日龍上借羲和。將共兩驂爭舞，來隨八駿
　　　　　齊歌。絲旄八佾成行，時龍五色因方。屈膝銜杯赴節，傾心獻壽無疆。」另
　　　　　〈舞馬千秋節萬歲樂府詞〉云：「聖王至德與天齊，天馬來儀自海西。腕足齊
　　　　　行拜兩膝，繁驕不進踏千蹄。髻鬣奮鬣時蹲踏，鼓怒驤身忽上躋。更有銜杯
　　　　　終宴曲，垂頭掉尾醉如泥。」《全唐詩》，卷28，頁415～416。
〔註104〕分別見《全唐詩》，卷80、卷301、卷629。

三、劍舞表演

據《禮記·內則》規定，貴族子弟年滿十五歲開始學武舞。單人的武舞，如大象、大夏；集體的武舞如干戚舞、大武舞等。到了戰國末年，劍術和舞蹈結合，創造出了劍舞。《史記·項羽本紀》記載高帝元年「鴻門宴」上的「項莊舞劍」。〔註105〕項莊離座舞劍，項伯為救劉邦，「亦拔劍起舞，常以身蔽翼沛公」，這表明劍舞既能作單人舞，亦能作雙人舞。進退擊刺有一定規矩，才能互相配合協調，創造出視覺的英氣效果，達到賞心娛目的目的。

唐代宮廷樂舞機構中，公孫大娘的〈劍器〉「瀏漓頓挫，獨出冠時」，表演的劍器舞藝高超，獨具特色，首屈一指。而裴旻不遑多讓，其劍舞與張旭的草書、吳道子的繪畫，被時人稱之為「開元三絕」。後人推測，公孫氏擅長的〈裴將軍滿堂勢〉，應是吸收裴旻劍舞的部分技巧而來。〔註106〕

天寶十三載（754年）進士喬潭的〈裴將軍劍舞賦〉描述的為羽林裴公獻戎捷於京師，於花萼樓置酒時表演之劍舞：〔註107〕

> 將軍以幽燕勁卒，耀武窮髮。俘海夷，虜山羯。左執律，右秉鉞。
>
> 振旅闐闐，獻功於魏闕。

描寫劍器舞的姿態氣勢，以及在場觀眾的宴樂情形。舞者可能是樂人，例如著名舞伎公孫大娘，亦有可能是軍旅之人。著軍裝，主要的道具是劍，除了在宮廷中演出外，軍中亦可見表演。〈裴將軍劍舞賦〉云：

> 翕然鷹揚，翼爾龍驤。鋒隨指顧，鍔應徊翔。取諸身而聳躍，上其
>
> 手以激昂。縱橫耀穎，左右交光。觀乎此之躍也，乍雄飛，俄虎吼。
>
> 搖轆轤，射斗牛。空中悍慓，不下將久。欻風落而雨來，累愜心而
>
> 應手。

〔註105〕 《史記·項羽本紀》：「范增起，出，召項莊，謂曰：『君王為人不忍。若入前為壽，壽畢，請以劍舞，因擊沛公於坐，殺之。不者，若屬皆且為所虜。』莊則入為壽，壽畢，曰：『君王與沛公飲，軍中無以為樂，請以劍舞。』項王曰：『諾。』項莊拔劍起舞。項伯亦拔劍起舞，常以身翼蔽沛公，莊不得擊。」〔漢〕司馬遷：《史記》，卷7，頁14～15。

〔註106〕 《明皇雜錄校勘記·逸文》：「開元中，有公孫大娘善舞劍舞，僧懷素見之，草書遂長，蓋壯其頓挫之勢也。」又云：「吳道元善畫，將軍裴閔請畫天宮寺壁，道元曰：『聞將軍善舞劍，願作氣以助揮毫。』閔欣然為舞一曲，道元看畢，奮筆立成，若有神助。」〔唐〕鄭處誨：《明皇雜錄》，頁4、8。

〔註107〕 「元和秋七月」，《英華》作「後元年秋九月」、《賦彙》作「後元年秋七月」、《文粹》作「元和秋九月」。

描寫舞劍時，配合著音樂節拍擊刺進退，神乎其技的跳躍動作，揉合雜技的
技巧表演：

> 度曲將終，發機尤捷。或連翩而七縱，或瞬息而三接。風生分蒨旆
> 禕禕，雷走分彤庭曄曄。陰明變見，靈怪離獵。將鬼神之無所遁逃，
> 豈蠻夷之不足震懾。

《獨異志》也記載：

> 左旋右抽，擲劍入雲，高數十丈，若電光下射。旻引手執鞘承之，
> 劍透空而下。觀者數千人，無不悚慄。〔註108〕

這種擲接兵器的技巧，在南北朝時屬於雜技表演。斐旻把這種雜技技巧揉合
於劍舞之中，遂使劍舞更為生動。

　　由於唐代樂舞盛行，多姿多彩、新奇絢麗的樂舞成為賦作創作的素材和
描述對象。一般而言，唐音樂賦文本較多是儒、道樂舞思想及歌功頌德之
詞，導致較不易從舞蹈賦的藝術角度去關注舞蹈活動。沈亞之的〈柘枝舞
賦〉，盧肇的〈湖南觀雙柘枝舞賦〉，闕名〈開元字舞賦〉等，描寫了唐代流
行或特殊的舞蹈。作品提及當時舞蹈文化的形象，描寫具體舞蹈項目，賦作
較有價值。

　　古代帝王常用興禮樂為手段以求達到尊卑有序、遠近和合的統治目的。
《禮記・樂記》云：「樂也者，情之不可變者也；禮也者，理之不可易者也。
樂統同，禮辨異。禮樂之說，管乎人情矣。」〔註109〕周代的「雅樂」經過歷
代社會的動盪，漸漸衰落且不斷散佚，至唐時之「雅樂」，最終因脫離現實、
不符合時代而日趨僵化。相對的，聲勢壯大並具有「兼容並蓄」時代特色的
大唐音樂，以強盛的國勢，對異域風情與宗教的包容，在傳統音樂的基礎上
不斷更新、博大，成為當代的主流音樂。唐代宮廷音樂教育以培養音樂技藝
超群的音樂表演者為教育目標，以樂人的培養和技術的傳授為主要內容，各
種不同曲目的教習與表演，其功能為為宮廷貴族享樂服務，體現藝術技術至
上的教育觀念。

〔註108〕〔唐〕李冗：《獨異志》，（臺北：藝文印書館《百部叢書集成》影印《稗海》
　　　　本），卷中，頁13。
〔註109〕《禮記正義》，卷38，頁684。

第三節　唐代音樂賦描繪之太常寺樂器

　　以音樂教育而言，樂器是重要的教學設備及器材，若教學機構中無法備有精良的樂器，技術高超的樂工也難以演出完美。周代樂器以金、石、絲、竹、匏、土、革、木八種材料，即所謂「八音」歸納樂器種類。《通典‧樂四‧八音》中，將前代流傳及唐代創新樂器也以八音分成八類。後世雅樂皆推崇周代樂器，朝代更迭，戰爭頻傳，用於帝王典禮演奏典雅莊重音樂之傳統樂器遭到破壞：

> 逮乎上皇云謝，戰國相滅。雄殺氣於五兵，崩禮容於八列。大樂之器，斯焉是缺。（達奚珣〈太常觀樂器賦〉）

剝極將復，物極必反，經過戰亂大唐一統，否極泰來，樂器種類更多，質地更好：

> 剝極則貴，天臨我皇。化東戶而咸若，歌〈南風〉而有光。觀奮豫而崇上帝，舞干戚而柔大荒。樂器成列，盈乎太常。（達奚珣〈太常觀樂器賦〉）

唐時的樂器有三百多種，〔註110〕較之周朝，種類更多元，演奏技術更精巧。唐帝國統治教化如傳說中的上古君主「東戶季子」〔註111〕，萬物皆能順其性，應其時，得其宜。製作歌頌本朝功德的音樂，殷薦之上帝，以配祖考。〔註112〕干戚之舞懷柔，安撫荒遠邊關地區。

　　唐代音樂文化在中國音樂史上具有輝煌燦爛之地位，尤其是外族音樂進入，更為傳統漢族樂器增添新血。唐賦不乏以太常樂器為主題的作品，例如達奚珣、呂指南同題之作〈太常觀樂器賦〉，敬括〈觀樂器賦〉，還有如薛收、虞世南同題之作〈琵琶賦〉，李百藥作〈笙賦〉，張仲素〈玉磬賦〉，李程〈匏賦〉，李德裕〈鼓吹賦〉，鄭希稷〈塤賦〉，闕名〈笛賦〉，闕名〈洞簫賦〉，闕

〔註110〕《樂府雜錄》：「至唐朝又減樂器至三百般。」〔唐〕段安節：《樂府雜錄》，一卷，頁18。楊蔭瀏在《中國古代音樂史稿》中認為「唐時樂器件數是作者所親身接觸，應該有相當的可靠性。」楊蔭瀏：《中國古代音樂史稿》，頁253。

〔註111〕《淮南子‧繆稱》：「昔東戶季子　之世，道路不拾遺，耒耜、餘糧宿諸畮首。」高誘注：「東戶季子，古之人君。」亦省稱「東戶」。《淮南子》，卷10，頁70。參閱何寧：《淮南子集釋》，（北京：中華書局，1998年）。

〔註112〕《易‧豫》：「象曰：雷出地奮，豫。先王以作樂崇德，殷薦之上帝，以配祖考。」《周易正義》（阮元刻《十三經注疏》本，臺北：藝文印書館，1976年），卷2，頁49。

名〈箜篌賦〉等等。內容除引用典故外，大都以展示宮廷音樂機構樂器品質精美、王室樂治氣度及觀樂、玩樂之人文雅才貌等，對唐帝國歌功頌德更是重要任務。

壹、設備精良的太常寺樂器

　　隨著經濟發展和音樂演奏的需要，唐代樂器製作水平也相應得到提高。太常寺為宮廷音樂教育機構，其演奏工具必定相當完備。觀「九、十部樂」中所用到的樂器，連同樂器的變異在內，約有五十多種。〔註113〕樂器的備全，令觀者讚嘆是必然之事：

　　　　明明國章，禮樂其康。掌在宗伯，司乎太常。所以納九土之器物，
　　　　崇百王之經教。（敬括〈觀樂器賦〉）

太常寺採用外來樂器，例如從西域傳來的樂器橫吹、羌笛、篳篥、羯等等，但中原樂器仍為音樂活動中的主體，大量陳列於太常寺。

　　富強國家所屬的宮廷音樂單位，樂器質地必定為上品，賦家用典故比喻樂器品質的精良：

　　　　瑟既稱趙，箏還號秦。伐修竹於嶰谷，來浮磬於泗濱。（呂指南〈太
　　　　常觀樂器賦〉）

　　　　或採孤篠於鄒魯，或收浮磬於泗濱。或斷彼金石，或制自陶鈞。被
　　　　諸大道，輝光日新。（達奚珣〈太常觀樂器賦〉）

不論是「趙瑟」、「秦箏」、「嶰谷之竹」、「汶陽孤篠」或「泗濱浮磬」在歷史上都曾占有一席之地。〔註114〕。此外，以樂官「鳧氏」〔註115〕比喻所製樂器

〔註113〕楊蔭瀏：《中國古代音樂史稿》，頁253。
〔註114〕《史記・廉頗藺相如列傳》云，戰國時澠池會上秦王要趙王鼓瑟，因這種樂器流行於趙國，故稱「趙瑟」。「秦箏」，古秦地的一種弦樂器。似瑟，傳為秦蒙恬所造，故名。「嶰谷」位崑崙山北谷名。〔漢〕司馬遷：《史記》，卷81，頁4。又《風俗通義・聲音》：「昔黃帝使伶倫自大夏之西，崑崙之陰，取竹於嶰谷，生其竅厚均者，斷兩節而吹之，以為黃鐘之管。」〔漢〕應劭：《風俗通義》，（臺北：藝文印書館《百部叢書集成》影印《兩京遺編》本），卷6，頁1。又，潘岳〈笙賦〉：「鄒魯之珍，有汶陽之孤篠焉。」孤篠即孤竹。〔梁〕蕭統：《文選》，卷18，頁21。《書・禹貢》：「泗濱浮磬。」孔穎達疏：「石在水旁，水中見石，似若水中浮然，此石可以為磬，故謂之浮磬也。」《尚書正義》，卷6，頁82。
〔註115〕「鳧氏」為官名，職掌作鐘之事。《周禮・鳧氏》：「鳧氏為鐘。」《周禮注疏》，卷40，頁617。

「鐘」的異強：

> 彼美聲奏，諒先得而聞焉。繽紛器物，復可令而觀也；絲竹畢備，
> 匏土俱陳。混季氏之八佾，擬炎人之六鈞。（呂指南〈太常觀樂器
> 賦〉）

有優秀的工匠，製作聲音美妙、種類繁盛的樂器。除音質精粹，樂器外觀雕
工精美，亦令人讚嘆：

> 樹羽紛纚，崇牙崱屴。玉管清通，瑤琴古色。朱絲疏越之制，雷鼓
> 靈鼉之飾。青笳闐列於軍容，畫角融怡於武力。（達奚珣〈太常觀樂
> 器賦〉）

> 錯龜龍以為飾，會雲霞而作章。垂鍾炫以清布，農瑟穆以高張。（敬
> 括〈觀樂器賦〉）

> 羽蟲畫之也，可以成鳳翩；鱗蟲刻之也，可以作龍脣。物以古兮不
> 可識，代雖殊兮亦可珍。豈直有斯而已哉。……蘊今古之殊號，被
> 丹青之異色。賁路鼖鼓，干戚羽旄；斑彬翕絶，巨萬盈億。文墨者
> 莫之而記，言談者罕之而識。（呂指南〈太常觀樂器賦〉）

樂器鑲嵌龜、龍等古人以為的靈物，[註116] 及彩雲一樣艷麗的圖案紋飾。玉
製的管樂器或玉裝飾的琴，色調古雅，層次清楚。琴的兩側雕刻鳥、蟲等動
物圖形。祭祀天神時所用八面鼓，以鼉龍之皮鞔鼓。[註117] 凄清的胡笳及傳
自西羌的軍中管樂器畫角，在其竹木或皮革表面有彩繪，在在顯示大唐樂器
雕琢之美。

貳、器樂演奏的效果

唐代樂器演奏方式有獨奏與合奏，或為舞蹈伴奏。獨奏以琵琶、羯鼓、
琴、笛等最受歡迎，也為唐音樂史留下許多著名的演奏家。[註118] 樂隊的合奏
表演也是重要任務，例如燕樂中所用大小樂器約有五十多種，其中琵琶、五弦
琵琶、箜篌、笛、篳篥、笙、羯鼓、拍板等，在樂隊中佔有重要地位。[註119]

[註116] 《禮記・禮運》：「何謂四靈？麟鳳龜龍，謂之四靈。」《禮記正義》，卷22，
　　　　頁436。

[註117] 《史記・李斯列傳》：「建翠鳳之旗，樹靈鼉之鼓。」〔漢〕司馬遷：《史記》，
　　　　卷87，頁4。

[註118] 柏紅秀：《唐代宮廷音樂文藝研究》，頁138。

[註119] 關也維：《唐代音樂史》，頁94。

各樂部音樂音律不盡相同，本各自演奏。玄宗天寶年間詔令「道調法曲與胡部新聲合奏」，各種新創制的樂舞，無論是以漢民族清商樂爲基礎，抑是融有西域各民族音樂的作品，皆能在同一樂隊中演奏。

　　大唐盛世是持開放的態度去欣賞不同地區、不同種族的藝術表現，也接受喜好「胡樂」，大量吸收「胡樂」的事實。中國儒家思想中「樂與政通」〔註120〕的理論，認爲藝術所表現的情感具有社會性，與政治息息相關。因此，文人仍認爲皇帝正式下詔將「道調法曲與胡部新聲合作」，破壞中原正統禮制，是不祥預兆，「蕃漢合奏」間接導致「安史之亂」造成家國動亂。賦家反思樂舞與社會、政治的關係而提出批判。在唐音樂賦中，強調合於禮法的樂舞，如春則琴瑟，夏則笙竽，季夏則鼓，秋則鐘，冬則磬也。這是依時令，合於禮的樂器演奏規則：〔註121〕

　　　　及夫金皋氣變，珠樓春始。煌煌帝庭，濟濟卿士。五樂具奏，八音
　　　　俱起。（呂指南〈太常觀樂器賦〉）

奏樂開始時擊柷，終止時敲敔。〔註122〕演出時有一定的規則：

　　　　堂庭別懸置之次，左右分文武之行。節柷敔以鼓動，流夏擊以抑揚。
　　　　遠而瞻，則金石絲竹雜之而殊狀；俯而察，則東西南北懸之而異方。
　　　　（敬括〈觀樂器賦〉）

柷、敔二者亦可不分終始，同用敲擊以不同的聲音高低而和樂。土木、鐘磬、絲竹等樂器，形象不同卻能樂調諧合。

　　　　故能頓應棘、張柷敔。猛獸赫怒而擎鐘，金人嵌巖以負簴。鸞笙在
　　　　目，疑琴髴於周王；鳳簫可吹，紛肸蠁於嬴女。（達奚珣〈太常觀樂
　　　　器賦〉）

擊小鼓，引樂聲。〔註123〕鸞笙、玉簫的樂聲隱約依稀瀰漫，聯綿不絕。

〔註120〕〈樂記〉云：「是故審聲以知音，審音以知樂，審樂以知政，而治道備矣。」《禮記注疏》，卷37，頁665。《史記・樂書》中也說：「是故治世之音安以樂，其政和；亂世之音怨以怒，其政乖；亡國之音哀以思，其民困。聲音之道，與政通矣。」〔漢〕司馬遷：《史記》，卷24，頁469。

〔註121〕《前漢書・郊祀志上》：「修五禮五樂。師古曰：『五禮，吉、凶、賓、軍、嘉也。五樂，謂春則琴瑟，夏則笙竽，季夏則鼓，秋則鐘，冬則磬也。五樂，尚書作五玉，今志亦有作五玉者。五玉即五瑞。』」〔漢〕班固：《前漢書》，卷25上，頁3。

〔註122〕《書・皋陶》：「下管鼗鼓，合止柷敔。」《尚書正義》，卷5，頁72。又《周禮・春官》：「小師掌教鼓鼗柷敔塤簫管弦歌。」《周禮注疏》，卷23，頁375。

況復天球曜逸，金銳蒙鴻。大簫清警，虛籟生風。（達奚珣〈太常觀
樂器賦〉）

玉磬〔註124〕、大簫的樂聲迷濛清新似天籟之音。唐時期敲擊樂器在音樂功能
表現上，異於早期鐘、鼓、磬之音樂社會宗教價值，而以不同的音色對比，
烘托具旋律性的弦管，朝向更豐富的聽覺需求與精神境界。

參、器樂歌功頌德的功用

由於賦體文學歌功頌德的特殊性，描寫太常寺樂器之賦作，重點不在於
樂器本身的製作或藝術價值，而是歌頌帝王明智，明察國之禮儀典章，興禮
節和音樂，以達到尊卑有序、遠近和合的統治目的。〔註125〕樂器的存在是宣
揚唐帝國的國威，是功成作樂與帝王聖德的產物：

且夫頌功乃作樂，因樂乃造器。樂盛而德崇，器存而樂備。樂爲和
物之所，器乃積聲之地。（敬括〈觀樂器賦〉）

樂器是爲歌頌帝王天威而製作，也是聖人達成仁治所假借的器物：

昔者聖人之作樂也，將以動天地，感鬼神。節風雅，導人倫。樂假
器而成用，器以樂而見珍。（達奚珣〈太常觀樂器賦〉）

不同於教坊與梨園的俗樂或享樂，太常寺在雅樂演奏的精神下，賦家賦予太
常寺的樂器莊嚴神聖的形象，在描寫樂器時，著重樂器象徵性的價值：

皆能協六律，暢八聲。合天地，交神明。調風雨以順序，布陰陽以
元亨。既粲然以盈目，蓋難得而縷名。（敬括〈觀樂器賦〉）

匪天子之明德，孰以成其眾美。總四夷而徵妙，越六代而高視。思
其鏗鍠嘈囋，清暢逶迤。五色成文而不亂，八風從律而不虧。窮高
遠而測深厚，故乃盡美而在斯。（達奚珣〈太常觀樂器賦〉）

以唐代的榮盛，縱向相對於「六代」，橫向傲視於「四夷」，若無天子的光明
之德，無法成就眾多美好的德行。

〔註123〕《周禮·春官》：「下管，播樂器，令奏鼓鼛。」鄭司農云：「先擊小鼓，乃擊
大鼓，小鼓爲大鼓先引，故曰鼛。」《周禮注疏》，卷23，頁375。

〔註124〕《書·顧命》：「大玉、夷玉、天球、河圖，在東序。」馬融曰：「球，玉磬。」
《尚書正義》，卷18，頁278。

〔註125〕〈樂記〉：「樂也者，情之不可變者也；禮也者，理之不可易者也。樂統同，
禮辨異。禮樂之說，管乎人情矣。」孔穎達疏：「樂主和同，則遠近皆合；禮
主恭敬，則貴賤有序。」《禮記正義》，卷38，頁15～16。

　　樂器是民族文化的重要部分之一，其種類繁多，獨具風格。隨著朝代的變遷，樂器也在不斷發展變化，各有千秋，不盡相同。而樂器與音樂一樣，反映著當時社會特定的文化背景。

　　唐代的樂器，不僅音樂功能表現上趨於完善，更因審美思維脫離早期宗教色彩，不再是圖騰藝術，而是表達內心感情的媒介。於是，聽樂、觀樂成為唐代音樂文化活動中重要形式之一。所演奏的樂曲，有流傳久遠的古曲，亦有當代所創之新聲。絲竹常鳴、聲繁響促。宮廷中的音樂活動繽紛，表演音樂藝術的同時，亦貫徹宣揚國威的精神。

　　從唐音樂賦中探求，樂器賦著重的焦點為太常寺雅樂樂器，較少看到賦文對教坊、梨園的器樂的評述。這與從唐代音樂詩裡很容易閱讀到以教坊、梨園音樂藝術為主體氛圍如環境描述、樂人演奏技巧讚嘆、樂曲詮釋描摹等等並不類似。探其原因，賦體文學在音樂功用方面，著重於政治功能與「雅樂」實踐，不以供君臣消遣享樂之樂曲表演為寫作的重點。鼓吹盛世太平、歌功頌德才是這些賦作主要的寫作目的。因此，以「俗樂」聲色技藝為主要學習訓練目標的教坊與梨園，在賦家的筆下便不是關注的焦點。賦家寫作思維與詩人寫音樂詩不同，呈現與現實音樂教育、實際音樂社會不完全相同的視角。

第四節　唐代音樂賦崇古之樂教思想

　　唐代的樂舞繽紛，音樂表現華麗，演奏技巧細膩。這與儒家「德成而上，藝成而下」，反對鄭聲「淫於色而害於德」，不利於治國安邦、教育民眾的說法並不一致。提倡宮廷雅樂者是站在政治統治者立場，〔註126〕如杜佑在《通典・樂序》中強調「古樂」，反對民間音樂、少數民族音樂及外國音樂。〔註127〕從大曆至大和年間，重教化的儒家思想再度抬頭，並屢以儒家樂教為命名作為朝廷試賦。朝廷中實際繁榮的是俗樂，而帝王建制雅樂或是宮廷文學作品中的雅樂觀，只是政治的作為。學子需以正面宣揚儒家統治思想並且

〔註126〕楊蔭瀏：《中國古代音樂史稿》，頁 268。
〔註127〕《通典・樂序》：「周衰政失，鄭衛是興；秦漢以還，古樂淪缺，代之所存，韶武而已。……而況古雅莫尚，胡樂荐臻，其聲怨思，其狀促遽，方之鄭衛，又何遠乎！」〔唐〕杜佑：《通典》，卷141，頁1。

對統治者歌功頌德，方能迎合君主的喜好。援引古事或古人的話來證明觀點是自古有之，用之於場屋，表現出作者的學識修養和見聞博大，才能於試場脫穎而出。

本節從唐賦推崇的先秦音樂教育制度、音樂教育目的、音樂教育機構、樂官、音樂教育內容、音樂教育對象等方向考察。

壹、唐賦崇尚先秦教育制度典範

中國的音樂，遠在上古虞、舜之世，就擔任推廣教育之使命，關於樂教的實施從《尚書·堯典》中可知：

> 帝曰：「夔，命汝典樂，教冑子。直而溫，寬而栗，剛而無虐，簡而
> 無傲，詩言志，歌永言，聲依永，律和聲；八音克諧，無相奪倫，
> 神人以和。」夔曰：「於！予擊石拊石，百獸率舞。」〔註128〕

「帝」是指舜帝。舜命夔規劃冑子的教育事宜之際即已成形「樂教」。這一段文字，包含古代音樂教育的線索：

（一）任命樂官：任夔掌典樂。此文獻記載中首位由帝王任命樂官的記錄。

（二）教育對象：冑子，謂天子及卿大夫等之長子。

（三）教育目標：達到人神和諧，社會與自然和諧共榮的局面及目的。

（四）行為目標：夔負責教導貴族子弟，提出「直而溫，寬而栗，剛而無虐，簡而無傲」之培育子弟音樂素養的具體目標，這是樂的教化功能。

（五）教育方法：以「詩教」為內容，詩、樂、舞三者結合。以「八音」石、金、絲、竹、匏、土、革、木等八類的樂器有條不紊演奏，「八音克諧無相奪倫」，產生美妙合諧、悅耳動聽的樂音。

《尚書》強調制樂所要達成的目的是「教化」，藉「聖人」虞舜，對「文之以五聲，播之以八音」〔註129〕的音樂給予極高評價及重要任務。舜指示夔，制樂者本於「直而溫、寬而栗、剛而無虐、簡而無傲」的心志，制定的音樂便能對自身德性要求，並使人民心性良善而美好。透過詩的表達與樂聲的調合，使神人相和諧，達到美善境界。與傳統詩教一樣，在培養下一代溫柔敦

〔註128〕《尚書正義》，卷3，頁46。
〔註129〕《周禮注疏》，卷22，頁341。

厚的品格及益臻善美的情操。

　　周代繼承前代傳統，《周禮・春官・宗伯》記載，制禮作樂完成，禮樂教育制度更趨完備而有系統，使音樂明確成為教育的中心。〔註130〕據《周禮》所記，「大司樂」掌管樂政及制定樂律，職責是「掌成均之法，以治建國之學政，而合國之子弟焉。」還說明周代設有樂官、樂師掌律呂或教樂器、歌唱及樂舞。「樂師掌國學之政，以教國子小舞……教樂儀，行以〈肆夏〉，趨以〈采薺〉。車亦如之，環拜以鐘鼓為節。」大師則「教六詩……以六德為之本，以六律為之音」〔註131〕。除貴族教育外，亦開始注重庶民教育，以大司徒「掌邦教」「以鄉三物教萬民而賓興之」「以六樂防萬民之情而教之和」。〔註132〕此時的音樂理論和音樂教育制度已建立。

　　東周時期禮樂崩壞，孔子序《書》、刪《詩》、定《禮》、正《樂》、贊《易》、修《春秋》而成六經，原先做為貴族養成教育的禮樂六藝之教，進而成為普遍教養民眾之教育內容。三代的禮樂之教經過孔子的刪訂選擇及其弟子的學習推廣，逐漸建立儒家落實理念的教育內涵。

　　唐代以「樂德教冑子」為命名作試賦，便是要考生以上古音樂為理想，倡導儒家音樂審美價值觀的核心。對音樂教育內容的論述，主要是依循《周禮・春官》的概念。〔註133〕觀其作品對唐當代的教育制度並無特別關注，而是對先秦時期的音樂制度有更多的鋪陳及描寫。

貳、唐賦描述之周代音樂教育機構

　　唐音樂賦文中鮮言教坊、梨園等唐代當朝的音樂教育機構，推崇的是周代的音樂機構。唐音樂賦中說：

　　　　事且符於米廩，義且暢於成均。（羅讓〈樂德教冑子賦〉）

〔註130〕《周禮・春官》記載：「大司樂，掌成均之灋，以治建國之學政，而合國之子弟焉。凡有道者，有德者，使教焉；死則以為樂祖，祭於瞽宗。」見《周禮注疏》，卷22，頁337。
〔註131〕見《周禮注疏》，卷23，頁350、354、356。
〔註132〕見《周禮・地官》，其中鄉三物一曰六德、二曰六行、三曰六藝。周禮所謂六藝指禮、樂、射、御、書、數。六樂則指〈雲門〉、〈咸池〉、〈大韶〉、〈大夏〉、〈大濩〉、〈大武〉等六代之樂。《周禮注疏》，卷10，頁160～161。
〔註133〕《周禮・春官》載：「以樂德教國子：中、和、祇、庸、孝、友，以樂語教國子：興、道、諷、誦、言、語；以樂舞教國子：舞〈雲門大卷〉、〈大咸〉、〈大磬〉、〈大夏〉、〈大濩〉、〈大武〉。」見《周禮注疏》，卷22，頁337～338。

由是命司樂之職，掌彼成均。（杜周士〈樂德教冑子賦〉）

豈不念終始而典樂，美教化於成均。（徐至〈樂德教冑子賦〉）

提及「米廩」及「成均」兩個教育機構。「米廩」爲周代魯國的學校，相傳起始於虞舜時代。〔註134〕陳澔集說：「魯所藏粢盛米之廩，即虞氏之庠，謂藏此米于學宮也，亦教孝之義。」〔註135〕是完成美善事業的教育機構。「成均」一解爲「成調」的意思：

是將崇德教，播成均。議道自己，建中於人。（劉積中〈樂德教冑子賦〉）

鄭司農說：「均，調也。樂師主調其音，大司樂主受此成事以調之樂玄謂。」孫詒讓《周禮正義》云：「樂之調謂之均。」劉師培云：「均字即韻字之古文，古代教民，口耳相傳，故重聲教。而以聲感人，莫善于樂。」〔註136〕「均」是弦樂器的調律器，引伸指音樂的調和。

「成均」另一解爲古代大學的名稱，含有調教學生使其成器的意思。《周禮‧春官》的「大司樂，掌成均之法」；《禮記‧文王世子》的「三而一有焉，乃進其等，以其序，謂之郊人，遠之，於成均，以及取爵於上尊也。」鄭玄注：「董仲舒曰：『五帝名大學曰成均。』」〔註137〕周天子在宮中設大學，分別爲辟雍、成均、上庠、東序、瞽宗。其中的「成均」爲學樂之所，由大司樂主管；「東序」多教授武舞，爲學干戈羽籥之所，由樂師主管。〔註138〕

「瞽宗」是殷商時音樂機構。唐賦云：

入於國學，習者由是知歸；祭於瞽宗，享者於焉報本。（李彥芳〈樂德教冑子賦〉）

〔註134〕 《禮記‧明堂位》：「米廩，有虞氏之庠也；序，夏后氏之序也；瞽宗，殷學也；頖宮，周學也。」《禮記正義》，卷31，頁582。

〔註135〕 同前註。

〔註136〕 見劉師培〈古政原始論‧學校原始論〉。劉師培：《劉申叔遺書》，（南京：江蘇古籍出版社，1997年），頁677。

〔註137〕 《禮記正義》，卷20，頁396。

〔註138〕 東序不以樂的名稱命名，但是《禮記‧文王世子》說：「凡學世子及學士，必時。春夏學干戈，秋冬學羽籥，皆於東序。小樂正學干，大胥贊之；籥師學戈，籥師丞贊之。胥鼓南。春誦夏弦，大師詔之；瞽宗秋學禮，執禮者詔之；冬讀書，典書者詔之。禮在瞽宗，書在上庠。凡祭與養老，乞言，合語之禮，皆小樂正詔之於東序。大樂正學舞干戚，語說，命乞言，皆大樂正授數，大司成論說在東序。」可見東序是學習舞蹈的地方，也與樂有直接的關係。《禮記正義》，卷20，頁392～393。

凡有德、有道者勝任教職，擔任樂官。沒則爲樂祖，祭於瞽宗，此學宮祀其能爲師者之證明，爲演禮習樂之所，由禮官主之。

我國古代教育是以音樂爲中心的，〔註139〕上古時代國子自幼接受音樂教育，尤重視樂德教育，以期收到廣博易良的效果。

參、唐音樂賦中之樂官典範

《尚書》以精簡的文字記載夔掌樂教的事蹟，夔爲舜時主持樂舞活動的人物，「典樂」是掌管音樂活動，以「樂」吟詠情志，以合乎音律之歌、樂、舞實施樂教。唐音樂賦中說：

> 匪鏗鏘而感物，咸敬順以親師。異齊國之聞於宣父，叶虞帝之命以后夔。（李彥芳〈樂德教胄子賦〉）

> 昔后夔所以推其典樂，虞舜所以稱其聖人。（徐至〈樂德教胄子賦〉）

> 所以舜命伯，伯讓夔。（劉積中〈樂德教胄子賦〉）

唐音樂賦論及祭祀、慶典、作樂、施樂、樂教的專職樂官時，「夔」常成爲用典時的典範人物：

> 唯聖有作，闡教命夔。乃知樂正雅頌，復在於明時。（呂牧〈子擊磬賦〉）

> 后夔爰至。三步既次。夾振躕躕，率百獸於厚地。諒人神之在和，何匏竹之足備。（石鎮〈洞庭張樂賦〉）

> 命夔典事，大制宮懸。鳴絲則文動，奏金則武宣。羽旄含其春露，干戚耀其秋天。（李子卿〈功成作樂賦〉）

後代相信音樂達到神人和諧的目的，雅樂制度從而建立，樂教從此步入規範，樂官「夔」功不可沒。

除了夔之外，周朝建立完整樂官制度。其中，「宗伯」爲六卿之一，掌宗廟祭祀等事。後亦稱禮部尚書爲大宗伯或宗伯，禮部侍郎爲少宗伯。《書・周官》：「宗伯掌邦禮，治神人，和上下。」〔註140〕《周禮・春官・宗伯》：「乃立春官宗伯，使帥其屬而掌邦禮，以佐王和邦國。」〔註141〕

唐音樂賦云：

〔註139〕徐復觀：《中國藝術精神》，（臺北：臺灣學生書局，1976年），頁1。
〔註140〕《尚書正義》，卷18，頁270。
〔註141〕《周禮注疏》，卷17，頁258。

命宗伯因四時之宜，教胄子以六代之舞。（闕名〈國子舞賦〉）

《周禮》中，國子六代之舞為「司樂」的職責。而宗伯為主禮之官，掌國祭事。當時把音樂看作是統治國家的重要工具，各種禮儀活動掌握著音樂教育和執行禮樂的功能。

「大司樂」為六卿之一，掌典禮，為樂官之長，以樂舞教國子：

由是命司樂之職，掌彼成均。（杜周士〈樂德教胄子賦〉

原其詔司樂，闢靈臺。選國中之胄子，集宇內之璝材。（劉積中〈樂
德教胄子賦〉）

其典出《周禮・春官》所云之「大司樂掌成均之法，以治建國之學政，而合國之子弟焉。」樂官除執行典禮音樂外，更肩負教育子弟音樂涵養的任務。唐音樂賦云：

先王法之以成教，樂正尊之以示睦。將磨琢於仁義，匪鏗鏘於匏竹。
（徐至〈樂德教胄子賦〉）

大司樂兼掌學政，亦稱大樂正，專教大學。師氏、保氏、樂師則專教小學：

罷鏗鏘於師氏，識明命於后夔。寧鼓篋而徒至，必摳衣以慎茲。（羅
讓〈樂德教胄子賦〉）

「師氏」職責為輔導王室，教育貴族子弟以及朝儀得失之事。例如鼓篋入學的儀式〔註142〕、摳衣恭敬迎趨時的動作等。〔註143〕此外，樂師「瞽矇」，也擔負音樂教育的責任：

矇瞽之士，純精所至。尤澹澹兮無營，浩紛紛兮縱肆。纖指敏手，
隨抑揚之虛滿；曲折等分，任吹噓而懿淳。（闕名〈洞簫賦〉）

瞽矇之士的描寫源於《周禮・春官》。〔註144〕劉師培認為：「商代之大學曰瞽宗，而周代則以瞽宗祀樂祖，蓋瞽以頌詩，詩以入樂，故瞽矇皆列樂官。」
〔註145〕

〔註142〕《禮記・學記》：「入學鼓篋，孫其業也。」鄭玄注：「鼓篋，擊鼓警眾，乃發
篋出所治經業也。」《禮記正義》，卷36，頁650。

〔註143〕《禮記・曲禮上》：「毋踐屨，毋踖席，摳衣趨隅，必慎唯諾。」《禮記正義》，
卷2，頁31。

〔註144〕《周禮・春官》云：「瞽矇掌播鼗、祝、敔、塤、簫、管、弦、歌。諷誦詩，
世奠繫，鼓琴瑟；掌九德六詩之歌，以役太師。」《周禮注疏》，卷23，頁
358。

〔註145〕劉師培：《劉申叔遺書》，頁677。

除此之外，商代的師涓、晉國的師曠、周王的師襄、魏國的師涓等，都是樂官。在唐音樂賦中常以之爲用典材料。而樂官教育的目的爲：

> 命樂官宣樂德之旨，教國子俾國人思服。施行而萬邦作乂，動蕩而群生茂育。(劉積中〈樂德教胄子賦〉)

屬於國學的禮樂教育，由春官宗伯掌管。成均由掌管大小學之禮官「大司樂」來主持。大司樂除掌管大學的總體事務，本身是精通樂舞的人員，還親自「教國子」。早期宮廷音樂教育，樂官除了各類祭祀禮儀樂舞活動，亦肩負音樂教育的責任。大司樂教育貴族子弟學習音樂並非從事表演，而是讓他們明白「禮樂」是一種有效的治國方式。

唐代對樂官要求嚴格，並有系統完整的考核制度。但賦家更推崇上古的樂官，先秦的樂官成爲唐音樂賦用典論述時的典範。

肆、唐音樂賦中音樂教育對象

唐音樂賦欲彰顯音樂制禮作樂的功能，重申音樂教育中包括音樂教育對象的概念，說明古代教育對象爲「胄子」：

> 國有學，家有塾。播樂德之文采，率胄子以化育。(鄭方〈樂德教胄子賦〉)

> 原其詔司樂，闢靈臺。選國中之胄子，集宇內之璵材。(劉積中〈樂德教胄子賦〉)

> 既垂法於國胄，亦布政於方族。四術允正，三明祗肅。所以明俊選之標表，所以致才賢之蘊育。(羅讓〈樂德教胄子賦〉)

> 命宗伯因四時之宜，教胄子以六代之舞。(闕名〈國子舞賦〉)

有關「胄」的解釋，一般有兩種說法：一以胄作「長」。孔傳云：「胄，長也，謂元子以下至卿大夫子弟。」孔穎達疏：「繼父世者，惟長子耳，故以胄爲長也。」屈萬里則云：「胄子，謂天子及卿大夫等之長子。」〔註146〕胄，古代帝王或貴族的後嗣。胄子，古代稱帝王或貴族的長子。

另一種說法，胄解作「育」，稚的意思。《史記・五帝本經》謂「教胄子」之「胄」字作「稺」。「教稚子」，認爲「育子，稚子也」。「育、胄古聲相近，作胄者假借字耳」。清代王引之《經義述聞・尚書上》謂「教胄子」進而解釋

〔註146〕屈萬里：《尚書今註今譯》，(臺北：臺灣商務，1969年)，頁18。

道：「育子，穉子也。育子，或作毓，通作鬻，又通作鞠……堯典之育子即豳風之鬻子。亦即康誥所謂兄亦不念鞠子哀……內則曰：十有三年學樂謂詩舞勺成童舞象。是入學習樂，在未冠之時。凡未冠者通謂之穉子。」〔註 147〕此乃以冑作「未冠」，即年幼者的解釋。

《說文解字》在解釋《詩・豳風》毛傳「教稚子」一詞時，引作「教育子」，以「冑」作為年幼未冠的解釋，做出了「稚者當養以正」的強調，〔註 148〕從「養以正」強調「稚子」。即人之「正」，無論是自發努力或教師引導，都是長期累積而養成，稚者以其年歲之幼及心志之未定，而有更多的可塑性。

闕名之〈國子舞賦〉，敘述古代教育對象為「國子」。《周禮・春官》云：「以樂舞教國子」。《漢書・禮樂志》：「朝夕習業，以教國子。國子者，卿大夫之子弟也。」〔註 149〕國子學習的內容為：

> 教舞勺之童，取諸鄉族。（杜周士〈樂德教冑子賦〉

其點出於《禮記・內則》：「十有三年，學樂，誦詩，舞〈勺〉。成童，舞〈象〉，學射御。」〔註 150〕這是古代兒童音樂教育，言教育家鄉氏族兒童學舞勺之文舞。羅讓云：

> 既垂法於國冑，亦布政於方族。四術允正，三明祗肅。所以明俊選
> 之標表，所以致才賢之蘊育。（羅讓〈樂德教冑子賦〉）

在上位者除對子弟進行嚴謹的音樂教育，亦從民間選拔人材，提昇至下層貴族的等級，與上層貴族子弟一同學習音樂，其目的是要使學子學習音樂之後，能夠利用音樂教化大眾，以音樂作為統制的手段，使人民不反抗，保持和平態度。〔註 151〕

唐代音樂的功能從修己治國、祭祀典禮，擴大為享樂宴會。為符合音樂

〔註 147〕 〔清〕王引之：《經義述聞》，（上海：上海古籍出版社《續修四庫叢書》據王氏京師本影印，1995 年），卷 3，頁 322～323。

〔註 148〕 《說文解字》云：「堯典今文尚書作冑子，考鄭注王制作冑注，周官大司樂作育，王肅注尚書作冑。蓋今文作育，古文作冑也。釋言曰：育，稚也。故史記作教稚子，邠風毛傳亦曰鬻子稚子也。稚者當養以正，二義實相因。」〔漢〕許慎撰，〔清〕段玉裁注：《說文解字注》，頁 751。

〔註 149〕 〔漢〕班固：《前漢書・禮樂志》，卷 22，頁 11。

〔註 150〕 《禮記正義》，卷 28，頁 538。

〔註 151〕 楊蔭瀏：《中國古代音樂史稿》，頁 35。

演奏需求，音樂教育普及，從王公貴族、文士、庶民百姓，音樂已然成爲生活的一部分。但這樣的享樂音樂，並不符合儒學者的期待。推崇先秦儒家的音樂思想，是唐音樂賦的一項特色。

伍、唐音樂賦中音樂教育內容

　　樂德與樂舞爲先秦音樂教育主要的內容，「制禮作樂」主張「發乎情，止乎禮義」的審美教育思想，提出「樂而不淫」、「哀而不傷」、「和而不流」、「怨而不怒」、「尙中貴和」等具體要求。以樂舞教國子，以六律、六同、五聲、八音、六舞，大合樂以致鬼神祇，以和邦國，以諧萬民，以安賓客，以說遠人，以作動物，這正是樂教人文精神之所在。周代國學及其教育內容見下表：

表 3-4-1　周代國學及其教育內容

	方　位	名　稱	樂　官	教學內容
大學	中	辟雍		
	東	東序	小樂正	春夏：教舞干。大胥贊之
			籥師	春夏：教舞戚。籥師丞贊之
			籥師	秋冬：教舞羽籥
			旄人	樂教。籥師鼓之
			小樂正	祭與養老，乞言，合語之禮
			大樂正	學舞干戚之容及合語之說與乞言之理
	西	瞽宗	大師	春誦、夏弦。
			執禮者	學禮
	南	成均	大司樂	樂德：中、和、祇、庸、孝、友
				樂語：興、道、諷、誦、言、語
				樂舞：雲門、咸、韶、夏、濩、武
	北	上庠	典書者	冬讀書

一、唐音樂賦崇尚樂德之教

（一）六德之教的重要

　　唐代試場上留存下來的〈樂德教冑子賦〉，推崇《周禮》中音樂教育的「六

德」來教導胄子：

> 樂垂六德，允接於生靈；人抱七情，於是乎修睦。（劉積中〈樂德教
> 胄子賦〉）

> 夫然，則樂之教也，義微而婉。以八音爲制，以六德爲本。（杜周士
> 〈樂德教胄子賦〉）

> 明明而六德是以，蕩蕩而群心有開。（李彥芳〈樂德教胄子賦〉）

六德爲中、和、祗、庸、孝、友，鄭玄注：「中，猶忠也；和，剛柔適也；祗，
敬；庸，有常也；善父母曰孝；善兄弟曰友。」以此爲音樂教育內容，將審
美判斷與思想判斷聯繫，藝術與道德相結合，這是儒家的一貫傳統，音樂賦
敍述時，亦按《周禮》所言這一貫的法則：

> 豈如中以理心，和而適分。敬居簡而可久，德有常而不紊。孝實天
> 經，友爲義訓。本其至也，可以瞋天地之情；引而伸之，可以暢雍
> 熙之運。（杜周士〈樂德教胄子賦〉）

> 示中和於前，俾行而不怠；尊祗庸於次，將守而不回。實克孝而克
> 友，必無間而無猜。（劉積中〈樂德教胄子賦〉）

> 且中者表得中而可尊，和者達至和而不紊。……然則祗者敬也，居
> 敬足以修身。彝者常也，守常而能化人。……然後告以孝友，俾其
> 師資；春秋則教，夙夜惟寅。……弘廣博易良，人胥效矣；美父母
> 兄弟，誰能間之。……匪鏗鏘而感物，咸敬順以親師。（李彥芳〈樂
> 德教胄子賦〉）

除《周禮》外，《呂氏春秋・先己》教民重德，「處不重席，食不貳味，
琴瑟不張，鐘鼓不修，子女不飭」〔註152〕，說明音樂行爲與「明人倫」的德
育內容有關，亦爲試賦敍述樂德有利的佐證：

> 觀德異賢愚之貫，序德同長幼之分。……惟彼樂之爲德，是彰教之
> 有倫。（鄭方〈樂德教胄子賦〉）

> 德者體中和而定剛柔，教者正情性而端耳目。……內無聲以是託，
> 表中庸以垂訓。在敬遜以務時，資端愨而待問。……在德教之術分，
> 以友敬爲儀，忠孝爲師。……俾行乎鄉黨，尊尊長長；俾立乎黌塾，
> 庸庸祗祗。（羅讓〈樂德教胄子賦〉）

〔註152〕呂不韋：《呂氏春秋》，卷3，頁7。

儒家認為作為「載道之器」的樂舞，關注的重點不在金、石、匏、竹，不是干、戚、羽、旄，必須思考音樂是否能為社會政治服務，因為社會、政治、道德方是樂舞審美的根本原則和標準：

> 悅之以道，寧假乎干戚羽旄；動之斯和，詎資乎匏土革木。（李彥芳〈樂德教冑子賦〉）

> 為德，是彰教之有倫。不在匏竹設，金石振。乃貴於祗庸備，孝友陳。（鄭方〈樂德教冑子賦〉）

樂教不只是單純從事音樂活動，同時具有文化功能，明確而實際的配合著政治社會之需要而運作。除「六德」之外，「四教」、「六詩」同為先秦儒家教育的重點：

> 立之以四教，道之以六詩。（劉積中〈樂德教冑子賦〉）

其典出《禮記・王制》〔註153〕，儒家傳授詩、書、禮、樂的四門學科及風、雅、頌、賦、比、興六詩的內容。唐賦云：

> 升學而在於春候，合射而戒於秋時。然則不教以中和，不能知樂；不教以博依，不能安詩。（鄭方〈樂德教冑子賦〉）

> 鳴絲則文動，奏金則武宣。羽旄含其春露，干戚耀其秋天。（李子卿〈功成作樂賦〉）

《禮記・文王世子》云：「春誦、夏弦。」鄭玄注：「誦，謂歌樂也；弦，謂以絲播詩。」孔穎達疏：「誦謂歌樂者，謂口誦歌樂之篇章，不以琴瑟歌也；云絃，謂以絲播詩者，謂以琴瑟播彼詩之音節，詩音則樂章也。」〔註154〕提醒在合宜的「時序」，教導不同的內容，實踐合宜的樂教。

（二）樂德教育實踐步驟

實踐「樂德」教育需循序漸進，依循教學步驟：

> 始先激其清濁，而後攻其節目。鼓篋之士，宣聲音以相和；挾杖之時，俾心志而思服。（鄭方〈樂德教冑子賦〉）

> 觀鼓篋請益，攝齊員來。嚴師尊道，至矣休哉。捧函丈之筵，無思不厭；聽撞鐘之問，有說必該。心不忘於翼翼，視有主於梅梅。審依仁即童蒙之求我，語成器如梓人之理材。且鼓舞鏗鏘，徒聞於物

〔註153〕《禮記・王制》：「樂正崇四術，立四教，順先王，詩、書、禮、樂以造士。春秋教以禮樂，冬夏教以詩書。」《禮記正義》，卷13，頁256。

〔註154〕《禮記正義》，卷20，頁393。

格；興道諷誦，亦資於釋回。（杜周士〈樂德教冑子賦〉）

擊鼓開篋是古時入學的一種儀式，依照學生的資質優劣，了解擅長能力，「擊鼓警眾，乃發篋出所治經業也。」〔註155〕講學者與聽講者坐席之間相距一丈，善待問者，叩之以小者則小鳴，叩之以大者則大鳴。小心謹慎，依照教學的內容及教學重點的不同，提供條理不紊的音樂教育階段性教育目標：

> 於以見易和之容，參於前也；中庸之德，夫何遠哉。……樂者樂也，
> 可以樂其孝友；德者得也，可以得其忠臣。……明誠之德可見，中
> 和之樂在茲。（徐至〈樂德教冑子賦〉）

樂德之教體現在音樂實施行為過程中，當審美活動為社會性活動時，便會受到社會政治和道德的影響。

孔子推崇「中和平正」的審美觀，即「中庸」、「尚中貴和」、「和而不同」。「溫柔敦厚」，此詩教也。「廣博良易」，此樂教也。所以春秋時期的「心平德和」的音樂教育思想，透過孔子「中和平正」的審美觀及「有教無類」的樂教舉措，直至隋唐時期的禮樂教育思想，均體現「樂」與「德」的相依關係，強調音樂教育不僅用來滿足感官享受，更應貫徹音樂的道德教育功能，成就為人處世之道和良好的生活態度。貫徹以德為美的教育目標，在政治上必得到歌頌及讚美：

> 今國家德教綏於九有，禮樂達乎四維。樸素遠符於軒氏，和樂方軼
> 於周詩。多士濟濟，百寮師師。明誠之德可見，中和之樂在茲。自
> 君臣達乎父子，性成也何莫由之。（徐至〈樂德教冑子賦〉）

> 方今政舉道光，文修武偃。播崇德為宣風之始，訓國子為化人之本。
> 忝承教之在躬，庶聲名之不遠。（劉積中〈樂德教冑子賦〉）

從音樂賦作中音樂的審美過程來看，音樂教育的目的，在宣揚儒學「樂德」之教。不僅表現「德」之內容為美，並且在音樂活動中把以德為美的審美意識轉化為審美的情感體驗。

二、唐音樂賦崇尚先秦樂舞之教

周代的教育體系完善，在國家教育制度方面，採行禮樂並進的雙向教學，負責教授貴族子弟以六律、六同、五聲、八音、六舞等專門的音樂舞蹈，樂舞為禮樂之教主要的教學內容。

〔註155〕《禮記·學記》：「入學鼓篋，孫其業也。」鄭玄注：「鼓篋，擊鼓警眾，乃發篋出所治經業也。」《禮記正義》，卷36，頁650。

（一）六代之舞的內容

六代之舞，初見於《周禮》，其後，諸家說法不一，或有增減，或有異名。〔註156〕一般說法爲〈雲門〉、〈咸池〉、〈大韶〉、〈大夏〉、〈大濩〉、〈大武〉。此六舞又可稱大舞，內容爲頌揚不同時期的最高統制者，是古代雅樂的理想典範。

〈雲門〉相傳爲黃帝時期祭天神的樂舞，又名〈雲門大卷〉，以天上祥瑞的雲作爲圖騰，內容是說黃帝教民稼種，廣愛民眾，歌頌黃帝的功績。唐音樂賦中，如李子卿〈功成作樂賦〉、張復元〈太清宮觀紫極舞賦〉、蔣防〈舜歌南風賦〉、李瓘〈樂九成賦〉、盧肇〈湖南觀雙柘枝舞賦〉、平洌〈開元字舞賦〉、沈朗〈霓裳羽衣曲賦〉等等，文中均以〈雲門〉爲典，用以表示歌頌功績之意。

「咸池」是天上西宮的星名，〔註157〕〈咸池〉之樂用以祭地神。《周禮·春官》鄭康成注：「〈咸池〉，黃帝所作樂名也，堯增修而用之。」〔註158〕〈咸池〉即是說堯廣施德行。如闕名〈開元字舞賦〉、盧肇〈湖南觀雙柘枝舞賦〉、李瓘〈樂九成賦〉、李子卿〈功成作樂賦〉、王太貞〈鍾期聽琴賦〉、黃滔〈漢宮人誦洞簫賦賦〉、李程〈匏賦〉、邵軫〈雲韶樂賦〉、闕名的〈吳公子聽樂觀風賦〉等等，文中以〈咸池〉爲典，以喻君王廣施德政。

舜樂〈大韶〉，又稱〈韶簫〉，唐音樂賦中，如周存〈太常新復樂懸冬至日薦之圜丘賦〉、李程〈匏賦〉、闕名〈泗濱浮磬賦〉、李程〈大和樂賦〉、李子卿〈作樂崇德賦〉、李程的〈太常釋奠觀古樂賦〉、呂指南〈太常觀樂器賦〉、盧肇〈湖南觀雙柘枝舞賦〉、李百藥〈笙賦〉、許堯佐〈壎箎相須賦〉、謝觀〈琴瑟合奏賦〉、張德昇〈聲賦〉、獨孤申叔〈審樂知政賦〉、王起〈焦桐入聽賦〉、裴度〈簫韶九成賦〉、陸復禮及裴度的〈鈞天樂賦〉、王棨〈黃鐘宮爲律本賦〉、沈朗〈霓裳羽衣曲賦〉等等，文中以〈韶〉爲典，用以表示盡善盡美之意。

禹樂〈大夏〉，亦稱〈夏簫〉，因以竹、葦製成類似排簫的編管樂器「簫」爲伴奏樂器而名之，祭山川。歌頌禹「疏三江五湖，注之東海，以利黔首」，

〔註156〕 有關史料散見於《墨子·三辯》、《呂氏春秋·仲夏紀》、《禮記·樂記》、《周禮·春官》、《通典》等著作中。

〔註157〕 《史記·天官書》：「西宮咸池」。〔漢〕司馬遷：《史記》，卷27，頁10。

〔註158〕 《周禮注疏》，卷22，頁338。〈樂記〉：「〈咸池〉，備矣。」鄭玄注：「黃帝所作樂名也，堯增脩而用之。」《禮記正義》，卷38，頁677。

目的是「以昭其功」〔註159〕。唐音樂賦中，如盧肇〈湖南觀雙柘枝舞賦〉、李子卿〈功成作樂賦〉、闕名〈國子舞賦〉、許堯佐〈壎篪相須賦〉等等，文中以〈夏〉爲典，表示懷念禹布土治水，使中土廣大之意。

湯樂〈大濩〉，又作〈護〉〔註160〕，祭先妣。唐音樂賦中，如闕名〈開元字舞賦〉、李程〈大和樂賦〉、陳庶〈聞韶賦〉、王棨〈黃鐘宮爲律本賦〉、李程〈太常釋奠觀古樂賦〉、呂指南〈太常觀樂器賦〉、闕名〈作樂崇德賦〉、闕名〈泗濱浮磬賦〉等等，文中以〈濩〉爲典，用以表示寬厚治民、安土護民之意。

〈大武〉，祭先祖，敘述周武王伐紂的事蹟。〈大武〉使用「干戚」道具，顯示戰爭殺戮氛圍，且武王以臣伐君，是不合於禮的行爲，而受《論語‧八佾》「武，盡美矣，未盡善也」的批評。唐音樂賦中，如闕名〈功成作樂賦〉、李程〈匏賦〉、李百藥〈笙賦〉、陳庶〈聞韶賦〉、陸復禮〈鈞天樂賦〉等等，文中以〈武〉爲典，用以表示武功強盛之意。

武王伐紂，建立周朝，命周公制禮作樂，因襲夏、商，建立周王朝的禮樂制度，形成六代樂舞，〔註161〕爲綜合詩、歌、舞、樂於一體而成的規模宏大的典禮音樂，作爲一種統治手段及禮樂教化貴族子弟的工具，成爲儒家奉行的典範。用於宮廷，則爲重大場合用以歌功頌德的大型樂舞。

（二）六代之舞的功能及成效

闕名〈國子舞賦〉旨在說明教授貴族子弟樂舞知識的重要性和意義，並以「六代之舞」作爲音樂教育的內容：

> 天子斂賢才之地，合禮樂之府。命宗伯因四時之宜，教冑子以六代之舞。惟德是務，以和爲主。僉左手以執籥，就前軒以樹羽。（闕名

〔註159〕 《呂氏春秋‧古樂》：「疏三江五湖，注之東海，以利黔首。於是命皋陶作爲夏籥九成以昭其功。」《呂氏春秋》，卷5，頁10。

〔註160〕 《墨子‧三辯》作〈護〉，《呂氏春秋》作〈大護〉，相傳商湯伐桀之後，命伊尹作〈大護〉，以記功。又《左傳‧襄公二十九年》：「見舞《韶濩》者。」杜預注：「殷湯樂。」孔穎達疏：「以其防濩下民，故稱濩也」。《春秋左傳正義》，（阮元刻《十三經注疏》本，臺北：藝文印書館，1976年），卷39，頁672。

〔註161〕 《周禮‧春官‧宗伯》云：「以樂舞教國子，舞〈雲門〉、〈大卷〉、〈大咸〉、〈大磬〉、〈大夏〉、〈大濩〉、〈大武〉。」《周禮注疏》，卷23，頁337～338。《莊子‧天下》言：「黃帝有〈咸池〉，堯有〈大章〉，舜有〈大韶〉，禹有〈大夏〉，湯有〈大濩〉，文王有辟雍之樂，武王、周公作〈武〉。」〔晉〕郭象注：《莊子》，卷10，頁570～571。

〈國子舞賦〉）

六代舞，又稱為「六樂」，是文、武舞集大成之作。除祭祀功能，更重要的為教育功能，有鞏固宗法社會的政治目的：

> 鄙銘功於彝器，思播德於樂文。由是播〈大章〉、〈大夏〉，表克長克君。美〈韶〉者舜，慚〈濩〉惟殷。未足方其至美，而且讓其樂云。
>
> （李子卿〈作樂崇德賦〉）

文舞展現禮儀，以德服天下，所謂「文以昭德」。武舞顯示力量，表示武力強盛，所謂「武以象功」：

> 文德溫恭，則羽籥在歸根之時；武士發揚，則干戈居孳萌之後。（闕名〈國子舞賦〉）

樂舞是從文、武兩個方面來宣導做人理想。以樂舞教導國子的過程為：

> 方將發揮五禮，張皇六詩。忽投步而赴節，乍整容而自持。雖鏘鏘與濟濟，必庸庸以祇祇。

依公、侯、伯、子、男五等諸侯朝聘之禮，教六詩，〔註162〕舉步應和著節拍，整肅儀容，自我克制。以眾多而整齊的金石之聲，貫徹恭敬倫常的禮樂效果，達到制禮作樂的目的。

《禮記・內則》曾規定：

> 十有三年，學樂，誦詩，舞〈勺〉，成童舞〈象〉。二十而冠，始學禮，可以衣裘帛，舞〈大夏〉。〔註163〕

即從十三歲開始，要逐漸學習各種樂舞，二十歲左右要全面掌握各種樂舞禮儀：

> 且樂以平其心，舞以發其貌。故無小無大，是則是傚。宜合國之子弟，實教人於忠孝。……手之舞之，有小有大。成童舞〈象〉，弱冠舞〈夏〉。（闕名〈國子舞賦〉）
>
> 王者垂訓導於門子，戒驕盈於代祿。屬師嚴以成教誨，敷樂德而宣化育。（李彥芳〈樂德教冑子賦〉）

〔註162〕《周禮・大師》：「教六詩：曰風，曰賦，曰比，曰興，曰雅，曰頌。」鄭玄注：「風言賢聖治道之遺化也。賦之言鋪，直鋪陳今之政教善惡。比，見今之失，不敢斥言，取比類以言之。興，見今之美，嫌於媚諛，取善事以喻勸之。雅，正也，言今之正者，以為後世法。頌之言誦也，容也，誦今之德，廣以美之。」《周禮注疏》，卷23，頁356。

〔註163〕《禮記正義》，卷28，頁538。

音樂學習的內容，有音樂美學理論、演唱藝術和舞蹈藝術。無論身體動作，音樂曲調和詞意表達，都具社會倫理道德的規範作用，完善內在修養，以自覺遵守社會秩序。以「六代之舞」經典教材為學習內容，提高樂德、樂語、樂舞能力，而成為國家棟梁，最終達到治國安邦的目的。

　　總而言之，唐代的音樂教育機構為太常寺、教坊、梨園等，這些機構備有精良的樂器，定有明確的教學評量標準。教育對象為歌舞藝伎，教學方式主要為師承關係，教學內容為各歌、舞、器樂的技巧及曲目，音樂教育的功能為祭祀及宴饗，學習目標著重於演奏技術的精進，音樂教育的目標在培育優秀的表演人才。

　　賦家從理論、創作及實踐上審視音樂思想與教育作用，強調周代雅樂、禮樂相輔、移風易俗等藉以讚頌帝功。賦作或為科試之作，或為唱和應答，或是奉旨應制之舉，著重的是對傳統儒家樂教理想的實踐，在一定程度上展現當時上層社會的音樂文化理想。

　　不同時代的「雅樂」理論者，常是反對當代現實社會的音樂，追求渺茫的遠古時代。俗樂發達的唐代亦是如此，在音樂論理上追隨著遙遠的周代，相信「禮樂」之所以可安國和政、教化民風、理順民心，乃是因為其中忠、孝、仁、義、信的古代中國道德精神及人本主義理念，強調音樂「樂教」作用。在作品中描述宮廷設有專門領導最高音樂教育機構的樂官「大司樂」，制定體現音樂表演制度的「成均之法」。在音樂教育方面，教育機構培育的對象為稱為「國子」的王侯及公卿大夫們的子弟，也有民間選拔出來的青年。使音樂能發揮出治理國家、輔佐朝政的政治作用。

第四章　唐代音樂賦敘寫之道家音樂思想

　　道家音樂思想，把音樂美學與音樂社會學的論證，提升爲情感藝術能否闡明、契合天道的精神內涵。從道家的發展階段看，有先秦「老莊」道家、秦漢「黃老」道家、魏晉「玄學」道家。魏晉以後，道家被道教取而代之。道、儒、釋在唐代並稱三教，〔註1〕儒教指的是孔子創立的儒家學派；道教指的是宗教，但又與道家學說緊密相繫；釋是宗教，即佛教。三教於唐代代表三種不同哲學思想體系。

　　道教以神仙信仰爲核心，教義上融攝先秦道家哲學思想，音樂上呈現出虛無空靈之象，即《老子》所說的「道之爲物，惟恍惟惚」〔註2〕，提倡精神層面樸實自然的音樂欣賞。李唐與道教教主太上老君李耳同姓，李姓皇室出於政治需要，自認爲老子之後。〔註3〕皇權神授的理論，是唐政權得以建立的意識形態基礎。《舊唐書・玄宗紀》：「開元二十一年春正月庚子朔，制：令士庶家藏《老子》一本，每年貢舉人，量減《尚書》《論語》兩條策，加《老子》策。」〔註4〕玄宗親爲注解，〔註5〕又令天下應修官齋各州造立石台，刊勒經

〔註1〕　《道家金石略》云：「道儒釋者，代謂三教。」陳垣編纂：《道家金石略》，（北京：文物出版社，1998年），頁171。

〔註2〕　《老子道德經》，（臺北：藝文印書館《百部叢書集成》影印《聚珍版叢書》本），上篇，21章，頁21。

〔註3〕　《封氏聞見記・道教》：「以李氏出自老君，故崇道教。」〔唐〕封演：《封氏聞見記》，（臺北：藝文印書館《百部叢書集成》影印《畿輔叢書》本），卷1，頁1。

〔註4〕　〔後晉〕劉昫：《舊唐書》，卷8，頁128。

注。於是，道教被奉爲國教，道家的思想普遍爲唐人所接受，〔註6〕唐代音樂因之融合了道教音樂的風格與內容。賦家鋪寫音樂相關主題時，與道家傳統思想有何繼承的脈絡？文本對道家音樂思想關注之重點爲何？賦作內容對唐當代道教樂舞如何描述？藉以探究唐音樂賦敘述之道家思想內容及敘寫之特色。

第一節　道家音樂思想發展

　　道家音樂思想從《老子》和《莊子》的哲學思想發展而來，對於藝術，沒有意欲，也不以某種具體藝術作爲追求對象，道家追求的最高境界就是「道」，是藝術精神的自覺。〔註7〕

壹、先秦道家音樂思想發展

　　《老子》，亦稱《道德經》，爲道家主要的經典。認爲「道可道，非常道；名可名，非常名。」「道」是先天地而生，是萬物之母。空間是無限的，包括音樂在內的萬物，生於「有」，「有」生於「無」。當道處於「無」的狀態，是道的本身，因此是至善至美的；當進入「有」的狀態，成爲具體的「物」，稱之「道之華」，是道的顯現，再不像道本身那樣完美無缺。〔註8〕

　　「道」根本特徵是「無爲」，一切人爲的東西在某種程度上都是違背自然的。在音樂上，認爲「大音希聲，大象無形」，作爲「道」的音樂是無須藉助聲音顯現的。否定五音，認爲「五音令人耳聾」。而「樂與餌，過客止。道之出口，淡乎其無味，視之不足見，聽之不足聞」，告誡人們要遠離五色、五音、五味。崇尚無欲，少思寡欲以順應道之自然，順乎於道之美。《老子》的「淡兮無其味」、「大音希聲」與「音聲相和」，其「淡」與儒家的「和」相結合，形成了「淡和」的觀點，肯定無聲之樂永恆之美，強調弦外之音的重要性，〔註9〕成了中國古琴音樂的重要審美品格。遵循《老子》的觀點，任何事

〔註5〕　〈唐玄宗御注道德眞經〉與〈唐玄宗御制道德眞經疏〉，玄宗親自作注，頒佈天下。

〔註6〕　武德八年（625年），李淵在國學釋奠的聖典上，鄭重宣布道先、儒次、釋後的三教排名。見〔宋〕王溥：《唐會要》，卷50，頁1。

〔註7〕　徐復觀：《中國藝術精神》，頁50。

〔註8〕　蔣孔陽：《先秦音樂美學思想論稿》，（北京：人民文學出版社，1986年），頁118。

〔註9〕　詳見《老子道德經》，2章、41章、12章、35章。

物均有自己的本性，並合乎自己本性的存在。

　　戰國中期後，道家內部崛起了兩大學派：一爲南方楚道家莊子學派；另一爲北方齊道家稷下黃老學派。莊學與黃老學各自建立氣化論來補充《老子》的道論，並將形上之道落實到人心，從而建立戰國道家的心學。〔註 10〕莊子開創藝術境界的「內聖」之學，黃老道家則繼承老學經世致用的傳統，由治身而治國。

　　莊子（約前 369 年～前 26 年）思想記錄在《莊子》〔註 11〕中。其音樂思想主要爲「法天貴眞」，崇尚自然的音樂。《莊子》把音樂分爲「人籟」、「地籟」、「天籟」三種。唯有「天籟」，才是眾竅自鳴、完全自然自發、完全自由的至樂，故「昭氏之不鼓琴」而聲全。此外，「無聽之以耳，而聽之以心」之「心齋」；「同於大道」之「坐忘」；「視乎冥冥，聽乎無聲」，故「無聲之中獨聞和焉」；而「帝張〈咸池〉之樂」、「中純實而反乎情，樂也」，認爲「擢亂六律，鑠絕竽瑟，塞瞽曠之耳，而天下始人含其聰矣。」〔註 12〕其音樂美學思想主要爲「推崇自然之樂」、「批判儒家禮樂」、「倡導適性之樂」。〔註 13〕超脫物質羈絆、帶有神秘、虛無主義色彩之辯證美學觀。

　　《列子》〔註 14〕是晉人張湛自編自注，以傳說故事爲其形式，用以張揚玄學思想的著作，含道家思想意蘊。其所僞託的作者爲戰國時之列禦寇，《莊子》、《呂氏春秋》有一些關於列禦寇的傳說。〔註 15〕列子修道後能御風而行，〔註 16〕唐玄宗天寶年間詔封爲「沖虛眞人」。但《漢書・藝文志》所著錄

〔註 10〕　參看陳鼓應：〈《管子》四篇的心學和氣論〉，刊在《國立臺灣大學哲學論評》，第 22 期（1999 年），頁 173～186。

〔註 11〕　本文採用臺北藝文印書館 2007 年出版之郭象注《莊子》，並參閱〔清〕郭慶藩，王孝魚點校：《莊子集釋》，（北京：中華書局，1985 年）。

〔註 12〕　詳見《莊子》之〈人世間〉、〈大宗師〉、〈天地〉、〈天運〉、〈繕性〉等篇。此外，〈駢拇〉、〈馬蹄〉、〈胠篋〉、〈秋水〉、〈至樂〉、〈山木〉、〈讓王〉等篇亦記錄了莊子的音樂思想。

〔註 13〕　蔡仲德：《中國音樂美學史資料註譯》，（北京：人民音樂出版社，2007 年），頁 124～125。

〔註 14〕　本文《列子》採用臺北藝文印書館 1971 年《無求備齋列子集成》影印《正統道藏》本。參用楊伯峻：《列子集釋》，（北京：中華書局，1985 年）。

〔註 15〕　如《莊子・應帝王》有關於列子的敘述，言列子：「盡其所受乎天，而无見得，亦虛而已。」〔晉〕郭象注：《莊子》，卷 3，頁 23。《呂氏春秋・不二》云：「子列子貴虛。」《呂氏春秋》，卷 17，頁 17。

〔註 16〕　《莊子・逍遙遊》說：「列子御風而行，泠然善也，旬有五日而後反。」〔晉〕郭象注：《莊子》，卷 1，頁 5。

《列子》八篇已佚，認為今傳本為偽書。〔註17〕

〈湯問〉篇「師文從師襄習琴」的故事，認為「內不得於心，外不應於器」，說明器樂演奏心、手與弦之間的關係，「得心應手」方能極聲音之能，產生神效，影響後世古琴音樂美學思想。伯牙、子期的故事，是流傳後世「千古知音」的佳話。「伯牙所念，鍾子期必得之」且「窮其趣」，討論到演奏者的修養、欣賞者之悟性、音樂想像力與鑑賞力。

《管子》〔註18〕一書為法家重要學說，其他各家思想散見其中。黃老思想以〈心術上〉、〈心術下〉、〈白心〉、〈內業〉四篇為代表，闡發道家人君南面術的說法。〔註19〕戰國晚期流行的陰陽五行思想，於〈幼官〉、〈四時〉、〈五行〉、〈輕重己〉等篇可探出線索。音樂思想上認為人性正平，本無喜怒哀樂。喜怒哀樂使本性喪失，為恢復本性，需要節制情慾。而五聲五行調和了，人與天亦調和，天地之美生。此外，鄒衍五德終始之說，其陰陽與五行思想合流於《管子》，這與齊湣稱帝之時代背景有關，對陰陽五行世界圖式有重大發展。〔註20〕

《呂氏春秋》以道家的「道德」為宗旨，以老子的「無為」為綱紀，並兼採陰陽、儒墨、名法、兵農諸家學說貫通而成的一部晚周著作。〔註21〕以老子精神融會百家精華而試著建構天人之學與治身、治國之經世理念。一方面，它是先秦時代思想的總結者；另方面，所建構陰陽五行世界圖式，滲透至漢代各學派、各思想領域。〔註22〕

《呂氏春秋》有〈大樂〉、〈侈樂〉、〈適音〉、〈古樂〉、〈音律〉、〈音初〉、〈制樂〉等篇論樂。音樂思想上如〈大樂〉論樂之起源，提出「太一生成

〔註17〕《漢書・藝文志》著錄《列子》八篇，注曰：「名圄寇，先莊子，莊子稱之。」〔漢〕班固：《前漢書》，卷30，頁25。

〔註18〕本文《管子》採用〔唐〕房玄齡注，臺北臺灣商務印書館1975年《四部叢刊》初編縮本。並參用郭沫若、許維遹：《管子集校》，（香港：龍門書店，1973年）。

〔註19〕張舜徽：《周秦道論發微》，（臺北：木鐸出版社，1988年），頁1。

〔註20〕參看白奚：《稷下學研究》，〈管子中的陰陽五行思想〉，（北京：三聯書店，1998年），頁234～247。

〔註21〕牟鐘鑒謂：「《呂氏春秋》是以老莊的天道觀為基礎，將陰陽、儒、墨等移植其上，從而形成自己的哲學理論。」牟鐘鑒：《呂氏春秋與淮南子思想研究》，（濟南：齊魯出版社，1987年），頁34。

〔註22〕陳鼓應：〈從《呂氏春秋》到《淮南子》論道家在秦漢哲學史上的地位〉，《文史哲學報》，第52期（2000年6月），頁41～92。

說」，且「凡樂，天地之和，陰陽之調也。」將樂提昇到與天地和同的境界；〈先己〉云「樂備君樂而百官已治矣，萬民已利矣」，憧憬著「無為」之治的美好情景；〈古樂〉作歷史的追溯與繼承，論述三皇五帝至殷周樂舞之由來，並賦予陰陽之義；〈音律〉提及「大聖至理之世，天地之氣，合而生風，日至則月鍾其風，以生十二律」、「天地之風氣正，則十二律生矣」等等，說明音樂本是天地、自然的產生。〈音律〉言音律相生之理，屬道家吸收樂家理論之作。

《呂氏春秋》融會老、莊及子華子學說〔註23〕，而歸本於黃老〔註24〕。以道家「黃老」為主體，兼採眾說時，陰陽家學說在其體系中更見重要性。並以陰陽五行學說帶入道家音樂思想，影響漢以後道家的音樂思想。

貳、兩漢道家音樂思想發展

漢初政治是以黃老學派為代表的道家思想為主，黃老學的主流是帝王南面之術和陰陽五行思想，也包含神仙思想。以「清靜無為而民自定」為方針治國，百姓安寧，國家大治。道家思想的政治高峰出現在漢文帝（前 180 年～前 157 年在位）、景帝（前 157 年～前 141 年在位）兩朝時期，史稱「文景之治」。將漢朝從「自天子不能具均駟，而將相或乘牛車」，發展到「京師之錢累鉅萬，貫朽而不可校。大倉之粟陳陳相因，充溢露積於外，至腐敗不可食。眾庶街巷有馬，阡陌之間成羣。」〔註25〕至漢武帝（前 141 年～前 87 年在位）表彰六經，獨尊儒家後，道家思想逐漸沒落。黃老學和方仙道初步結合，方士以黃帝附會神仙學說，逐漸將神仙學與黃老學結合在一起，言神仙者托名黃帝，從政治上的黃老學說逐漸演變成宗教的黃老信仰，成了道教的前身。東漢桓帝時（147 年～167 年在位），黃老道的名稱正式見於史籍，〔註26〕此時，黃老已成為宗教信仰的名稱。〔註27〕

〔註23〕 子華子學說曾見於《莊子·讓王》，說他反對「愁身傷生」，主重生，當屬楊朱一派，《呂氏春秋》保存了不少子華子學說，見於該書〈貴己〉、〈誣徒〉、〈知度〉、〈明理〉、〈審為〉等篇。

〔註24〕 見王范之：《呂氏春秋研究》，（呼和浩特：內蒙古大學出版社，1993 年），頁 3。據王范之先生的考查，《呂》書徵引道家之言，「從老子到詹何，一共是十一家」，並認為它歸本於黃老。

〔註25〕 〔漢〕司馬遷：《史記》，卷 30，頁 562～563。

〔註26〕 《後漢書·王渙傳》：「延熹中，桓帝事黃老道，悉毀諸房祀。」〔劉宋〕范曄：《後漢書》，（臺北：藝文印書館影印武英殿本），卷 76，頁 11。

漢興，久戰民憊的政局需道家思想來休養生息，淮南王劉安（前 179 年～前 122 年）以黃老爲本編纂《淮南子》〔註 28〕。由道家哲學的角度解釋經書，引《易》加以深論，〔註 29〕以「道」爲哲學體系最高範疇。其道論基本上依循著《老子》的哲學概念，以賦體詞藻及莊子的浪漫文風鋪陳出來。〔註 30〕而劉安「好讀書鼓琴」，〔註 31〕其書音樂思想豐富，認爲「無音者，聲之大宗也」，「能至於無樂者則無不樂，無不樂則至極樂矣」；而「凡人之性，心和欲得則樂」，故「樂者所以致和，非所以爲淫也」；而「哀可樂，笑可哀者，載使然也，是故貴虛」。對〈聲無哀樂論〉的思想有所影響。

陸賈（前 240 年～前 170 年）倡導黃老之術，其著作《新語》主張擱置刑法，推行仁政，影響漢初政治。音樂思想上主張「天道之所立，大義之所行」，可以「節奢侈，政風俗，通文雅」。如此的禮樂便可以「師旅不設，刑格法懸」，故「無爲也乃無不爲也」。〔註 32〕

劉向（前 77 年～前 6 年）《說苑》〔註 33〕綜論儒、道思想，於〈善說〉

〔註 27〕 《後漢書・楚王英傳》言：「英少時好游俠，交通賓客……晚節更喜黃老，學爲浮屠齋戒祭祀。」〔劉宋〕范曄：《後漢書》，卷 42，頁 6。

〔註 28〕 《淮南子》〈原道〉、〈本經〉、〈齊俗〉篇。其他如〈主術〉、〈泰族〉、〈天文〉、〈精神〉、〈繆稱〉、〈氾論〉、〈詮言〉、〈說林〉、〈人間〉、〈修務〉等篇，均有音樂思想的論述。本文《淮南子》採用上海商務印書館《四部叢刊》縮印影鈔北宋本。參用劉文典撰，馮逸、喬華點校：《淮南鴻烈集解》，（北京：中華書局，1989 年）。

〔註 29〕 陳鼓應於《易傳與道家思想》中認爲考察先秦哲學，《易》的影響顯然不及老莊，它的影響在漢以後才顯現。《易》原是占筮之書，它的哲學化始於《易傳》，《易傳》是占筮和哲學的混合，它的哲學化是由於吸收了老子的道論、莊子的自然哲學以及黃老貴主變和推天道以明人事的思維方式等重要成份糅合形成的。見陳鼓應：《易傳與道家思想》，（臺北：臺灣商務印書館，1994 年）。此外，易學史上有所謂淮南學派的九師易，據《漢書・藝文志》記載，《淮南子》有〈道訓〉兩篇，專門討論易學，是道家易學傳承之証，可惜已經亡佚。從《淮南子》現存十六條易說裡，可見其易學思想之一斑。見陳鼓應：〈先秦易學發微〉，《道家文化研究》第十二輯，（香港：三聯書店，1998 年），頁 1～30。

〔註 30〕 見陳鼓應〈從《呂氏春秋》到《淮南子》論道家在秦漢哲學史上的地位〉，《文史哲學報》，第 52 期（2000 年），頁 5～52。

〔註 31〕 據《史記・淮南衡山列傳》記載。〔漢〕司馬遷：《史記・淮南衡山列傳》，卷 118，頁 6。

〔註 32〕 《新語》音樂思想散見〈本行〉、〈道基〉、〈無爲〉等篇。本文《新語》採臺北藝文印書館《四庫善本叢書》本。

〔註 33〕 本文《說苑》採用臺北藝文印書館《百部叢書集成》影印《漢魏叢書》本。

篇中以「雍門周以琴見孟嘗君」的傳說，述說了音樂對人感情的影響，取決於審美主體的心境，亦影響〈聲無哀樂論〉的思想。

東漢蔡邕（132 年～192 年）作《琴操》，記載：「昔伏羲氏作琴，所以禦邪僻，防心淫，以脩身理性，反其天眞也。」〔註 34〕其中申論〈幽蘭〉一曲創作，表達了生不逢時，懷才不遇的幽憤心情。其對古琴的定義成爲幾千年中國文人彈琴的基本思想。

參、魏晉至隋代道家音樂思想發展

由道家思想、黃老之學發展而來的魏晉玄學，爲對《老子》、《莊子》和《周易》之研究及解說，是道家和儒家融合而出現的一種哲學文化思潮。

「玄」，言道幽深微妙，出自《老子》「玄之又玄也，……眾妙之門也」〔註 35〕。凡浮虛、玄虛、玄遠之學可通稱爲玄學。主要涉及有與無、生與死、動與靜、名教與自然、聖人有情或無情、聲有無哀樂、言能否盡意等形而上的問題。魏晉玄學家大多是當時的名士，主要代表人物如何晏、王弼提出「名教」出於「自然」說；阮籍、嵇康主張「越名教任自然」等。

此時道家音樂思想發展，如阮籍（210 年～263 年）〈樂論〉及嵇康（223 年～263 年）〈聲無哀樂論〉，均提出具體理論。

〈樂論〉是《阮籍集》〔註 36〕論樂之專著，阮籍爲三國時魏之思想家、文學家、音樂家。部分思想內容討論到儒家音樂觀，其哲學思想受老莊「清心寡欲」、「返朴歸眞」論點影響，闡述音樂與「無欲」的關係，反映道家思想的音樂理論。批判禮教，主張「法自然而爲化」，認爲音樂要體現天地自然之和。音樂所以設立，不是爲了滿足人情感欲望，而是「心通天地之氣，靜萬物之神也，固上下之位，定性命之眞也」。其思想來自於老莊的「清心寡欲」、「返朴歸眞」的論點，闡述音樂與「無欲」的關係，反映道家思想的音樂理論。

〈樂論〉吸取道家「天人合一」、「恬淡虛無」觀點，認爲樂者「天地之

〔註 34〕〔漢〕蔡邕：《琴操》，（臺北：藝文印書館《百部叢書集成》影印《平津館叢書》本），卷上，頁 1。

〔註 35〕〔曹魏〕王弼注：《老子道德經》，上篇，頁 2。

〔註 36〕本文〈樂論〉採用〔晉〕阮籍著、〔清〕王謨輯，臺北藝文印書館《華菁叢書·漢魏遺書鈔》本。參用陳伯君校注《阮籍集校注》，（北京：中華書局，1987年）。

體，萬物之性也，合其體，得其性，則和；離其體，失其性，則乖。昔者聖人之作樂也，將以順天地之體，成萬物之性也。」指出音樂能使「陰陽和」、「萬物美」，「奏之圜丘而天神下，奏之方丘而地祇上」，達到「刑賞不用而在自安」的功效。音樂必須能使人「貴重」以「事神」，「不妄」以「化人」。音樂設立目的，不是爲了滿足人的情感欲望，而是爲了「心通天地之氣，靜萬物之神也，固上下之位，定性命之眞也」。其學說將音樂、天地與人聯繫起來。

阮籍還肯定音樂有調節人身心健康之作用，因爲「樂者，使人精神平和，衰氣不入，天地交泰，遠物來集」，批判以「哀」爲樂，認爲使人「流涕感動、唏噓傷心」之音樂，是該偪棄的。反駁墨子「非樂」的主張，並用孔子在齊聞〈韶〉三月不知肉味的例子來說明「聖人之樂和而已」。批判「輕蕩」、「輕死」的民間俗樂，在我國音樂理論史上具有重要意義。

阮籍在〈樂論〉中也敘述音樂的想法：

> 乾坤易簡，故雅樂不煩。道德平淡，故無聲無味，不煩則陰陽自通，
>
> 無味則百物自榮，日遷善成化而不自知，風俗移易而同於是樂，此
>
> 自然之道，樂之所始也。

指出音樂必需遵循宇宙萬物的本身規律的「自然之道」，向簡易、平淡的方面發展，反映阮籍道家音樂「獨任清虛，可以爲治」之理論主張。

嵇康爲魏末著名琴家、音樂理論家、文學家。家世儒學，哲學思想卻受老、莊思想影響，主張「越名教而任自然」〔註 37〕。善彈琴，於〈琴賦〉中描述琴曲藝術多種表現手法，評論價值珍貴之琴曲。〈聲無哀樂論〉涉及音樂本質、音樂審美感受、音樂功用等問題，是富有思辨性之美學論著，在中國音樂史上有極其重要的影響。〔註 38〕

「聲無哀樂」意指聲與哀樂非對應，聲本身不存在哀樂。什麼聲有什麼感情，完全是聽者主觀賦與。同樣情感可以有不同之音樂表現方式，而同樣

〔註 37〕 嵇康〈釋私論〉體認自然與追求放達。認爲自然就是和諧的整體，人只能順應自然，而非勉強改變自然。嵇康以自然爲同，以名教爲異，崇自然而反名教，帶有反儒傾向。同時又欣賞莊子的遁世逍遙的思想，希圖以消極的手段反抗司馬氏的強權政治。見〔晉〕嵇康：《嵇中散集》，（臺北：臺灣商務印書館《景印文淵閣四庫全書》本據國立故宮博物院藏本影印，1983 年），卷 6，頁 1～6。

〔註 38〕 〈聲無哀樂論〉，見〔晉〕嵇康：《嵇中散集》，卷 5，頁 1～18。

曲調亦可以引起不同之感情體驗，這就是「音聲之無常」的含義。人之哀樂
情感非憑空產生，而是源於社會生活體驗。音樂是客觀的物質性存在，肯定
「聲音有自然之和」，有其「自然」本質，推崇「和聲無象」自然平和之美。
「然隨曲之情，盡於和域；應美之口，絕于甘境。」在音樂中追求自然平雅
之美，以克諧之音、至和之聲調節人身心。此與老子「大音希聲」等論說寓
意上相通。

肆、唐代道家音樂思想發展

唐代李氏皇族追認老子李耳爲先祖，開國君高祖（618 年～626 年在位）
稱帝後以道教教主太上老君爲其先祖，修建老君廟，祠祀老子。太宗（626 年
～649 年在位）登基後在貞觀前期以老子清靜無爲思想治天下，〔註39〕貞觀十
一年（637 年）明確宣布道教在佛教之上，崇道就是發揚「尊祖之風」。高宗
（650 年～683 年在位）時追封老子爲「太上玄元皇帝」，令諸州各建道觀一
所。規定王公百僚皆習《老子》，並於科舉考試中加入《老子》一科。

玄宗（712 年～756 年在位）時尊祀玄元皇帝，親受法籙。設置崇玄館，
規定道舉制度，以《莊子》、《文子》、《列子》、《庚桑子》四子眞經開科取士，
設置玄學博士，規定《道德經》爲諸經之首，頒布天下。〔註40〕此外，大力
提倡道教音樂，令「道士女冠宜隸宗正寺」，視道士爲皇族宗室，道教進入全
盛時期。

安史之亂後，道教經典及宮觀福地受到破壞。儒家主張維護倫理道德規
範之思想流行當世，要求正視現實社會的混亂矛盾，才能挽回時勢，回歸正
道。唐武宗（841 年～846 年在位）時，崇道復興。當國家凋落、現實不安，
人們無力抗爭，而產生浮生如夢、無可解脫的消極情緒。爲了脫離現世的束
縛，尋求精神上的慰藉，於是道家的遊仙思想蔚然成風。會昌四年（844 年）
武宗下令廢除佛教，僧尼還俗，繼承玄宗遺風，崇奉道教。〔註41〕到五代杜

〔註39〕貞觀九年（635 年），太宗總結治國經驗時云：「故夙夜孜孜，惟欲清淨，使天
　　　　下無事。遂得徭役不興，年穀豐稔，百姓安樂。夫治國猶如栽樹，本根不搖，
　　　　則枝葉茂榮。君能清淨，百姓何得不安樂乎？」可見太宗對黃老清淨無爲的
　　　　治國之道的體悟與認同。〔唐〕吳兢：《貞觀政要》，卷 1，頁 37。

〔註40〕《唐會要・史館下》：「開元二十九年正月三日，於元元皇帝廟置崇元博士一
　　　　員，令學生習《道德經》、《莊子》、《文子》、《列子》。待習業成後，每年隨貢
　　　　舉人例送至省，准明經例考試。」〔宋〕王溥《唐會要》，卷 64，頁 23。

〔註41〕唐武宗因聽信道士之言，下令毀佛，史稱「會昌法難」。

光庭作《道德眞經廣聖義》，歸納總結漢代以來道教老學，發揚老學重玄派的觀點。使道教老學的思辯化程度進一步提升，並開啓宋、元道教老學的新路向。

論及唐代音樂思想，唐太宗認爲音樂欣賞的過程中是悅者自悅、悲者自悲，並非由樂也。這應是受嵇康〈聲無哀樂論〉的影響。相信自己的王朝只要政治、經濟、軍事上強大，任何「亡國之音」都不會動搖統治。〔註42〕

《晉書》〔註43〕爲貞觀時房玄齡（579年～648年）等撰，其〈陶潛傳〉記錄東晉陶潛（365年～427年）生平、作品，及其「但識琴中趣，何勞弦上聲」的獨特音樂美學思想。陶潛生活隱逸，風格謙淡，語言質樸自然，是老莊思想及魏晉「得意忘言」思潮之反應。

《樂府解題》著者不詳，其〈水仙操〉係據蔡邕《琴操》有關文字改寫而成。「伯牙學琴於成達」的傳說在《太平御覽》、《琴苑要錄》、《古今圖書集成‧樂律典》等書中亦有類似的記載。這傳說提出「移情」說，認爲能移情方能「爲天下妙」，表明從藝術實踐中充分認識感情體驗對於音樂創作與表演的重要作用。〔註44〕

薛易簡（生卒年不詳）著〈琴訣〉，爲一篇古琴音樂美學專論。發展《列子》「得心應手」之概念，提出「七病」之說及「簡靜」原則，強調彈琴必須「人靜」、「手靜」。認爲演奏重在「聲韻皆有所主」，能「因事而制」，不以「用指輕利，取聲溫潤，音韻不絕，句度流美」爲要，對後世古琴音樂美學思想有一定的影響。〔註45〕

元結（719年～772年）著《元次山集》，〔註46〕〈訂司樂氏〉中推崇「水樂」，是「宮商不能合，律呂不能主，變之不可，會之無由」之自然之音，是理想的「全聲」。這與人爲的「金石順和，絲竹流妙，宮商角羽豐然迭聲」之

〔註42〕 見《貞觀政要》：「太常少卿祖孝孫奏所定新樂。太宗曰：『禮樂之作，是聖人緣物設教，以爲撙節，治政善惡，豈此之由？……夫音聲豈能感人，歡者聞之則悅，哀者聽之則悲。悲悅在於人心，非由樂也。將亡之政，其人心苦；然苦心相感，故聞而則悲耳，何樂聲哀怨能使悅者悲乎？今〈玉樹〉、〈伴侶〉之曲，其聲具存，朕能爲公奏之，知公必不悲耳。』」〔唐〕吳兢：《貞觀政要》，卷7，頁32。
〔註43〕 本文《晉書》採臺北藝文印書館影印武英殿本。
〔註44〕 蔡仲德：《中國音樂美學史資料注譯》，頁551。
〔註45〕 蔡仲德：《中國音樂美學史資料注譯》，頁554。
〔註46〕 元結之《元次山集》已散佚，今存《元次山集》爲〔明〕湛若水編，本文所採楊家駱編《新校元次山集》，（臺北：世界書局，1984年）。

「五聲」、「八音」截然不同。此音樂思想接近《老子》「大音希聲」及《莊子》「天籟」的概念，當受道家思想影響。

　　白居易（772 年～846 年）之道家音樂思想表現於諸多詩中，例如〈夜琴〉、〈船夜援琴〉等等，〔註47〕認爲道家的音樂聽之使人「聲隨風飄，或凝或散，悠揚于竹煙波月之間者久之。曲未竟而樂天陶然已醉睡于石上矣。」〔註48〕

　　中國傳統音樂受道家思想的影響很深，許多樂曲的標題描繪大自然，或借景抒情，或融情入景，常藉由大自然表達內心的情懷。〔註49〕而音樂表達的手法，以獨奏居多，與喜歡獨修、簡單、清靜的道家思想有關。此外，極具代表性的民族樂器例如琴或是笛等，呈現單純，質樸，接近天然的音色。演奏過程不僅是表現音樂韻律與技巧，更強調返本歸眞，表達音樂「弦外之音」的內涵。文人音樂活動的審美觀受到道家順應自然思想的影響，將一己人道情懷與對大自然尊崇的天道合而爲一，達到天人合一之理想。

第二節　敘述道家「無」思想之唐代音樂賦

　　道家崇尚自然的哲學與美學觀，反對人爲的及物質性的音樂，提倡形而上、純主觀之藝術。認爲「夫禮者忠信之薄，而亂之首」〔註50〕，對於儒家所說的禮樂，認爲不過是「樂之末」，按儒家方式則「禮樂遍行，則天下亂矣」。但道家只是反對儒家的「禮樂」，並沒有否定音樂，與「非樂」的墨家不同。

　　《老子》云：「道可道，非常道」，強調道的深奧及神秘，同時也把道提升爲最原始、最根本的形而上學範疇。〔註51〕認爲道生於天地之先，是產生宇宙萬物的本源。《莊子》認爲人性應該回歸自然，提出「天地與我並生，而

〔註47〕〈夜琴〉：「蜀桐木性實，楚絲音韻清。調慢彈且緩，夜深十數聲。入耳澹無味，愜心潛有情。自弄還自罷，亦不要人聽。」〈船夜援琴〉：「鳥棲魚不動，夜月照江深。身外都無事，舟中只有琴。七弦爲益友，兩耳是知音。心靜聲即淡，其間無古今。」《全唐詩》，卷449、447。

〔註48〕見白居易〈池上篇〉詩序。《全唐詩》，卷461。

〔註49〕如箏曲的〈高山流水〉，琴曲的〈流水〉、〈平沙落雁〉、〈瀟湘水雲〉、〈石上流泉〉等。

〔註50〕〔曹魏〕王弼注：《老子道德經》，下篇，38 章，頁 1。

〔註51〕〔曹魏〕王弼注：《老子道德經》，上篇，1 章，頁 1。

萬物與我爲一」的思想觀點。〔註52〕在音樂中，道家所言的「大音」、「天籟」是指與人爲禮樂相對，昇華至精神層次而符合自然之情的音樂。所以，道家的音樂思想實際上也是圍繞著「人」，強調人的自然本性，認爲人的本質在於它的自然無爲。

壹、大音希聲

《老子》曰：「大方無隅，大器晚成，大音希聲，大象無形，道隱無名。」〔註53〕「大音」與「大方」、「大器」、「大象」並列，將「音」立於「道」的境界而論。道即「自然」，指天地萬物形成的自然本質及其天然形態。「大音希聲」一方面，指合乎道特性之理想音樂；一方面就「道」而言，提出最美好的音樂是不用藉助於聲音的，以此描述「道」聽之不聞而蘊涵至和的特性。若使人心復歸淳樸眞實之性情，回歸於「道」，便是最好的音樂。「大音」突破人爲限制與隔閡，將音樂由人生境界轉至自然境界中。

在此思維下，楊發〈大音希聲賦〉從聲音的產生說起，認爲：

> 聲本無形，感物而會。生彼寂寞，歸乎靜泰。含藏于金石之中，緘默于肺腸之外。……人生而靜，物本無機。修以誠而上下交應，臻其極而禽獸咸歸。……大道沖漠，至音希微。叩於寂而音遠，求於躁而道違。

音樂的美離不開聲音，但聲音只是把我們引向音樂所表現的某種美的意境之物質媒介。這種意境需借助內心聯想、情感、思緒才能體驗，超出對聲音的單純感知。如此的音樂美既是有聲，亦是無聲。〔註54〕楊發對「大音」的解釋，一是對於《老子》書中「道」的體悟；二爲對於老子思想中音樂觀點之見解。前者以音樂說道，所以「道」便是「大音」的歸宿；後者以道爲音樂下註腳，所以「大音」是「道」的一種顯現：

> 無象無名，不知不識。守此虛淡，終乎妙極。豈逐物而感通，諒與時而消息。損之而益，潛運將契於天功；聽之不聞，玄化極符於帝則。幽玄之旨，足以明徵。（楊發〈大音希聲賦〉）

以《老子》哲學而言，「大音希聲」是主觀修養功夫上，透過「無爲」之心境提昇，達到與道合一的境界。

〔註52〕〔晉〕郭象注：《莊子》，卷1，頁51。

〔註53〕〔曹魏〕王弼注：《老子道德經》，下篇，41章，頁7、8。

〔註54〕李澤厚、劉綱紀：《先秦美學史》，（臺北：金楓出版社，1987年），頁264。

　　《老子》所說:「視之不見名曰夷,聽之不聞名曰希,搏之不得名曰微。……是謂無狀之狀,無物之象」、「道之出口,淡乎其無味,視之不足見,聽之不足聞,用之不可既」。〔註55〕世間無形、無聲、無名、無味、無用、無仁,才符合眞正的道德,才是至善至美。以世俗人心聞樂,五音嘩耳令人失聰,以道心聞樂,心智不爲聲所陷溺。《老子》不以音樂本身來談音樂美學的問題,認爲與道合一的音樂,才是眞正值得欣賞的音樂。高郢的賦作由此唱和《老子》的觀點:

> 厥初造化,眾籟未吟。寂兮寥兮,有此至音。無聽之以耳,將聽之
> 以心。漠然內虛,充以眞素。處此道者,無日不聞於律度。倏爾中
> 動,遷於內形。涉此流者,沒身而不得一聽。(高郢〈無聲樂賦〉)

只有合乎「道」特性之音樂才是「大音」,才是理想的音樂。此樂「希聲」,無爲而自然,樸素而虛靜,淡而無味,用之不盡,至美至善,是永恆且絕對的音樂美。「道生萬物」、「有生於無」,無聲之至樂「善始且善成」,是一切有聲之樂的本源。

　　除了《老子》的說法外,莊子在〈齊物論〉中,認爲音樂美之本質爲擺脫禮的束縛,表現人自然情性。音樂美之準則是自然而不造作,樸素而不華飾。莊子把聲音之美分爲「人籟」、「地籟」、「天籟」三種,人籟是人爲製作的聲音,地籟是風吹動萬物的聲音,楊發在敘寫時,認爲「天籟」爲完全自然的音響:

> 喻春雷之不震,時至則興;比洪鐘之未撞,扣之斯大。靜勝永合於
> 人心,元同遠符於天籟。(楊發〈大音希聲賦〉)

關於「天籟」,郭象注以爲「夫天籟者,豈復別有一物哉?即眾竅比竹之屬」。天籟相對於人籟和地籟,指的是無形世界造化本身形而上的聲音,即天然非人爲之意,各依其體性,率性而動,自己而然。是「自己而然」、「天然耳,非爲也」、「物各自生而無所出焉」、「物皆自得之耳」之意,成玄英疏亦謂「使其自己,當分各定,率性而動,不由心智,所謂亭之毒之,此天籟之大意者也」。這種音樂「聽不聞其聲,視之不風其形,充滿天地,包裹六極」,最爲上等。〔註56〕所以「天籟」是「是唯無作,作則萬竅怒號」的「大塊噫氣」,

---

〔註55〕　〔曹魏〕王弼注:《老子道德經》,上篇,14章,頁11。上篇,35章,頁36。
〔註56〕　《莊子》:「汝聞人籟而未聞地籟;汝聞地籟而未聞天籟夫!……地籟則眾竅
　　　　　是已,人籟則比竹是已……夫吹萬不同,而使其自己也,咸其自取,怒者其

由自身的體性，不待他而然所發出的聲音。故「天籟」是一精神境界，就像「春雷之不震，時至則興」、「洪鐘之未撞，扣之斯大」。

道家鑒於鐘鼓羽旄，五音之容乃是使人心陷溺之端，否定樂教在人文化成的意義與價值，反對有聲之樂，而倡道悟的無聲之樂，至樂無聲，進而通達「和與天樂」的天籟境界。從老子的「大音希聲」到莊子的「天籟」，都是藉諸音樂來對「道」的境界作描述，是音樂美學的形上思維。

貳、「無」聲之樂

「無聲之樂」不需靠人的聽覺器官感受的音樂，是用心去聆賞的音樂。儒、道、釋都有「無聲之樂」的觀點，但在內涵上卻不相同。

儒家的「無聲之樂」在〈孔子閒居〉云「攜無聲之樂，以自得爲和」。此處的「無聲之樂」指儒家仁、義、禮、智等內心合乎禮教的道德修養心志。此外，孔子曰：

> 無聲之樂，氣志不違；無體之禮，威儀遲遲；無服之喪，內恕孔悲。
>
> 無聲之樂，氣志既得；無體之禮，威儀翼翼；無服之喪，施及四國；
>
> 無聲之樂，氣志既從；無體之禮，上下和同；無服之喪，以畜萬邦……。〔註57〕

孔子美學觀的最高要求是盡善盡美，認爲「至誠」就是不摻虛妄，真情實意，唯有「至誠」才可進入「無體」、「無服」、「無聲」之「三無」境界。孔穎達疏：「此三者，皆謂行之在心，外無形狀，故稱無也。」〔註58〕這說明，禮樂之實不在於聲色外表而在其精神實質。儒家的「無聲之樂」是一種真誠主觀之自我修養。

釋家認爲現實世界是苦海，無美可言，一切物質現象，包括人的存在，都非實體而是幻影，所謂「色即是空，空即是色」。只有「非有，非無，非亦有亦無，非非有非無」〔註59〕的西方極樂世界才是美的最高境界。佛家頌揚天律，推崇無聲之樂。其「無聲之樂」指人的自性，是無欲望、博大的心境，即本真之心。要掌握本真之心必須不動心，而音樂能促使人心動盪，所以要

誰邪！」〔晉〕郭象注：《莊子》，卷1，頁31〜34。

〔註57〕 《禮記正義》，卷51，頁3〜4。

〔註58〕 《禮記正義》，卷51，頁3〜4。

〔註59〕 龍樹菩薩造，梵志青目釋，姚秦三藏鳩摩羅什譯：《中論·觀涅槃品第二十五》，（維基文庫，自由的圖書館，2011年10月12日線上資料）。

聽人心與宇宙統一的「無聲之樂」。

　　道家音樂觀回歸自然本源，認爲對於人類原始感官本質，應從人本身去思考，在人與自然交流上，道家表現出「感」的重要性。其所謂的「道」便是「無」，「無」生「有」，「有」生天下萬物。提出「大音希聲，大象無形」，無需借助聲音才有永恆、絕對的音樂美。無聲則合乎「道」的無爲自然、樸素虛靜的特點。

　　莊子對「無聲之樂」的觀點作進一步的發揮，其推崇事物天然狀態，反對人爲因素，是自然主義的崇「天」美學。從這認識出發，莊子提出道的音樂：

　　　　夫道，淵乎其居也，灌乎其清也，金石不得無以鳴。……視乎冥冥，
　　　　聽乎无聲，冥冥之中獨見曉焉，无聲之中，獨聞和焉。〔註60〕

就是在冥冥之中你可以看見、聽見東西。道家認爲音樂是到達特有境界之力量，在《莊子・人間世》中提到心齋，「若一志，无聽之以耳而聽之以心，无聽之以心而聽之以氣。」〔註61〕冥冥之中可以看見、聽見東西，如果能夠依其志，不用耳朵聽，而用心聽，或更高境界用氣聽。這時的對音樂的好壞要求，已超乎原來的音樂。高郢的〈無聲樂賦〉「樂而無聲，聲之至；……無聽之以耳，將聽之以心。」便是根據莊子的說法。張階〈無聲樂賦〉亦說：

　　　　不可以耳察，又難以目照。方知夙夜之詩，遂合無聲之兆。

道雖然超乎感官知覺而存在，但人內心清晰自明自覺之和諧狀態能契合道之存在，這正是冥冥中「不言」、「無聲」的狀態，卻又眞實存在、生化萬物萬象的道。高郢〈無聲樂賦〉更玄虛：

　　　　樂不可以見，見之非樂也。是樂之形，樂不可以聞，聞之非樂也，
　　　　是樂之聲。

眞正的音樂應該是看不見、聽不到的，視、聽所得只是「樂」的「形」與「聲」，即外在的形象，而非內在的本質。那無聲之樂在何處？高郢〈無聲樂賦〉認爲：

　　　　天廣其覆，地厚其生。四時和，萬物成。絪縕煦嫗，何樂能名。

一切自然狀態便稱之爲樂，又云：

　　　　堯人致歌於擊壤，陶令取逸於無弦。音留情以待物，亦同禮於自

〔註60〕〔晉〕郭象注：《莊子》，卷5，頁237。
〔註61〕〔晉〕郭象注：《莊子》，卷2，頁86～87。

然。(高郢〈無聲樂賦〉)

舉「堯人之擊壤」和「陶令之無弦」，強調「樂」應保持中正平和的原則。道家強調非理性的觀念，尚虛無、講任性、崇自然、重幻想；而儒家強調理性的知識，尚實用、重理智，講人工，重現實。並以殷紂、顏回爲例，說明至和之樂無關乎貧賤富貴：

> 此樂也，平而不偏，正而不回。貧且賤不以之去，富與貴不以之來。
> 顏生得之陋巷而自然，殷紂失之北鄙而人哀。樂云樂云，鐘鼓云乎
> 哉！(高郢〈無聲樂賦〉)

奉勸人民要安於貧賤，帝王需崇儉去奢。賦作將孔子的「樂云樂云，鐘鼓云乎哉」〔註62〕的思想與道家思想的命題結合，反映出儒、道兩家音樂思想合流的趨勢。

儒家的「無聲之樂」亦是賦家關注的焦點，從政治教化體現「無聲之樂」的功能：

> 樂之作焉，所以節百事；物既忘矣，於是奉三無。其用秩秩，其風
> 于于。發自靈府，達於道樞。(張階〈無聲樂賦〉)

推舉聖人張樂之無聲來造化天下。從實踐上、風俗上、心靈上貫徹無聲之樂、無體之禮、無服之喪。〔註63〕亦強調無聲之樂對政教之功效和影響，所以：

> 莫能知無聲之樂，而政教斯聚。惔埋既考於鳴絃，節宣豈專乎促柱。
> 移風莫大於出令，修德不在乎觀舞。……徵之則道存微明，行之則
> 人用寧輯。(張階〈無聲樂賦〉)

不論節宣〔註64〕、移風、修德等，不在於有形的政令，而在於無形的「道」。因此：

> 樂師盈庭，政行於靡擊靡考；涓衣在御，化成而不曳不婁。……誰

〔註62〕 《論語·陽貨》：「禮云禮云，玉帛云乎哉？樂云樂云，鐘鼓云乎哉？」《論語注疏》，卷17，頁6。

〔註63〕 三無，謂無聲之樂、無體之禮、無服之喪。《禮記·孔子閒居》：「孔子曰：『無聲之樂，無體之禮，無服之喪，此之謂三無。』」《禮記正義》，卷51，頁2～3。又《說苑》：「孔子曰：『無體之禮，敬也；無服之喪，憂也；無聲之樂，懽也。』」〔漢〕劉向：《說苑》，卷19，頁14。

〔註64〕 《左傳·昭公元年》：「君子有四時：朝以聽政，畫以訪問，夕以脩令，夜以安身。於是乎節宣其氣，勿使有所壅閉湫底，以露其體。」《春秋左傳正義》，卷41，頁23。

不欲肅清家邦，統一區宇。莫能知無聲之樂，而政教斯聚。(張階〈無
　聲樂賦〉)

　　道家音樂推崇天地萬物的自然之和、自然之美，只要「自適於中情」便
無樂勝有樂，其中也有以「有爲粗」、「無爲精」，主張「保和遺飾」玄虛的一
面，但理想的樂是無關有無、得失，無關乎貧賤、富貴。音樂的內涵不是簡
單的鐘鼓等樂器所奏而已。另外，高郢賦云「得意貴於忘言，得魚貴魚忘筌」，
以「心」來欣賞理想之樂，淡漠虛空、保存本性，便能聽到「至音」。

參、道、儒、釋相互濡染之「樂象」與「虛空」

　　隋唐時期爲中國封建社會文化極盛時期，傳統儒、道深植民心，同時亦
是佛教文化傳播於中國的頂峰時期。儒、道思想發展經歷漢魏，與隋唐佛學
相互濡染，其文化內涵及審美認知滲透了佛教理念。而中土文化在接受釋家
思想的同時，亦融合儒、道學說，〈樂出虛賦〉一文便是融合了道、儒、釋三
教的音樂思想，是隋唐時期三教合流的社會現象在音樂文學領域的表現。

　　呂溫〈樂出虛賦〉命名源於《莊子‧齊物論》〔註65〕，開篇破題曰：
　　和而出者樂之情，虛而應者物之聲。
「虛」以「聲」爲依託，應「和」之表象爲樂。出自虛中的聲音借助有形的
實體而具備可感性，憑藉樂器的媒介用以表現世俗的情，進而上升至和諧的
音樂美。

　　莊子在樂舞理論上主張「清靜無爲」和「唯道集虛」，討論到「有」和「無」、
「實」和「虛」的關係。意指任何人類情緒、行爲與自然界的狀態都是從無
到有、無中生有，這是對《老子》「無名天地之始」觀點的呼應。呂溫所表達
的也是音樂存在有無之間的涵義，從無中生有，既有有限性，也有無限性。
其對莊子天樂思想的探源，表達音樂生發的美學思考，亦是對《老子》大音
希聲音樂觀的闡發，對無聲之樂的進一步探析，討論的是道家音樂美學思想。

　　〈樂出虛賦〉云：
　　披洪纖清濁之響，滿絲竹陶匏之器。根乎寂寂，故難辨於將萌；率
　　爾熙熙，亦不知其所自。
從樂器形式產生韻味，由靜默漸漸產生聲響，音樂才開始出現有規律的

〔註65〕《莊子‧齊物論》：「喜怒哀樂，慮嘆變慹，姚佚啓態，樂出虛，蒸成菌，日
　　　　夜相代乎前而莫知其所萌。」〔晉〕郭象注：《莊子》，卷1，頁36。

「象」：

> 故聖人取象於物，觀民以風。……欲使和氣潛作，玄關暗空。與吹
> 萬而皆唱，起生三而盡同。自我及人，託物於未分之表；蟠天極地，
> 開機於方寸之中。（呂溫〈樂出虛賦〉）

音樂有「玄關」，難分辨於「將萌」，也「不知其所自」，其奧妙在「方寸之中」。
為了使形神能相通，因而使用各種樂器、融入各種歌舞。把抽象表象，依託
在客觀事物，使抽象的音樂能通達於天地，洞開機趣於方寸的心靈。此時音
樂形成於作者的心中，是抽象的，是人主觀的創造，奧妙也只有在心中體悟。
因為音樂的來龍去脈不易理清，作樂或觀樂的人從客觀世界藉由各種依託得
到「象」，從不同的個人經驗、風俗習慣、社會背景去瞭解並解讀具象與抽象
間的認知，解決形與神的矛盾。

以「樂象」而言，在中國美學史上，《周易》曾明確提出「象」與「意」
的關係。《周易・繫辭上》言：

> 子曰：「書不盡言，言不盡意。」然則聖人之意，其不可見乎？子曰：
> 「聖人立象以盡意，設卦以盡情偽，繫辭焉以盡其言，變而通之以
> 盡利，鼓之舞之以盡神。」〔註66〕

認為「言」所不能盡的「意」，「象」卻可以盡。但此處的「象」是卦象，不
是指藝術形象。立象以盡意，君子為領會象中之意，要「觀其象而玩其辭」，
又有與藝術相通之概念。〔註67〕

儒家之荀子於《樂論》提出「樂象」概念：

> 聲樂之象，鼓大麗，鐘統實，磬廉制，竽笙簫和，笙簫發猛，塤篪
> 翁博。〔註68〕

此「象」並非指音樂所塑造之意象或形象，僅對各種樂器的特性，雜而言之，
且以比喻的方式，賦予象徵之意義，說明音樂表現，是各種樂器不同的聲響
給人不同的感覺。

之後，儒家〈樂記〉云：

> 樂者，心之動也；聲者，樂之象也；文采節奏，聲之飾也。君子動

〔註66〕 《周易正義》，卷7，頁157～158。
〔註67〕 李澤厚、劉綱紀：《先秦美學史》，頁105。
〔註68〕 〔清〕王先謙：《荀子集解》，（臺北：藝文印書館，光緒辛卯刊本，2007年），
　　　　卷14，頁4。參用〔清〕王先謙，沈嘯寰、王星賢點校：《荀子集解》，（北京：
　　　　中華書局，1988年）。

其本，樂其象，然後治其飾。〔註69〕

此「象」所指為音樂感情之表現形態，「聲」經過文采節奏的藝術加工後，可以表現「心之動」，這是含有藝術意義的「象」。從「樂者，德之華」〔註70〕觀之，指的是「德」這虛象，並非具體的、真實的象。文獻中對音樂的層次分為曲、數、意、象等層次，象是音樂學習中最高的體悟，對音樂之象解讀為具象，〔註71〕討論了音和象的關係。而至呂溫〈樂出虛賦〉對音樂與象方提出較清晰的概念。〔註72〕

　　呂溫並不直接闡述音樂之象為何，而從音樂之象不是什麼，導出其特徵：

　　於是澹以無倪，留而不滯。有非象之象，生無際之際。

音樂需要「取象於物」，但音樂沒有視覺形象，看不出端倪，是一種「非象之象」，所以不能以視覺去掌握，只能透過聽覺及感覺來體驗。因此，音樂之「象」不佔空間，存在於時間流動的音響中，在於「無際之際」。

　　人為的樂器有具象，有實體及虛空的部分：

　　是故實其想而道升，窒其空而聲蔽。洞乎內而笙竽作，刳其中而琴瑟制。……遷為草木，散作笙鏞。群分自此而焱起，九奏因之而景從。

此說明音樂之象非具象的象，必須「實其想」，透過豐富想像力及不同體悟能力，使之形成於心中方能體認出其奧妙，音樂內涵便豐富了，這是音樂之「象」的主要特徵。而人為的樂器可產生音樂，靠著虛空的部分與空氣之間的摩擦震動產生共鳴，便能發出聲響，若共鳴空間遭到阻礙，聲音就會消失。所以，

〔註69〕〈樂記〉，《禮記正義》，卷38，頁13。

〔註70〕〈樂記〉：「德者，性之端也；樂者，德之華也；金石絲竹，樂之器也。」《禮記正義》，卷38，頁14。

〔註71〕例如：《史記·孔子世家》：「孔子學鼓琴師襄子，十日不進。師襄子曰：『可以益矣。』孔子曰：『丘已習其曲矣，未得其數也。』有間，曰：『已習其數，可以益矣。』孔子曰：『丘未得其志也。』有間，曰：『已習其志，可以益矣。』孔子曰：『丘未得其為人也。』有間，曰：『有所穆然深思焉，有所怡然高望而遠志焉。』曰：『丘得其為人，黯然而黑，幾然而長，眼如望羊，心如王四國，非文王其誰能為此也！』師襄子辟席再拜，曰：『師蓋云文王操也。』」〔漢〕司馬遷：《史記》，卷47，頁14～15。

〔註72〕蔡仲德認為〈樂出虛賦〉是中國古代正面論述音樂之「象」的特徵的文獻，在中國音樂美學史上占有重要地位。蔡仲德：《中國音樂美學史》，（臺北：藍燈文化事業，1993年），頁689。

音樂並沒有神秘性，在物理上它是靠空氣震動而生成的，當虛空的地方阻塞，共鳴被阻擋時，音樂就停止，聲音便會消失，那麼音樂自然也就不存在。呂溫又說音樂：

> 杳杳徐徐，周流六虛。信闃爾於始寂，乃譁然而戒初。鏗鏘於百姓
> 之心，於斯已矣；鼓舞於一人之德，知彼何如。

「六虛」指東南西北上下六個方位，《易•繫辭》注「六虛，六位也」，暗示空闊寂寥的宇宙空間。音樂的流動、響聲同樣從寂兮寥兮的萌生之處開始，通過時間的穿梭充斥到整個宇宙空間。音樂既然是人創造的，在開始時可以依託如樂器等具體器物，但當它發聲傳播後，便靠心靈來體會。欣賞音樂必須有想像，憑藉豐富的想像力可以使音樂增添很多「道」。當音樂傳播了，不管靜謐的、喧鬧的，只要能在內心迴響，一人之德便有了鼓舞之功。

呂溫〈樂出虛賦〉雖命名源於《莊子》，以「虛」說明音樂產生的狀態，有濃厚的道家美學思想。但呂溫早期在佛教寺院修業，深受佛教哲學思想的影響，其作品蘊含以「空」為音樂內涵的美學。反映出釋、道兩家音樂思想合流的趨勢，作品表現出糅合釋、道的傾向。

佛教傳入中國後，遇到佛經翻譯上的困難。無論音譯還是意譯，文字的用法與佛法義理都或有差異。為了與中土文化融合，需尋找到表現佛學最高理念，且能讓百姓易於接受的詞彙，於是「空」就成為其中的代表。

在宇宙起源問題上，佛教並沒有創造出具體形象之神，而是提出深遠哲理的「空」。如禪宗的「空」是「心即是佛，佛即是心」之至高無上的絕對美，是需要妙悟之人生哲理與宇宙奧妙。有形可感的萬物是塵世中的「色」，「空即是色，色即是空」，所謂「破空去執」就是要堪破世間萬物的幻象。〔註73〕佛教以「空」為究竟，以「有」為方便。於是，要「五蘊皆空」，去除有限的束縛，顯示人性中的絕對的、清淨的善，這善就是佛性、就是本心，以人的道德自覺和精神力量來實現真正的幸福。

根據佛學世界觀，人類的感官所接觸的世界都是虛妄的假象，《大寶積經》說：「一切諸法，皆悉空寂」，〔註74〕對於真理的妙悟是不需要語言描摹的，一笑悟佛，盡在對「空」的體悟。諸法空相，變即有，不變即無。

〔註73〕 參閱諸葛文：〈空與色：心即是佛，佛即是心〉，《聽佛學大師講 24 堂人生智慧課：修身養性　心悟人生真諦》，第五課，頁8。

〔註74〕 〔唐〕三藏菩提流志譯：《大寶積經》，（臺北：新文豐景印高麗大藏經，1982年），卷75，頁588。

〔註75〕現象爲「有」，本質爲「空」、「虛空」，是最高的境界，最神秘的本體。「若從緣生即是空寂，則無定相」〔註76〕，講究「緣起性空」。緣起，是說大千世界的萬事萬物都是因緣和合而生。因是指內因，緣指外在條件。因緣聚合則諸法得生，因緣變滅諸法亦隨之變滅。性空就是緣起無自性，說明萬物的存在都是有條件的。

佛教傳入東土後，以音樂作爲傳播媒介之方式，用音樂渲染和加強宗教儀式的氣氛和效果。其特有的韻味吻合宗教膜拜和祈求幸福的心理，因此感染力和傳播功能較之其他藝術更加強烈。這種特殊文化儀式，形成佛樂以「悠、和、淡、靜」爲特徵的獨特風格，以悠遠柔和的形式來表現恬淡寂靜的主題。〔註77〕通過「唱贊」、「唱頌」莊嚴、肅穆而節奏緩慢之旋律起澄清雜念、淨潔心靈的作用。

佛教音樂原指佛教儀式中的梵唄，〔註78〕音樂思想同於其哲學思想，認爲音樂也是有眾因緣，例如樂器的材料、樂器的虛空部分和實體部分、氣息等合成，空無自性，音樂的本體是「空」。《雜阿含經》云：

> 如此之琴，有眾多種具，謂有柄、有槽、有麗、有弦、有皮，巧方便人彈之，得眾具因緣，乃成音聲，非不得眾具而有音聲。〔註79〕

> 善男子，夫聲出者，爲從身出從心出耶？善男子，夫音聲者不在身心，何以故？身如草木心如幻化，眾因緣故有聲而出，若從緣出即是无常，若无常者即是无定，无常无定即是空无。夫音聲者猶如虛空，不可觀見，不可宣說，如虛空，一切諸法亦複如是。〔註80〕

〔註75〕蜂屋邦夫著，雋雪豔譯：《道家思想與佛教》，（瀋陽：遼寧教育出版社，2000年），頁 17。

〔註76〕〔北涼〕三藏曇無讖譯：《大方等大集經》，（臺北：新文豐景印高麗大藏經，1982 年），卷 12，頁 112。

〔註77〕張新：〈嘆仙律神韻，尋夢幻人文〉，《中華民樂團佛文化音樂會概述》，2012年。

〔註78〕《高僧傳》記載：「東國之歌也，則結韻以成詠；西方之讚也，則作偈以和聲。雖復歌讚爲殊，而並以協諧鐘律，符靡宮商，方乃奧妙。故奏歌於金石，則謂之以爲樂；讚法於管絃，則稱之以爲唄。」說明在六世紀之前，中國佛教寺院內已經流行「唄唱」。〔梁〕慧皎：《高僧傳》，（臺北：藝文印書館《百部叢書集成》影印《海山仙館叢書》本），卷 13，頁 22。

〔註79〕〔唐〕三藏法師玄奘譯：《雜阿含經》，（臺北：密乘佛學會，1996 年），卷 263，頁 132。

〔註80〕《大方等大集經》，卷 12，頁 120。

佛教與道教在唐代都極為盛行，仕宦、文人、音樂演奏家等等，與佛界均有交遊。在頂禮道家的時候，模仿佛教儀式，且仿佛曲而制新詞，以贊頌神化道化之流。其文辭是道家的，其音樂及聲調，許多是參雜佛家的。《唐會要》所記錄的道曲中即有不少佛曲，道其辭而佛其曲。名為道曲，實則還是佛曲。〔註81〕神仙常混雜在佛與菩薩中間，道曲混在佛曲內。〔註82〕

呂溫〈樂出虛賦〉論述音樂「空」的思想。佛學中對「虛」字並無太多的解釋，常與空字連用，即「虛空」，來作為「空」的解釋詞。首先，音樂產生於「虛空」、產生於「無」，所以一句「和而出者樂之情，虛而應者物之聲。」也具有了「聲空故一切法空，聲寂靜故諸法寂靜，聲不可見，一切諸法亦不可見」〔註83〕的精神。一切虛無，沒有實體。萬物自虛便和諧，和諧表現的是音樂的情感，虛空而作出反應或稱樂器之聲。〈樂出虛賦〉云：

> 或洞爾以形受，乃泠然而韻聲。去默歸喧，始兆成文之象；從無入
> 有，方為飾喜之名。

釋家「有」指非有之有，與非空之空的「真空」相對。不一定有真實的物體存在，說無也不絕對虛無，萬物的表現雖有差異，但這些差異並不是萬物本身具有的，而是人為加附的。所以音樂的起始為：

> 其始也，因妙有而來，向無間而至。

佛家稱不可思議為「妙」，呂溫特別強調音樂的主觀性和流動性，認為音樂是眾「妙有而來」，但「妙有而來」、「根乎寂寂」，究竟是怎麼來的？來至寂靜之中的音樂，無人知曉是如何萌發、如何產生。有虛空則生，無虛空則止。所以呂溫認為音樂「澹以無倪，留而不滯」，「留」是停止，「不滯」是不停止，音樂是靜止的又是流動的，「若動而靜，似去而留。可以神會，難以事求。」〔註84〕

〔註81〕 《唐會要》所記的道曲中即有不少佛曲，如〈龜茲佛曲〉改為〈金華洞真〉、〈九真〉、〈九仙〉，把佛曲改名道曲，名為道曲，實是佛曲。〔宋〕王溥：《唐會要》，卷33，頁20。

〔註82〕 《羯鼓錄・諸宮曲》其中太簇商調有〈禪曲〉，而太簇角調有〈飛仙〉，也是仙佛相雜。應當是純粹的佛曲的「諸佛曲調」條所列，其中卻有〈九仙道曲〉、〈盧佔那仙曲〉、〈御制三元道曲〉，「食曲」中又有：〈阿彌羅眾僧曲〉、〈觀世音〉、〈佛帝利〉、〈大乘〉、〈婆娑阿彌陀〉、〈悉家牟尼〉、〈毗沙門〉⋯⋯。這些盡是佛曲又和清商、法曲、大曲、舞曲、雜曲等不分。〔唐〕南卓：《羯鼓錄》，頁22～26。

〔註83〕 《大方等大集經》，卷12，頁120。

〔註84〕 任繼愈：《漢唐佛教思想論集》，（北京：人民出版社，1973年），頁277。

　　中國佛教很重視音樂，用音樂供養諸佛、歌頌佛德。認爲能達到「宣唱傳理，開導眾心」的目的。對於一般民眾而言，透過音樂可以欣賞、領略佛教文化深邃含意，產生淨化心靈之效。

　　道家從主觀認識上調和現實生活中矛盾，進入「虛靜」思想境界；佛家企圖根本否定現實而遁入空門，以「空」爲至高無上的善和美的境界。要達到這種境界，既不是倫理道德的修養和社會政治的實踐，也不是靠相對主義的思辨，而是主觀去認識「悟」，去領會「空」的妙諦以達到退出塵世之目的。這種「悟」是富於想像的心理活動，由此所得之體驗被認爲是最高、最眞實也是最美的體驗。

　　傳統儒、道深植於民心，在接受釋家思想的同時，亦融合了儒、道學說，〈樂出虛賦〉一文便是融合了儒、釋、道三教的音樂思想，是隋唐時期儒、道、釋三教合流的社會思想現象在音樂領域的表現。

　　綜歸前述，文人從《老子》、《莊子》所闡揚的哲思，領會道家的精隨，開闊作家視野。道教羽化登仙、長生修練的概念，刺激作家創作的靈感。道家之道「有生於無」，其「有」與儒家崇尚實有的軌跡相通。〔註85〕道家無爲虛靜的哲理，與佛家虛空的境界相似。三教於唐代代表三種不同哲學思想體系，相互競爭又和平共處。

第三節　以道家典故爲題之唐代音樂賦

　　唐音樂賦中，以道家音樂故實爲題的賦作如石鎭、蔣至及錢起同題之作〈洞庭張樂賦〉、張隨〈無弦琴賦〉、吳冕〈昭文不鼓琴賦〉、林盧山人〈鍾期聽伯牙鼓琴賦〉、王太眞〈鍾期聽琴賦〉等，描述作者對於道家音樂審美的感受。

壹、張〈咸池〉之樂

　　唐賦中三篇〈洞庭張樂賦〉，作者分別爲天寶十載（751 年）進士石鎭、蔣至及錢起，爲科舉試賦。錢起賦末云「吹伶倫之律，惜彼時移；繼炎氏之頌，媿茲才短。」亦可能爲即時頌事之作。唐玄宗出於崇道扶政的政治目的

〔註85〕王明居：《唐代美學》，（合肥：安徽大學出版社，2005 年），頁34～35。

及熱愛藝術之心靈需要，重視道教音樂。道教得到皇室信奉和支持，除了重視科儀音樂，專設道舉制度，甚將國家祈福、祭典交由道觀執行，帶動社會對道教崇尚之氛圍。

〈洞庭張樂賦〉命題典出於《莊子・天運》，在洞庭張樂這命題下，演奏樂曲是〈咸池〉或〈九韶〉之樂；置樂地點於「洞庭之野」，成玄英疏：「洞庭之野，天池之間，非太湖之洞庭也」。這「洞庭之野」的環境，爲一個令人感到廣大無邊，進而感覺自我渺小的「場域」。張樂的效果是「懼、怠、惑、愚」整體性音樂審美。〔註86〕

相傳，黃帝始制〈咸池〉、〈九韶〉等古樂。《呂氏春秋・古樂》云：「黃帝又命伶倫與榮將，鑄十二鐘，以和五音，以施〈英〉〈韶〉。以仲春之月，乙卯之日，日在奎始奏之，命之曰〈咸池〉。」〔註87〕爲此，唐賦中云：

> 聆黃帝之遺音，澹乎至察。天非私覆，稱其德以無三；國有玄風，應其方以宣八。所以合德樞之幽鍵，率至人之大夏。（蔣至〈洞庭張樂賦〉）

> 昔帝軒出震，用率大夏。三才以貞，萬人以察。戰蚩尤於涿鹿之墟，登飛龍九五；張〈咸池〉於洞庭之野，舞玄鶴二八。（石鎭〈洞庭張樂賦〉）

> 洋洋乎軒轅之作也，陶玄化以發生，運神武之不殺。（錢起〈洞庭張樂賦〉）

〈咸池〉、〈九韶〉之樂，似萬馬奔騰，似鳳鳥和鳴，似高山流水，先民爲之醉心而翩翩起舞。運用各種故實，例如：

> 風師拊石，雲將搣金。棄園客之絲，彈爲鶴舞；辭羌人之竹，撇以龍吟。雖不擊而不考，或習習而愔愔。（蔣至〈洞庭張樂賦〉）

> 遂使素女絾瑟，昭文輟琴。壎篪協韻，笙磬同音。始鏗鏘以拊石，終匒隱而搣金。雷出地中，以成奮豫之象；風行水上，油生子諒之心。包混茫之廣大，含元氣之高深。（石鎭〈洞庭張樂賦〉）

賦家運用各種典故，以不同比擬手法形容此樂，藉以闡述「天樂」的美好。

〔註86〕 《莊子・天運》：「樂也者，始於懼，懼，故崇；吾又次之以怠，怠，故遁；卒之於惑，惑，故愚；愚故道，道可載而與之俱也。」〔晉〕郭象注：《莊子》，卷5，頁287。

〔註87〕 呂不韋：《呂氏春秋》，卷5，頁9。

　　〈天運〉篇中對黃帝〈咸池〉之樂有一段生動而詳盡的描繪，莊子將此「聽之不聞其聲，視之不見其形」卻又是「充滿天地，包裹六極」的音樂稱之爲「天樂」。〔註88〕把整個宇宙自然、天體運行視爲一首最完美、最和諧的無聲樂曲，在時間上無始無終，在空間上無極無垠，在內容上無限豐富，在形式上變幻無窮。錢起於是說：

　　　　舉端於素，得太始之自然；克成於和，蕩生靈之天札。何必管聲爲
　　　　五，羽數惟八，然後合夫大夏。（錢起〈洞庭張樂賦〉）

音樂演奏的場域不是人文宗廟或宮殿，所呈現的是大自然所發出之天籟聲音。這是《莊子》理想中自然而大全的音樂，即道的音樂。自然界本身便含有音樂中如節奏、韻律、和諧等等的許多因素。音樂以大自然爲藍本創造出來，而藍本必定勝於模本，自然美必定勝於人爲美，無聲之樂必定高於有聲之樂。

　　《莊子》認爲以「蟄蟲始作，吾驚之以雷霆」與「所常無窮，而一不可待」是一種震憾，所以「懼」。由面對無以掌握的萬物本來現象中進一步的去體驗生命的無窮性。當音樂的場景進入自然界的變化時，懼的感受則轉成「怠」，所謂「以物爲量」、「目知窮乎所欲見」、「力屈乎所欲逐」，「怠」成爲意識進入音樂感受中接納的階段。此時的音樂是日月星辰自行的運轉，因宇宙天地之大使之無從追起，所以心境跟隨自然韻律的節奏，全然身心的放鬆與之應和。但《莊子》藝術美感是建立在精神提升上，也就是「惑」。所以：

　　　　坐忘斯得，旋歸靜默。其始也懼，其終也惑。（蔣至〈洞庭張樂賦〉）

「惑」非迷惑或懷疑，非價值判斷，而是一種美感經驗，是審美過程中，人我與萬物進入另一種合一的階段，對宇宙萬物之審美感受。《莊子》要表達的音樂整體美感從人生修養境界說起，「愚」是接受、感受之外，並能掌握生命與情感，在心「情感」與物「形式」中將藝術精神達到意在言外的境界，所達到最終狀態才是全然性的生命情懷。所以《莊子》對「始懼終愚」的體驗過程是渺小的人對龐大的大自然界所產生的一種「恐懼」到「融合」的過程。

〔註88〕《莊子・天運》：「混逐叢生，林樂而无形，布揮而不曳，幽昏而无聲。動於无方，居於窈冥……行流散徙，不主常聲。……充滿天地，苞裹六極。」〔晉〕郭象注：《莊子》，卷5，頁286。

　　《莊子》書中常以延伸「大」、「化」、「神」等種種意象作爲人生突破與境界的提昇，對於音樂的認知上亦如是。莊子愛逍遙遊，意境在廣漠無邊的大空間，他游於無窮，寓於無境。〈天運〉篇描述黃帝「〈咸池〉之樂」，和儒家所讚美的〈韶〉樂不同。《書‧堯典》的樂是「聲依永，律和聲，八音克諧，無相奪倫，神人以和」的古樂，聽了叫人「心氣和平」、「清明在躬」。而代表著南方的洞庭之野楚文化的〈咸池〉之樂，莊子所描寫和讚歎的，卻是叫人「懼」、「怠」、「惑」、「愚」，以達於「道」之樂。從莊子主張「視乎冥冥，聽乎無聲，冥冥之中，獨見曉焉，無聲之中，獨聞和焉，故深之又深，而能物焉。」領悟宇宙最深微的結構型式，也就是「道」。但這「道」是動的，不斷變化的，像音樂那樣「止之於有窮，流之於無止」；是「逐叢生林」在群聲齊奏中隨著樂曲發展，湧現豐富和聲，與大自然五音繁會的交響樂。這和《老子》的「大音希聲」及〈樂記〉儒家所談使魏文侯聽了昏昏欲睡的古樂理想不同，較具有浪漫主義的色彩。

貳、「無」器之用

　　道家的藝術精神不是借物抒情，而是體現「道」的哲學心境。張隨〈無弦琴賦〉及吳冕〈昭文不鼓琴賦〉便是說明每一種聲音都有一種極限，若要琴理常在的話，就要欲弦聲一空，把五音完備在無聲中，把六律蘊藏在自然裡。敘述音樂審美精神是跳脫樂器的技術操作，表現形式似一種「靜思」或是自得其樂而實際上又是超越自我的。

　　張隨的〈無弦琴賦〉以陶淵明解印彭澤，適性者以琴，「飲無量之酒，奏無弦之琴」的典故，闡述「道」的精神。《晉書‧陶潛傳》云陶淵明：「性不解音，而蓄素琴一張，絃徽不具，每朋酒之會，則撫而和之曰：『但識琴中趣，何勞絃上聲。』」〔註89〕此外，如《蓮社高賢傳》、《南史‧隱逸傳》等，均有類似記載，只是文字敘述略有差異。據陳怡良之考證，「不解音聲」，應釋爲「於音聲不強去解析樂聲之律調」。〔註90〕陶淵明「弱齡寄事外，委懷在琴書」、「樂琴書以消憂」、「少學琴書，偶愛閑靜」，深知琴技，卻藉由撫弄空琴

〔註89〕〔唐〕房玄齡：《晉書》，卷94，頁37。另《宋書‧隱逸傳》：「潛不解音聲，而畜素琴一張，無絃，每有酒適，輒撫弄以寄其意。」〔梁〕沈約：《宋書》，（臺北：藝文印書館影印武英殿本），卷93，頁13。

〔註90〕陳怡良：〈陶淵明「不解音聲」與「無絃琴」析疑〉，《田園詩派宗師——陶淵明探新》，（臺北：里仁書局，2006年），頁1～39。

而「寄其意」，陶醉於其中，追求得意忘言境界。

「但識琴中趣，何勞絃上聲」，通過作為「物」的琴聲來寄託情思，定有所局限，此即《老子》「大音希聲」的境界。〔註91〕陶淵明親切自然之田園精神，分析成因，乃對「眞」的體悟，不僅對平淡自然風格的追求，也包含著陶淵明豪華落盡後對生活眞諦之領略，對宇宙人生哲學之思考，亦是他率眞人格的眞實體現。〔註92〕此「眞」或「自然」的概念，在《老子》、《莊子》等道家思想中經常可見。如《老子》云：「人法地，地法天，天法道，道法自然。」「天長地久，天地所以能長且久者，以其不自生。」「萬物歸焉而不爲主，可名爲大。」〔註93〕等，強調自然力量的無所不在，及其可長可久的最高性。《莊子・繕性》也說：

> 古之人，在混芒之中，與一世而得澹漠焉。當是時也，陰陽和靜，
> 鬼神不擾，四時得節，萬物不傷，羣生不夭；人雖有知，无所用之，
> 此之謂至一。當是時也，莫之爲而常自然。〔註94〕

強調只有自然，沒有人爲知識干擾，才是完滿純一的境地。可知，老、莊皆強調源於自然的眞，是萬物最佳的運行法則。故《莊子・大宗師》描繪境界最高的人說：

> 古之眞人，其寢不夢，其覺无憂，其食不甘，其息深深。〔註95〕

去除了一切人的認知與感受，生命固然可以無憂無夢，還原最眞的境界。陶淵明崇尚道家的自然，並融入日常生活、心靈歡樂、審美感受，多了一分異於莊子空玄冷漠的親切。面對人生種種順逆之境，陶淵明淡泊、坦然看待，成爲中國隱士代表，廣被後代文人稱頌。

張隨的律賦工麗而不凝滯，錯綜而不散亂，爲當時期寫法與文采方面皆有造詣的律賦作家。〈無弦琴賦〉雖爲律賦，創作手法不完全是律賦尋常蹊徑。先寫陶淵明長嘯而歌，又假託主客問答，將騷賦與文賦的作法融於其中。不拘泥於六四爲對，對後來元稹、白居易的律賦頗有影響。〔註96〕描寫陶潛的

〔註91〕 蔣孔陽：《先秦音樂美學思想論稿》，頁120。

〔註92〕 段幼平：〈略論陶淵明對「眞」的人格和美學追求〉，《九江學院學報（社會科學版）》，第4期，（2005年），頁10。

〔註93〕 見〔曹魏〕王弼注：《老子道德經》，25章、7章、34章。

〔註94〕 〔晉〕郭象注：《莊子》，卷6，頁310～311。

〔註95〕 〔晉〕郭象注：《莊子》，卷3，頁131。

〔註96〕 尹占華：《律賦論稿》，頁172～173。

生活狀態曰：

> 酒兮無量，琴也無絃。粲星徽於日下，陳鳳軫於風前。振素手以揮
> 拍，循良質而周旋。〈幽蘭〉無聲，媚庭際之芬馥；〈綠水〉不奏，
> 流舍後之潺湲。

這是一幅隔絕世俗、與自然同樂的悠閑隱居的意象。論樂方面則曰：

> 以爲心和即樂暢，性靜則音全。和由中出，靜非外傳。若窮樂以求
> 和，即樂流而和喪；扣音以徵靜，則音溺而靜捐。……於是載指載
> 撫，以逸以和。因向風以舒嘯，聊據梧以按歌。

表達自然唯心之音樂思想，而「撫空器而意得，遺繁絃而道宣」，沒有弦的琴，
反而可以得到琴之意，或者把有弦琴的弦拿掉，反而可以道宣。因而「豈必
誘玄鵠以率舞，驚赤龍而躍泉者哉」，對傳統的音樂美學觀作一反思。「樂無
聲兮情逾倍，琴無絃兮意彌在。天地同和有眞宰，形聲何爲迭相待」，沒有聲
音的音樂，表達的感情更多；沒有弦的琴，表達的意涵更滿。當涵養已高，
便不受現實條件的限制，特別在酒後物我冥合的心神狀態下，現實不如意已
退出意識之外，於撫琴之際，感受音符與天地融然的心靈。賦中又說：

> 長養之風薰，而敦和之德順。無爲而天下自理，垂拱而海外求覲。
>
> 伊德音之所感，與神化而相參。固以極天而蟠地，豈惟自北而徂南。

音樂之道廣而大，表達了道家「無爲」治世的理念，亦融入儒家音樂與政教
相連的樂論概念。當其時，雖然儒家思想不再延續獨尊的地位，但當權者爲
便於統治，還是提倡「重視經術、竭力維護名教，大力張揚封建的倫理政治
和儒家的道德觀念」〔註97〕。融合道教、佛教、玄學、儒學各家思想精華，
陶淵明在書中智慧、酒中深趣、琴中大音，以及田園景物的涵養之下，擺脫
生活困境而擁有超脫的心靈，故能與天地之美聲直接契合：

> 得意貴於忘言，得魚貴於忘筌。堯人致歌於〈擊壤〉，陶令取逸於無
> 絃。音留情以待物，亦同禮於自然。（高郢〈無聲樂賦〉）

人生命體悟，達「得魚忘筌」的境界，建構天地自然之美，成爲隱士形象的
重要元素。

推崇《老子》無物爲最高思想境界的作品還有吳冕〈昭文不鼓琴賦〉，意

〔註97〕趙治中：〈阮籍與陶淵明的比較〉，《九江學院學報（哲學社會科學版）》，第 4
期（2004 年），頁 3。

境與「無絃琴」相似。其典出於《莊子‧齊物論》：

> 有成與虧，故昭氏之鼓琴也；無成與虧，故昭氏之不鼓琴也。〔註98〕

郭象注：

> 夫聲不可勝舉也，故吹管操弦，雖然有繁手，遺聲多矣！而執籥鳴
> 弦者，欲以彰聲也，彰聲而聲遺，不彰聲而聲全。故欲成而虧之者，
> 昭文之鼓琴也；不成而无虧者，昭文之不鼓琴也。

闡述只要彈琴就會有聲音，聲音出現後就會消失，有聲音相對就會有沒聲音
的時候，這就是「成與虧」。不鼓琴而聲全，若要避免得到聲音和失去聲音，
唯有不彈琴。吳冕云：

> 且人心靜爲常，琴心虛爲主。將寧體於道樞，亦守器於德宇。懷之
> 無故，常寂響而有餘；用之則虧，乃含音而莫吐。故自適於胸臆，
> 亦何用於角羽。顏子所以如愚，昭文由是不鼓。（吳冕〈昭文不鼓琴
> 賦〉）

「成」與「虧」是相因互引，同時並生。「成」的概念出現，「虧」的概念亦
出現。莊子跳脫經驗對比法則，認爲說「成」，則事事皆有成；說沒「成」，
亦事事皆沒成。於是證成「無成與虧，故昭氏之不鼓琴也。」

　　無聲之聲，無招之招，是境界而非實理，是修養而非思辯。昭文是鼓琴
高手，他琴藝高超，所以昭文鼓琴。但「鼓商則喪角，揮宮則失徵」，鼓琴時，
只要發出一個聲音，便失掉其他聲音；演奏此音樂，就有被遺漏的音樂。於
是悟到，若不鼓琴則五音俱存。當無法奏出所有的「音」時，選擇不奏，天
地間自有自然的天籟：

> 於是見高士之心，出常人之境。其養貴默，其俊尚靜。及卷懷而克
> 順，反不鼓而是逞。（吳冕〈昭文不鼓琴賦〉）

更深一層的意思是，彈琴是一種技藝，不論再怎麼登峰造極，仍然只是一種
能夠形之言語所批評的技藝。如果不鼓琴，因爲無法評定，就無所謂成虧，
也就是由技巧進入道的精神境界：

> 蘊藝如何，玄德靡他。知迷則達，用晦實多。虛張不彈，俾指節而
> 交暢；全聲入妙，脗心曲而同和。（吳冕〈昭文不鼓琴賦〉）

一彈琴，一發聲，則必有所虧損。當音符落下，就意味其他音符禁聲。不彈
琴反而所有的聲音都「存在」，如此一來寂靜就成了最大的聲音：

〔註98〕　〔晉〕郭象注：《莊子》，卷1，頁47～48。

　　息絃軫兮，大樸玄同。忘琴音兮，至人守中。道不緣情，則去聲而
　　外寂；德惟抱素，故含和而內融。（吳冕〈昭文不鼓琴賦〉）

「道」寂靜無聲，惟有「道」具備音樂和諧的美。這種「無聲之中獨聞和」
的音樂有兩大特點，一是自然的音樂，所謂「天籟」；二是大全的音樂，「執
惟鳴絃者，欲以彰聲也，彰聲而聲遺，不彰聲而聲全。」昭文不鼓琴與陶淵
明彈無弦琴皆有類似的道理：

　　栗里無絃，淵明則矯；王門碎質，安道更慚。是以飾外者貴其體備，
　　厚內者尚其包含。（吳冕〈昭文不鼓琴賦〉）

思想是有極致境界，認為宇宙沒有「物」，沒有限制就是極致境界。昭文擺脫
習琴清規戒律之有物有封，推崇《老子》哲學無物無封最高思想境界，因而
演奏出高水準的琴藝。

　　文人音樂中的古琴藝術，主要是一種獨白、自娛的音樂表演形式，強調
「物我同一、情景相即」之審美情趣。這審美觀念主要來自道家自然音樂觀，
即「天樂」、「天人合一」之哲學思想。只有在超脫塵世、近乎於修心養身中
方能具有。古代的至人，可以縱觀達理，捨絃上之末用，得琴中之深旨。當
了解到真理後，就不需要琴絃、也不需鼓琴了。

參、鄒子吹律

　　王起〈鄒子吹律賦〉本題典出《列子‧湯問》〔註 99〕，以「吹律洞微寒
谷生黍」為韻，依次押韻，原屬歲時一類，但依其內容也應屬音樂神話與典
故之屬，視為音樂敘事賦。《列子》為道家經典之一，張湛注：「北方有地，
美而寒，不生五穀。鄒子吹律煖之，而禾黍茲也。」王充《論衡‧寒溫篇》
也說：「燕有寒谷，不生五穀，鄒衍吹律，寒谷可種。」〔註 100〕古人將五行與
四時、方位、五色、五音、十二律相結合，用來說明萬物間相生相剋的現象。
以律召寒溫的觀念，認為同氣相應，可以相互感召，所以吹和溫氣相應的律
管，可以召來溫氣。

〔註 99〕　《列子‧湯問》：「於是當春而叩商弦以召南呂，涼風忽至，草木成實。及秋
　　　　　而叩角弦以激夾鐘，溫風徐迴，草木發榮……雖師曠之清角，鄒衍之吹律，
　　　　　亡以加之。」〔清〕嚴靈峰編撰：《列子》，卷 5，頁 75～76。

〔註 100〕　〔漢〕王充：《論衡》，卷 14，頁 8。另《別錄》亦有相同的記載，曰：「鄒衍
　　　　　在燕，燕有谷，地美而寒，不生五穀，鄒子居之，吹律而溫氣至，而黍生，
　　　　　今名黍谷。」〔漢〕劉向：《別錄》，（臺北：藝文印書館《百部叢書集成》影
　　　　　印《經典集林》本），一卷，頁 6。

　　天人合一思想成熟於戰國時期，代表人物是齊國陰陽家鄒衍（前305年～前240年）。鄒衍主要學說是「天論」、「五德終始說」和「大九州說」，是稷下學宮著名學者。他「盡言天事」、「談天衍」，把春秋戰國時期流行的五行說應用到歷史觀點上，提出了「五德始終」。司馬遷《史記》中評價為稷下諸子之首，說「騶衍之術，迂大而閎辨」。〔註101〕〈鄒子吹律賦〉便是以鄒衍的典故來作賦：

> 鄒子處寒谷之陸，審至音之宜。能噓吸而律應，使嚴凝而氣移。驗乎卜居，殊緹幕之攸設；稽乎假器，匪葭灰之所吹。（王起〈鄒子吹律賦〉）

賦句描寫鄒子處於寒谷之地，雖然有舜帝的五弦琴，師文扣角弦，仍然無法改變。於是鄒子吹律，使氣感春暉，淒寒的土地解凍而成沃野：

> 使春氣相感，洪纖入微，颺颺淒淒，夾鐘之律，解凍蚤來，溫風潛扇，闡溫燠，發亭育，田父欣其野沃。（王起〈鄒子吹律賦〉）

〈鄒子吹律賦〉並非頌聖至典的作品，而是單純描寫鄒衍的傳說故事。但鄒子之術，能掌陰陽五德之道，運律呂聲音五行之法，能行四時五穀之術，唱和天地，其效如此。王起〈律呂相生賦〉亦引用類似的故事：

> 則吹於寒谷，不惟鄒子之方；叶於樂府，奚獨延年之律。（王起〈律呂相生賦〉）

內容荒誕，帶有玄奇色彩。引用神話傳說，藉題諫諷之情明顯。這應與中唐之後政治局勢有關，文人在安史之亂後，藉歌頌古事傳說，將向古心理化成詠古賦作。以賦句鋪陳的過程，將過去美好事蹟或偉大人物呈現，作今古對比，對唐代政權加以曲諫。

　　典故運用本是賦作中常用的一種技巧，恰當地運用典故，可在精鍊的文字制約之下，透過意象的營造來豐富作品的內涵，暗示讀者喚起情感的聯想，言簡意賅的省掉許多敘述和說明，使賦作的內容更豐富多彩。

〔註101〕《史記・孟子荀卿列傳》：「鄒衍之術，迂大而閎辯……故齊人頌曰：『談天衍』。」並記載鄒衍著有「《終始》、《大聖》之篇十餘萬言」。鄒衍的著作全部遺失了。但據其它史書記載，他對陰陽五行的認識不同一般，更將五行以五德敘述。可見鄒衍對道德品行十分重視。〔漢〕司馬遷：《史記》，卷74，頁2、5。

第四節　唐代音樂賦敘寫之唐代道教樂舞

　　道教齋醮科儀，除頌偈祝咒、步罡踏斗、存想通神、叩齒掐訣諸法外，還需有音樂配合，以烘托醮壇氣氛，樂神娛人。齋醮活動中使用的科儀音樂，其淵源可追溯至先秦時期的巫舞巫風。《呂氏春秋》在古樂篇討論到樂歌舞的起源，說明程序化的過程，及樂歌舞的形成與自然的關係。云：

> 民氣鬱閼而滯著，筋骨瑟縮不達，故作為舞以宣導之。……乃效山林谿谷之音以歌，乃以麋䡱置缶而鼓之，乃拊石擊石，以象上帝玉磬之音，以致舞百獸。……〔註102〕

「拊石擊石，以象上帝玉磬之音，以致舞百獸。」便是「作為舞」的方式。《尚書‧伊訓》云：「恆舞于宮，酣歌于室，時謂巫風。」〔註103〕古代的巫以歌舞事神，凡巫必善歌舞，用以降神娛神，巫覡的祭祀音樂即由此產生。道教音樂繼承了「巫以歌舞降神」的傳統，樂舞具有協助溝通神靈的作用。舞蹈上運用五行八卦與氣場形成，以氣場大小強弱影響人體氣脈通暢。身體愈柔軟、輕盈，舞動出來的肢體語言就愈豐富、多彩，動靜自如、內外協調一致，美感呈現就愈極致，境界表達則更趨高超。

　　唐代音樂中融合道教音樂的風格內容，建立健全的道教科儀音樂，主要與宮廷音樂有關。唐帝王尊崇道教，通過音樂形式將道之「無」轉化為「有」，「齋堂之前，經台之上，皆懸金鐘玉磬……非唯警戒人眾，亦乃感動群靈」。〔註104〕玄宗時除制道曲與法曲融合，並訂正步虛聲〔註105〕外，天寶十三載（754年）詔令道曲與胡樂合奏。〔註106〕並將諸多胡曲、佛曲冠以道教色彩

〔註102〕　呂不韋：《呂氏春秋》，卷5，頁8～10。

〔註103〕　《尚書正義》，卷8，頁115。

〔註104〕　《要修科儀戒律鈔》引〈太真科〉，卷8。〔唐〕朱法滿：《要修科儀戒律鈔》，收入《正統道藏》洞玄部戒律類。白雲觀長春真人編纂：《正統道藏》，（臺北：新文豐出版社，1995年）。

〔註105〕　《冊府元龜》：「天寶十載四月，帝於內道場親教諸道士步虛聲韻。」《冊府元龜》，卷54，頁18。步虛，又稱步虛聲、步虛詞，是道士齋醮時在音樂伴奏下的唱詞，內容是對神的讚頌和祈禱。步虛的旋律宛如眾仙縹緲，步行虛空，故稱步虛聲。步虛的產生，據《異苑》云：「陳思王游山，忽聞空裏誦經聲，清遠道亮。解音者則而寫之，為神仙聲。道士效之，作步虛聲。」〔劉宋〕劉敬叔：《異苑》，（臺北：臺灣商務印書館《景印文淵閣四庫全書》本據國立故宮博物院藏本影印，1983年），卷5，頁9。

〔註106〕　《新唐書》：「詔道調法曲與胡部新聲合作。」〔宋〕歐陽脩、宋祁：《新唐書》，

濃郁的曲名，如將〈龜茲佛曲〉改爲〈金華洞眞〉，〈因度玉〉改爲〈歸聖曲〉，〈光色俱騰〉改爲〈紫雲騰〉，〈摩醯首羅〉改爲〈歸眞〉，〈急龜茲佛曲〉改爲〈急金華洞眞〉，〈蘇莫遮〉改爲〈萬宇清〉，〈舞仙鶴乞裟婆〉改爲〈仙雲昇〉等。〔註107〕強調禮贊諸天，宣達心意，以樂治身、守行、順意、致思、卻災、和合陰陽，以虔心娛神、敬神爲主要功能。

　　道教科儀與音樂是一體的，審美經驗與信仰經驗互通，是天地萬物集體交感的表現方式，同時具有祀神、娛人雙重功能，可與神靈交流，亦能撫慰心靈，展現出迷人的藝術魅力。〔註108〕唐代道教樂舞除了受帝王崇道主張影響外，也說明中國傳統音樂不同樂種相互融合的趨勢。

壹、太清樂章〈紫極〉之舞

　　德宗貞元九年（793年）博學宏詞科試〈太清宮觀紫極舞賦〉，賦作以唐代太清宮道舞爲命題，目前存留張復元、李絳之作品。

　　「紫極」，星名。道教稱天上仙人居所爲「紫極」，借指帝王的宮殿。「太清」，指的是天道與自然。《莊子・天運》：「行之以禮義，建之以太清。」〔註109〕成玄英疏：「太清，天道也」。相傳「太清」爲神仙居處，是以「太清宮」爲道教觀名。

　　老子爲道家始祖，歷代帝王皆有所封。據《後漢書》和《鹿邑縣誌》記載，太清宮建於東漢延熹八年（165年），始名老子廟。道教在唐朝鼎盛，唐朝帝王對老子尊崇有加，自稱是老子後裔。道教與皇權結合，成爲皇族宗教，在社會上、政治上有著較高的地位。

　　唐高祖武德三年（620年）封老子爲始祖，建造宮闕。高宗乾封元年（666年）幸老君廟，追尊老子爲「太上玄元皇帝」，詔建祠堂，稱爲「紫極宮」。玄宗天寶二載（743年）加封爲大聖祖太上玄元皇帝，下詔改紫極宮爲太清

　　　　卷22，頁4。

〔註107〕《唐會要》：「天寶十三載七月十日太樂署供奉曲名及改諸樂名……〈龜茲佛曲〉改爲〈金華洞眞〉，〈因度玉〉改爲〈歸聖曲〉，……〈光色俱騰〉改爲〈紫雲騰〉，〈摩醯首羅〉改爲〈歸眞〉，……〈急龜茲佛曲〉改爲〈急金華洞眞〉，〈蘇莫遮〉改爲〈萬宇清〉，〈舞仙鶴乞裟婆〉改爲〈仙雲昇〉。」〔宋〕王溥：《唐會要》，卷33，頁20。

〔註108〕曹本冶等編著：《中國道教儀式音樂史略》，（臺北：新文豐出版公司，1996年），頁27。

〔註109〕〔晉〕郭象注：《莊子》，卷5，頁283。

宮。〔註110〕院內以太極殿爲中心，周圍有七元殿、五嶽殿、南斗殿、虛無殿、清靜閣，將太極殿環抱其中。〔註111〕天寶八載（749年）改封老子爲大道玄元皇帝，十三載（754年）更稱大聖祖高上大道金闕玄元天皇大帝。唐王室將太清宮奉爲家廟，所以其建築風格氣勢宏偉壯觀，建造精緻華麗，金碧輝煌。

玄宗喜好道教，崇尚玄虛，確立玄元皇帝老子作爲祖先崇拜的始祖和李唐的保護神，道家「羽化登仙」的思想普遍爲世人們所接受。《全唐文》中，玄宗以天子之尊，頒發許多推崇道教和表彰道士、煉師的「詔」、「敕」、「令」、「制」，〔註112〕新舊《唐書》玄宗本紀亦有類似舉措。開元時的雅樂樂章原有祭天樂章、封禪樂章、北郊後土樂章、太廟樂章、龍池樂章等。從天寶年間開始，唐代祭祀制度在方式上，玄宗把祭祀精神祖先、祭祀血緣祖先與祭祀上帝三項儀式結合，以三重祭儀強化「君權神授」，道教科儀隨之進入雅樂系統。唐代「道曲」是爲太清宮的儀典而設計，同時具有祭祀儀式及燕樂宴饗的功能。具有濃厚道教音樂色彩的太清宮樂章即成爲唐廟樂的一部分，直至唐中後期宮廷祭祀大都遵守此一祭祀模式。

開元雅樂繁榮，雅樂樂章結集的主要功臣是開元後期至天寶初年任太常樂卿的韋蹈，主持開元二十五年（737年）太常樂章結集，並參與定制《大唐樂》。其所制薦獻太清宮〈紫極〉舞，是他對開元雅樂的貢獻。〔註113〕太清宮祭祀太上元元皇帝所用樂章，據《太清宮樂章》記載，降先聖奏〈煌煌〉，登歌、發爐奏〈沖和〉，上香奏〈香初上〉、〈再上〉、〈終上〉，上香完畢奏〈紫極舞〉。〔註114〕《唐會要·太常樂章》也說：「太清宮薦獻大聖祖元元皇帝奏

〔註110〕 胡孚琛主編：《中華道教大辭典》，（北京：中國社會科學出版社，1995年），頁667～668「老君台」條。

〔註111〕 《舊唐書·禮儀志》曰：「二年正月丙辰，加玄元皇帝尊號『大聖祖』三字，……西京玄元廟爲太清宮，東京爲太微宮，天下諸州爲紫極宮。九月，譙郡紫極宮宜準西京爲太清宮，先天太皇及太后廟亦並改爲宮。」〔後晉〕劉昫：《舊唐書》，卷24，頁502。

〔註112〕 如下令「兩京諸路各置玄元皇帝廟」，貢舉考試要增加《老子》內容，「令寫玄元皇帝眞容分送諸道」，「以《道德經》列諸經之首」，加封「莊、文、列、庚桑四子爲眞人」，封道士葉法善爲「越州都督」、司馬承禎爲「銀青光祿大夫」，「賜李含光號玄靜先生」……如此等等，不一而足。

〔註113〕 《新唐書·禮樂志》：「太清宮成，太常卿韋縚制〈景雲〉、〈九眞〉、〈紫極〉、〈小長壽〉、〈承天〉、〈順天樂〉六曲，又製商調〈君臣相遇樂〉曲。」〔宋〕歐陽脩、宋祁：《新唐書》，卷22，頁4。

〔註114〕 《樂府詩集》：「玄宗開元二十年正月，詔兩京諸州置玄元廟。天寶二年三月，

混成〈紫極〉之舞」。〔註115〕

　　張復元〈太清宮觀紫極舞賦〉說：

　　　　惟紫也，取紫宮之清；惟極也，明太極之先。用之則邦國之光備，
　　　　施之則中和之氣宣。

說明紫極之名與唐宗氏帝王的關係。對於〈紫極舞〉來歷、創作動機及具體
內容賦作均有描述：

　　　　玄宗致〈紫極〉之舞，朝太清之宮。俾觀舞以知德，德以容備；省
　　　　風以作樂，樂以文同。吾君纘道紀，修祖功。將有事以朝獻，必斯
　　　　舞之是崇。（張復元〈太清官觀紫極舞賦〉）

　　　　開元中，賜海內以正朔。示天下以禮樂。舞〈紫極〉於宮庭，饗玄
　　　　元於雲幄。（李絳〈太清官觀紫極舞賦〉）

說明玄宗開元定制〈紫極舞〉，其功用爲朝獻太清宮，紀修祖功。同時表現唐
王朝對老子的尊崇。其表演程序是：

　　　　方其一人在庭，群后列位。奉常執禮以恭命，太樂陳儀而葳事。望
　　　　聖主以龍升，見舞童而墜至。（張復元〈太清官觀紫極舞賦〉）

張賦中描述了〈紫極舞〉的情況：

　　　　其始也，顧步齊進，蹁躚有序。既乍抑而復揚，遂將墜而還舉。始
　　　　躊跡以盼睞，每動容於取與。陳器用之煌煌，曳衣裳之楚楚。觀乎
　　　　俯仰迴旋，乍離乍聯。輕風颯然，杳分俯虹霓而觀列仙。飄颻遷延，
　　　　或卻或前。清宮肅然，儼分若披雲霧而觀青天。（張復元〈太清官觀
　　　　紫極舞賦〉）

〈紫極舞〉風格爲道教宣揚神仙仙境基調，舞蹈開始先奏樂，舞者齊進，井
然有序。或抑或楊、忽退忽進、若離若聯，舞姿表現虛無縹緲的神仙幻境。
舞者穿著鮮明亮麗的服裝，用雲霧、俯虹霓或飄颻遷延等舞蹈具象，塑造仙
人形象，藉舞蹈形象化和美化道教思想。

　　文人寫作論及仙樂風格時，多喜用「清」、「淡」、「玄」、「虛」、「冷」等
形容，如李賦云：

　　　　以西京玄元廟爲太清宮。其樂章：降仙聖奏〈煌煌〉，登歌發爐奏〈沖和〉，
　　　　上香畢奏〈紫極舞〉，撤醮奏登歌，送仙聖奏〈眞和〉。」〔宋〕郭茂倩：《樂
　　　　府詩集》，卷11，頁142。
〔註115〕〔宋〕王溥：《唐會要》，卷33，頁3。

散玄風以條暢，洽皇化之弘多。（李絳〈太清宮觀紫極舞賦〉）

李賦以「玄風」形容，以道教的音樂觀而言，音樂本源於天界，固有的大梵隱密語言，無可限量的博大音聲。道經有關音樂的描述，常與神靈結合。音調的產生爲「靈風吹動，自成宮商」；音樂的表演者都爲神仙眞人；鐘磬交鳴，其音傳上九霄，可與仙樂溝通；宣揚的是「通神降魔，修道養生」的功能。〔註116〕不同於儒家教育的「禮樂」觀或審美的「物、心、樂」觀，其「神秘」樂觀奧妙玄義，令人爲之感動喜悅。

對於樂舞的目的，賦作則稱：

徐而匪濁。比上帝鈞天之樂。（張復元〈太清宮觀紫極舞賦〉）

天地泰，人神會。舞有容，歌無外。故曰作樂以象德，有功而可大。
（李絳〈太清宮觀紫極舞賦〉）

目的爲示天下以禮樂，觀舞以知德，省風以作樂。

道教崇尚如飛仙之淩空，代表著凡人成仙的虛幻想像。對李唐在位者而言是精神寄託，也是一種宗教迷信。〈紫極舞〉的效果，提升至鈞天之樂相似的政治高度。以「紫極」作爲舞曲作品主題，它所代表的意義，必定與仙道相結合；其審美的意境，亦趨向於輕盈、飄逸及浪漫；而其演出成果，具有明顯之政治效果。

貳、中和節〈八卦〉之舞

元和二年（807年）進士科試〈舞中成八卦賦〉，將中國古典舞的律動與八卦作結合。此命題爲時事題，《唐會要》中有所記載，目前留有白行簡、張存則、錢仲衆三人的作品。張賦云：

是故聖人窮樂之變，制舞惟新。……乍離乍合，若翔若滯。隨方辨色，非前代之舊章；應節成文，實我唐之新製。（張存則〈舞中成八卦賦〉）

唐代部分帝王或信道，或信佛，因此也製作了崇道尚仙類的舞蹈。玄宗時製〈紫微八卦舞〉，〔註117〕德宗貞元十四年（798年），以中和節自製「中和舞」，

〔註116〕蒲亨強：《神怪禮樂——正統道教科儀研究》，（成都：巴蜀書社出版，2000年），頁132、134。

〔註117〕《混元聖紀》云：「（開元二十九年辛巳）二月辛卯，帝製〈霓裳羽衣曲〉、〈紫微八卦舞〉，以薦獻於太清宮，貴異於九廟也。」〔宋〕謝守灝編：《混元聖紀》，卷8。收入《正統道藏》洞神部譜錄類。

因成八卦，製作〈八卦舞〉。自敘其舞曰：

> 朕以中春之望，紀爲令節，聽政之暇，韻于歌詩，象中和之容，作
> 中和之舞。〔註118〕

按此曲蓋因繼〈天誕聖樂〉而作。從舞蹈的命名也可以看出，此舞蹈與道家
有著密切的關聯。

《周易・說卦》云：

> 天地定位，山澤通氣，雷風相薄，水火不相射，八卦相錯，數往者
> 順，知來者逆。〔註119〕

從「卦」來看，从圭，从卜。圭，即以泥土築成土堆，用以觀測日影。卜是
「晷影」，用土圭以測日影。所謂「卦者，推究其晷影也」。「八卦」是古天文
學觀測中所發現的一套自然規律的模式，由《周易》中陽爻和陰爻按不同的
組合規律組成的八種具有象徵意義的基本圖形，名稱爲乾、坤、艮、兌、
震、巽、坎、離的「卦位」，象徵天、地、山、澤、雷、風、水、火八種自
然現象。八卦互相組合，又得六十四卦，象徵自然現象和社會現象的發展
變化。據說爲帝王伏羲仰天觀察天體現象，俯身觀察大地跡象之後創造出來
的：〔註120〕

> 卦始畫於庖犧，當皇唐貞元之歲；《易》咸列於宣父，在聖祖中和之
> 辰。（白行簡〈舞中成八卦賦〉）

> 跡類羲文，八卦自分其處所。（錢眾仲〈舞中成八卦賦〉）

從黃帝以下經堯、舜、禹、湯、文、武、周公至孔子，人文與自然的抗衡，
尋找出保持平衡的法則，摸索出初步的概念。自從被作爲卜筮的符號，逐漸
帶上神秘的色彩。

三篇〈舞中成八卦賦〉圍繞著八種卦位敘寫，其中，「乾」、「坤」兩卦在
八卦中占特別重要的地位，是自然界和人類社會一切現象的最初根源。將人
類在上古時期觀察宇宙間陰陽交替的自然平衡現象，做一個符號性的紀錄：

〔註118〕〔宋〕王溥：《唐會要》，卷33，頁23～24。
〔註119〕《周易・說卦》，《周易正義》，卷9，頁4。
〔註120〕《尚書・序》：「古者伏羲氏之王天下也，始畫八卦，造書契，以代結繩之政，
　　　　由是文籍生焉。」《尚書正義》，卷1，頁1。《周易・繫辭下》則說：「古者包
　　　　犧氏之王天下也，仰則觀象於天，俯則觀法於地……於是始作八卦，以通神
　　　　明之德，以類萬物之情。」《周易正義》，卷8，頁4。此外，如《史記・日者
　　　　列傳》、班固《白虎通・德論》、許慎《說文解字・序》、《漢書・五行志》、王
　　　　充《論衡・作對篇》等等，均有類似的論述。

分其節於〈乾〉〈坤〉之位，列其畫於綴兆之中。相彼六爻，爰配數
於六律；俾茲八體，俾叶義於八風。（白行簡〈舞中成八卦賦〉）

這是指舞蹈的隊列方式，描述此舞蹈由舞者組成八卦圖形，依其方位進退有
節。八卦取諸於身，將舞蹈與八卦方位結合，六爻六律，八體八風。其觀奇
妙而通政，藉樂舞來歌頌聖功。

「八卦」由「太極」衍生而來，當直線轉化成圓形，時間空間化後，自
然的律動便產生了。太極圖圖面以黑爲陰，以白爲陽，黑白相依，陰陽環抱。
白魚黑眼謂「陽中有陰」，黑魚白眼謂「陰中有陽」。在陰陽環抱之中，有「陰
陽消長」，「陰陽轉化」。有所謂動靜，剛柔，虛實，開合的對立統一，身體的
前俯後仰的身法。有所謂左右兩手分陰陽，爾後歸於一元的手法。據此，舞
步多爲一實一虛的步法：

剛柔斯別，皆取象於負圖；俯仰可觀，各分行於曳緒。（白行簡〈舞
中成八卦賦〉）

體利貞而疾徐有度，法行健而循環不窮。（張存則〈舞中成八卦賦〉）

動與靜，實與虛，陽剛與陰柔，入世與出世交叉相融，圓潤而出。從陰陽配
合中產生陰陽各半，頭尾相接，此消彼長，相互化入，氣化流行，衍生萬物，
永無止盡太極的「天道」。敘其表演內容則爲：

八音是節，位必配乎八風；五方具陳，衣必表乎五色。（錢眾仲〈舞
中成八卦賦〉）

製其衣而五方咸備，頌其序而八卦不忒。（張存則〈舞中成八卦賦〉）

說明舞者分別穿著青、赤、白、黑、黃五色衣服，按照八卦的八種「卦位」，
以東、西、南、北、中「五個方向」爲定向，分成東、南、西、北、東南、
西南、西北、東北八個方位。「卦位」和「定向」按照「八卦」中的陽剛陰柔、
陽實陰虛、陽開陰合、陽大陰小、陽強陰弱、陽明陰暗等等，通過舞動中不
斷的變換位置，配合人體動作在動與靜、大與小、左與右、高與低、上與下
等的反差來體現舞蹈的韻律，以表現道家的陰陽、五行和八卦。

對於陰陽八卦的文化內涵爲何，賦作中云：

象在於中，將致天地交泰；德形於外，以明保合太和。（白行簡〈舞
中成八卦賦〉）

舞者樂之容，卦者象之則。故因舞以成卦，乃觀象以知德。（錢眾仲
〈舞中成八卦賦〉）

說明合「卦」之舞應該體現天地之合，倫理之德和情感之樂。

> 其始也，取於卦而施諸人；其終也，觀其妙而通乎政。（白行簡〈舞
> 中成八卦賦〉）

八卦取諸於身，觀妙可通政，舞蹈雖載欣一時，卻能歌頌盛功。以舞蹈論大倫、政治，闡述的是「舞以象功」的儒、道舞蹈觀念。

　　八卦本身就是充滿藝術感的圖形，抽象代表不確定的宇宙模式，其意涵擴充到無所不包、周而復始的整體。藉舞蹈具體的、可感知的型態表現，舞者自我體驗，從外部形體動作與內在思想情感相偕和，「觀物取象」，表現出陰陽轉動的變化，創作出美感的形象。

參、道調法曲〈霓裳羽衣〉

　　〈霓裳羽衣〉是唐代著名的歌舞大曲，又名〈霓裳羽衣歌〉、〈霓裳羽衣舞〉、〈霓裳羽衣曲〉，簡稱〈霓裳〉，是唐代音樂舞蹈藝術的奇葩。描寫唐玄宗嚮往神仙而又見到了神仙的神話故事。

　　《樂府詩集》〈婆羅門〉詩序，記錄〈霓裳羽衣曲〉為「楊敬述」獻予玄宗的說法。〔註121〕《唐會要》則稱天寶十三載（754年），改〈婆羅門〉為〈霓裳羽衣〉〔註122〕。《唐會要》所錄供奉曲名，出於太常石刻，是頗為可信的。「婆羅門」是古印度掌管神權的貴族種性，後以代表「淨行」之意。並以其為名，作為印度祀神的伴舞曲。以〈婆羅門〉命名之樂曲，其曲調應具有印度宗教內涵。而這首具有印度風味的〈婆羅門〉通過河西走廊傳入中國前，在涼州吸收了多元種族文化特色。楊敬述於開元五年至八年（717年～720年）間，任河西節度使，在任職期間將〈婆羅門〉從西涼帶入長安，其風格和道教宣揚仙境基調吻合，玄宗加以修改潤色，並易名為〈霓裳羽衣〉。

　　道教崇尚如飛鳥之凌空，而羽人、羽衣、羽舞則代表著凡人成仙的虛幻想像。因此，以本指仙人或道士所著之服的「霓裳」、「羽衣」作為舞曲作品主題，它所代表的意義，必定與仙道相結合；其審美的意境，亦趨向於輕

〔註121〕　《樂府詩集》引《樂苑》曰：「〈霓裳羽衣曲〉，開元中西涼府節度楊敬述進。
　　　　　天寶十三年改為〈霓裳羽衣〉。」點出曲自西涼。〔宋〕郭茂倩：《樂府詩集》，
　　　　　卷 56，頁 419。
〔註122〕　《唐會要‧諸樂》：「天寶十三載七月十日太樂署供奉曲名，及改諸樂名……
　　　　　黃鐘商時號越調，……引婆羅門改為霓裳羽衣。」《唐會要》，卷 33，頁 20
　　　　　～22。

盈、飄逸及浪漫。以樂曲表現虛無縹緲的神仙幻境，用舞蹈塑造了美麗優雅的仙女形象，充滿道教霓彩羽衣色彩的服飾、妝扮，形象化和美化宗教的思想。

〈霓裳羽衣〉是由帝王創造的宮廷樂舞，「此曲祇應天上有，人間能得幾回聞」〔註123〕，它被封鎖在深宮，只有少數權貴能欣賞芳容。安史之亂後「即今法曲無人唱，已逐〈霓裳〉飛上天」〔註124〕，在宮廷的演出規模已大不如盛唐。隨著政治上中央集權日益削弱和地方割據勢力的形成，宮廷音樂機構遭到破壞，「唯有教坊南草綠，古苔陰地冷淒淒」〔註125〕，教坊荒涼景象，樂工四處流散，不少宮廷音樂隨之散落民間，〈霓裳羽衣曲〉亦在其中，樂舞文化的中心漸漸從宮廷轉移到民間。德宗（780 年～805 年在位）至憲宗（806年～820 年在位）期間，〈霓裳〉從宮廷傳出後在群眾中流傳。〔註126〕

文宗（827 年～840 年在位）時期，〈霓裳〉已廣泛傳播開來，《碧雞漫志》記載即是證明：

> 文宗時，……製〈雲韶〉雅樂及〈霓裳羽衣曲〉。是時四方大都邑及
> 士大夫家，已多按習。〔註127〕

當時所制的曲風接近清樂，有雅樂的風格，比較莊重、肅穆。〈霓裳羽衣曲〉在玄宗盛世，主要的功用是宴樂，文宗時期此曲主要的功用轉爲政治目的。

唐代〈霓裳羽衣曲賦〉爲開成年間試賦之作，今存留沈朗、陳嘏和闕名三篇作品。賦作中皆言此曲爲玄宗所作：

> 如玄宗之聖代，制〈霓裳〉之麗曲。（沈朗〈霓裳羽衣曲賦〉）
>
> 我玄宗心崇至道，化叶無爲。制神仙之妙曲，作歌舞之新規。（陳嘏
> 〈霓裳羽衣曲賦〉）
>
> 昔開元皇帝以海內清平，天下豐足。思紫府瑤池之樂，制〈霓裳羽
> 衣〉之曲。（闕名〈霓裳羽衣曲賦〉）

闕名於賦中表達「似到蓬萊之殿，見舞仙童；如昇太乙之宮，忽聞帝樂。」

〔註123〕杜甫〈贈花卿〉，《全唐詩》，卷 226，頁 2447。
〔註124〕顧況〈聽劉安唱歌〉，《全唐詩》，卷 267，頁 2964。
〔註125〕王建〈春日五門西望〉，《全唐詩》，卷 300，頁 3416。
〔註126〕如白居易的〈琵琶引〉「輕攏慢撚抹復挑，初爲〈霓裳〉後〈六么〉。」說明
　　　　一個作爲「商人婦」的歌女，也能夠用琵琶演奏〈霓裳〉。《全唐詩》，卷 435，
　　　　頁 4821。
〔註127〕〔宋〕王灼：《碧雞漫志》，卷 3，頁 5。

此爲玄宗創作動機。而其創作目的在沈賦認爲是「將以變風而易俗」，闕名賦或謂玄宗「以海內清平，天下豐足，思紫府瑤池之樂」，陳賦則謂「心崇至道，化叶無爲。」

　　對於〈霓裳羽衣〉舞蹈表演形式，陳叚〈霓裳羽衣曲賦〉描繪群舞時的舞姿「宛似群仙之態」、「絳節迴互」。陳賦亦言「俾樂工以交奏，儼彩童而相對」，這時期的群舞形式注重隊形變化和道具安排。表演時，其舞姿「立簾間，端凝若植」〔註128〕，眼神及舞容是比較拘謹的。對〈霓裳羽衣舞〉具體表演形態的描繪，以闕名賦描寫較爲詳盡：

　　　　霓裳綽約兮，羽衣蹁躚。……長袖若緩而若急，雅音或斷而或連。……
　　　　被羽衣，披霓裳。（闕名〈霓裳羽衣曲賦〉）

這樣的群舞表演與獨舞或雙人舞形式並不相同。

　　〈霓裳羽衣〉在唐代宮廷幾個時期的演出形式並不固定。玄宗時，此樂舞主要在宮中表演，用於皇家及功臣享樂。天寶十載（752年）楊貴妃在木蘭殿表演〈霓裳羽衣〉，這是文獻中出現〈霓裳羽衣〉舞蹈最早的演出時間。〔註129〕《唐音癸籤》引《韻語陽秋》：「舞用女人一人」，〔註130〕指出〈霓裳羽衣〉此時爲獨舞形式。隨著「安史之亂」的紛亂與平息，唐代社會包括文化、藝術等觀念與態度都有所變化，〈霓裳羽衣〉的表演方式也不同於開天時期。白居易〈霓裳羽衣歌〉說：「千歌百舞不可數，就中最愛〈霓裳〉舞。」所描寫的舞蹈，是他於憲宗元和年間在宮中看到的雙人舞表演。

　　文宗時，重新制樂舞。對此，王灼《碧雞漫志》認爲「疑曲存而舞節非舊，故就加整頓焉」〔註131〕，舞蹈部分是重新創作的。《新唐書・禮樂志》記載開成元年（836年），文宗曾讓教坊以十五歲以下童子三百人齊舞〈霓裳〉。〔註132〕此時舞蹈呈現群舞表演形式：

　　　　始逶迤而並進，終宛轉以成行。舞隨節以褒急，歌和氣而韻長。退

〔註128〕　〔宋〕計有功：《唐詩紀事》，（臺北：臺灣中華書局，1981年），卷2，頁20。
〔註129〕　《楊太眞外傳》：「天顏大悦，方知回雪流風，可以回天轉地」。〔宋〕樂史：《楊太眞外傳》，卷上，頁663。
〔註130〕　〔明〕胡震亨：《唐音癸籤》，卷14，頁13。
〔註131〕　〔宋〕王灼：《碧雞漫志》，卷3，頁5。
〔註132〕　《新唐書・禮樂》：「……下童子，以導舞者三百人。」《新唐書》，卷22，頁4。又《樂府詩集》：「文宗時教坊又進〈霓裳羽衣〉舞女三百人，末世兵亂，舞制多失。」《樂府詩集》，卷5，頁467。《唐音癸籤》亦有相同描述。《唐音癸籤》，卷14，頁13。

> 若游龍之乍婉，進如驚鴻之欲翔。趨合規矩，步中圓方。（闕名〈霓
> 裳羽衣曲賦〉）

動作流暢輕盈，藉著隊伍的改變展現舞蹈的寓意。顯然，「趨合規矩，步中圓方」注重的是隊形整齊及舞步劃一，舞者的動作不如獨舞或雙人舞般的靈活多變。

〈霓裳〉表演時之裝扮在賦作中亦有描寫：

> 天天而花貌呈妍，冉冉而雲鬟垂綠。（闕名〈霓裳羽衣曲賦〉）

〈霓裳羽衣〉之所以如此取名是源於舞者所穿服飾，因玄宗尊崇道教，祈求長生，所以〈霓裳〉的服飾、妝扮、舞姿等也帶有道教色彩。《逸史》稱唐明皇遊月宮，看到「女仙數百，素練霓裳舞於廣庭」〔註133〕。雖然舞蹈者的服飾不盡統一，但皆穿「孔雀羽衣」、「披羽衣」，為這舞曲標誌性的服飾。陳嘏〈霓裳羽衣曲賦〉云：

> 爾其絳節迴互，霞袂飄颻。

「絳節」是深紅色的竹節，傳說中為上帝或仙君的一種儀仗，成為在表現神仙神態時重要道具之一。舞者手中持有「絳節」，加上「迴互」的動態，引導觀樂舞者進入神仙縹緲的氛圍中：

> 霓裳綽約兮，羽衣蹁躚；高舞妙曲兮，似於群仙。（闕名〈霓裳羽衣曲賦〉）

> 搖曳動容，宛似羣仙之態。（陳嘏〈霓裳羽衣曲賦〉）

舞蹈所要表現的主題是仙境，這從它飄忽輕盈的舞姿就可以看出來。這與《唐詩紀事》中之記載可相互佐證：

> 皆執節幡、被羽服，態度凝澹，飄飄然有翔雲舞鶴見左右。〔註134〕

此為唐宣宗（847年～859年在位）時的服色與舞容。數百名舞者皆穿羽衣，手持「節幡」，「態度凝澹」身穿羽服，飾以珠翠，翩然起舞，可以概括出具體形象。舞蹈時，以「翔雲」和「舞鶴」作背景，飄然有翔雲飛鶴之狀。〔註135〕絳節、節幡等都為具有道家色彩的器具，舞者手持道具，有助於塑造

〔註133〕《碧雞漫志》引《逸史》云：「羅公遠中秋侍明皇宮中翫月，……遂至月宮。女仙數百素練霓衣舞于廣庭。上問曲名曰：〈霓裳羽衣〉。上記其音，歸作〈霓裳羽衣曲〉。」〔宋〕王灼：《碧雞漫志》，卷3，頁2。

〔註134〕〔宋〕計有功：《唐詩紀事》，卷2，頁21。

〔註135〕〔宋〕王讜：《唐語林》，（臺北：藝文印書館《百部叢書集成》影印《守山閣叢書》本），卷7，頁19。

仙人形象。

文宗著重雅樂,恢復儒教勢力。當時所制的曲風接近清樂,有雅樂的風格,比較莊重、肅穆:

> 儒有悅聲教以自勗,覯至樂於實錄。……豈惟象德以飾喜,將以變風而易俗。……鼎湖道洽,薰絃思深。惡繁聲以惑志,思雅樂以理心。……樂自宸慮,備於太常。首瓊殿之法曲,改梨園之樂章。配八佾以稱美,旌九功而無荒。(沈朗〈霓裳羽衣曲賦〉)

既有道家的闡釋,亦有儒家的精神,強調音樂雅正的功能,從不同角度揭示了此曲的思想內涵:

> 八風韻肅,清音思長。引洞雲於丹墀之下,颯天風於紫殿之旁。……雜絃管之繁節,澹君臣之玄思。……想其奏也,示安寧,尚敦樸。明樂之雅正,辨樂之清濁。雅聲發乎宮商,清音發乎徵角。(陳嘏〈霓裳羽衣曲賦〉)

〈霓裳羽衣〉是玄宗道化人生展現於音樂創作活動之中,經歲月的蛻變,〈霓裳羽衣曲〉在精神上兼收印度佛曲、道家思想、儒家精神,與含蓄婉轉的中原清商樂融為一體。「蕃漢合奏」後的〈霓裳羽衣〉,是將外族音樂漢化的傑作。

道教繼承古代祭祀的靈感,延續天、地、人、神四位一體的思維模式。[註136]認為神聖與世俗可以經由相似動作與場景達到交流與溝通的作用,彼此間渾沌交感、和諧共鳴。

中國傳統文化中,除了儒家禮樂傳統,人倫信仰之外,還有一部分是對於道家清淨無為,追隨大自然的嚮往。在音樂的審美觀上,不論是儒家「中正和平」或道家「自然無為」、「法天貴真」,各有不同的審美標準和最高理想,共同構成中國音樂史上的音樂美學基礎。

〔註136〕鄭志明,〈社區文化的宇宙圖式與神聖空間〉,(臺北:地區發展與環境改造研討會,2001 年),頁3。